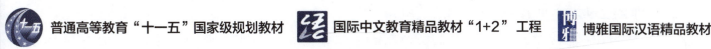

博雅汉语·准中级加速篇 Ⅰ

Boya Chinese
Quasi-Intermediate

Third Edition | 第三版

李晓琪　主编
黄　立　钱旭菁　编著

图书在版编目(CIP)数据

博雅汉语.准中级加速篇.Ⅰ/李晓琪主编;黄立,钱旭菁编著.--3版.--北京:北京大学出版社,2024.7.--(博雅国际汉语精品教材).--ISBN 978-7-301-35187-1

Ⅰ.H195.4

中国国家版本馆CIP数据核字第20240LF028号

书　　名	博雅汉语·准中级加速篇Ⅰ(第三版) BOYA HANYU·ZHUN ZHONGJI JIASU PIAN I (DI-SAN BAN)
著作责任者	李晓琪　主编　黄　立　钱旭菁　编著
责任编辑	孙艳玲
标准书号	ISBN 978-7-301-35187-1
出版发行	北京大学出版社
地　　址	北京市海淀区成府路205号　100871
网　　址	http://www.pup.cn　　新浪微博:@北京大学出版社
电子邮箱	zpup@pup.cn
电　　话	邮购部 010-62752015　发行部 010-62750672　编辑部 010-62753374
印 刷 者	北京宏伟双华印刷有限公司
经 销 者	新华书店
	889毫米×1194毫米　16开本　21.25印张　465千字 2008年1月第1版　2012年11月第2版 2024年7月第3版　2024年7月第1次印刷
定　　价	78.00元(含配套资源)

未经许可,不得以任何方式复制或抄袭本书之部分或全部内容。
版权所有,侵权必究
举报电话: 010-62752024　电子邮箱: fd@pup.cn
图书如有印装质量问题,请与出版部联系,电话:010-62756370

第三版前言

2004年《博雅汉语》系列教材"起步篇""加速篇""冲刺篇""飞翔篇"陆续在北京大学出版社出版。该套教材出版后得到了同行比较广泛的认同。为使教材更上一层楼，在充分听取使用者意见的基础上，2012年，编写组对教材进行了全面修订。第二版《博雅汉语》结构更合理化，内容更科学化，装帧更现代化，更大限度地为使用者提供了方便。当前，国际中文教育进入了新时期，为进一步与时俱进，2022年，《博雅汉语》编写组的全体同人在教育部中外语言交流合作中心（以下简称"语合中心"）的领导下，与北京大学出版社共同努力，对《博雅汉语》进行了再次修订。本次修订主要体现在：

第一，与时俱进，讲好中国故事。

近十年来，中国发生了翻天覆地的变化，在多个领域取得了令人瞩目的成就，真实、立体的中国故事比比皆是：中国的经济快速增长，GDP从2009年的4.6万亿美元增长到2019年的14.4万亿美元，成为全球最大的商品贸易国；中国的高铁技术、5G技术以及航天技术在国际上处于领先地位；中国取得了惊人的减贫成就，人民的生活水平稳步提高；环境保护工作快速发展，绿水青山的生活理念形成共识；与世界各国的进一步交流合作，不断提升了中国在国际上的影响力，"一带一路"已初见成效；等等。把反映这些变化的生动故事融入《博雅汉语》之中，让学习者了解中国的发展变化，让真实的中国走向世界，是本次修订的主导思想之一。为达此目的，我们在初级和准中级阶段——起步篇和加速篇，主要是对第二版教材的内容进行修订，修改、删减和增加所需内容，并对个别课文进行更换；在中高级阶段——冲刺篇和飞翔篇，则每册都删减、增加了若干篇课文。如冲刺篇第二版中的《名字的困惑》《朋友四型》《一盏灯》《清晨的忠告》等删去，增加《变化中的中国》《中国绿色发展对世界意味着什么？》《太空课堂》《女科学家的科技扶贫》等篇目；删去飞翔篇第二版中的《人》《随感二则》《球迷种种》《安乐死是人道，还是合理谋杀》等篇目，增加《北京绿道》《中国真正实力，三大超级工程亮相》《丝路上的音乐交响》《快速发展仍是中国未来30年关键中的关键》等篇目。第三版《博雅汉语》，在充分继承展示中华文化魅力，提高中华文化感召力的传统基础上，更具活力，更具时代特色。

第二,遵从《国际中文教育中文水平等级标准》,落实教材编写新航标。

经国家语言文字工作委员会审定,由教育部和国家语委共同发布的《国际中文教育中文水平等级标准》(以下简称《标准》),已于2021年7月1日正式实施。这是国际中文教育领域的一件大事,是中文在全球信息传播和文化交流中的作用日益凸显、中文学习需求不断扩大的形势下,我们的学科为此献上的一份有分量的学术成果。《标准》为世界各地国际中文教育的总体设计、教材编写、课堂教学和课程测试提供了科学的参考。可以说,《标准》是国际中文教育事业的方向指引,也是国际中文教材编写的新航标。遵循《标准》,落实教材编写新航标是本次修订的另一个重要主导思想。下表是《标准》中的语言要素量化指标:

等次	级别	音节	汉字	词汇	语法
初等	一级	269	300	500	48
	二级	199/468	300/600	772/1272	81/129
	三级	140/608	300/900	973/2245	81/210
中等	四级	116/724	300/1200	1000/3245	76/286
	五级	98/822	300/1500	1071/4316	71/357
	六级	86/908	300/1800	1140/5456	67/424
高等	七—九级	202/1110	1200/3000	5636/11092	148/572
	总计	1110	3000	11092	572

注:表格中"/"前后两个数字,前面的数字表示本级新增的语言要素数量,后面的数字表示截至本级累积的语言要素数量。高等语言量化指标不再按级细分。

第三版《博雅汉语》与《标准》量化指标的对应如下:

起步篇:零起点教材。学习完起步篇后,学习者将掌握词语约1200~1400个,语法项目约150个,达到《标准》初等二级。

加速篇:适合已掌握约1200个基本词语和初级语法项目的学习者使用。学习完加速篇后,学习者将掌握新词语约1500个,新语法项目约150个,达到《标准》中等四级。

冲刺篇:适合已经掌握约3000个词语,以及约300个语法项目的学习者使用。学习完冲刺篇后,学习者将掌握新词语约3000个,新语法项目约200个,达到《标准》中等六级。

飞翔篇:适合已掌握约6000个词语和中级语法项目的学习者使用。学习完飞翔篇三册书后，学习者将掌握新词语约5000个，新语法项目约300个，达到《标准》高等九级。

为进一步全面体现《标准》的新航标，并体现语合中心发布的《国际中文教育用中国文化和国情教学参考框架》，《博雅汉语》的每册书都特别在练习的内容、形式及数量方面进行了增补，为《博雅汉语》与新版HSK的接轨打下坚实的基础。

本次《博雅汉语》的修订，遵从《标准》，在学术标准上与行业要求相一致，保证了教材的科学性。

第三，运用现代教育技术，建设新形态立体化教材。

本次《博雅汉语》修订工作的另一个重要方面是，利用现代化教育技术，建设新形态立体化教材。为此，本次修订特别注重纸质教材与数字资源相互配合。在内容编写上，充分考虑数字资源的呈现方式和传播方式，实现线上线下的有机结合与协调统一。

第三版《博雅汉语》的配套数字资源主要包括：

（1）在线电子课件（分课时教学PPT）；

（2）在线数字教学资源包（供教师备课及课堂教学使用的文字、图片、音视频等）；

（3）在线数字教学示范课（编者或其他教学名师主讲的课堂教学示范）。

这些配套数字资源将有效辅助教师的备课及课堂教学，节省教师的备课时间，提高教学效率。

另外，《博雅汉语》自第一版起，就已经走向了世界，在韩国、俄罗斯、越南、泰国、埃及等国家有广大的用户，受到各国汉语教师及学习者的欢迎和喜爱。本次修订后，我们将结合教材开展线上或线下的专题讲座、教学研讨及教材使用培训等活动，并最终形成数字化资源，通过互联网平台向教材使用者发布，使《博雅汉语》的国际化地位得到进一步发展。

总之，在继承《博雅汉语》前两版的优势，特别是各个阶段不同的编写理念和优秀选文的基础上，融入新时代要求，编写符合新时代需求的、在《标准》指引下的、运用现代教育技术的、受到使用者欢迎的教材，是本次修订的指导思想。

基于《博雅汉语》多年的使用实践及世界各地学习者的不同需求，本次修订，全套九册教材均配有练习册，教师可根据学生的实际汉语水平和课时量灵活选用；初级教材配有多语种释义词语手册，便于学生对基础生词的掌握，准中级至高级阶段词语手册总体上从英文、中英双语向全中文释义过渡，便于学生尽快进入在汉语世界里自由飞翔的阶段。全套九册词语手册均可扫码下载，手机阅读。

我们相信，第三版《博雅汉语》将以更加优质新颖的内容和灵活多样的传播形式，为更多国家和地区的中文教育提供内容资源和教材基础服务，同时，我们也希望不断听到使用者对第三版《博雅汉语》的建设性意见，共同促使《博雅汉语》在促进国际中文教育事业发展中尽一份绵薄之力。

最后，衷心感谢北京大学出版社汉语及语言学编辑部邓晓霞主任、宋立文副主任及各位责任编辑，谢谢你们的辛勤付出！

李晓琪

2023年9月于蓝旗营

第三版改版说明

　　第三版在每课"语言点"板块之后增加"拓展学习"板块，并在单元练习中增加与"拓展学习"相应的字、词练习；在单元练习增加"文化点滴""HSK专项练习"板块。增补内容主要供学有余力的学生学习。八套单元练习与期中、期末试题单独成册，方便学生自测。

　　"拓展学习"板块内容主要是语块的学习，以成语学习为主。语块的选择或基于该课的主题、意念功能，或基于该课的语言项目，前者如第Ⅰ册第九课《孙中山》拓展学习与国家形势相关的成语，第Ⅱ册第九课《锻炼计划》拓展学习与体型相关的成语；后者如第Ⅰ册第五课《她是我们的女儿吗?》学习与"眼/目"相关的成语，第Ⅱ册第五课《三元钱一斤快乐》学习常见的包含数字的成语。

　　各单元练习，在原有偏旁部首练习和语素练习之外增加了与该单元两课中"拓展学习"部分相关的练习，主要是为了练习这些成语中的汉字——其中绝大多数是学生已经学过的。我们希望在不增加学生汉字学习负担的前提下，帮助他们进一步增加能读写的汉字量和词汇量，增强语块意识，更好地把握汉语词汇的韵律特点。

　　"文化点滴"板块主要涉及与本单元主题或课文内容的文化知识，如第Ⅰ册第五单元主题为人物，"文化点滴"部分涉及中国有名的几位历史人物；第Ⅱ册第五单元的课文涉及人体器官，"文化点滴"则涉及中国传统文化中将部分人体器官与五行相对应的习惯等。进而结合练习，加深学生对中国文化的认知和了解。

　　"HSK专项练习"选用了HSK考试中选词填空、排列顺序、完成句子和写作四个题型，练习内容重点为该单元的生词和语言点，让学生在进一步练习生词、语言点的同时熟悉HSK的考试题型。

编　者

第一版前言

语言是人类交流信息、沟通思想最直接的工具,是人们进行交往最便捷的桥梁。随着中国经济、社会的蓬勃发展,世界上学习汉语的人越来越多,对各类优秀汉语教材的需求也越来越迫切。为了满足各界人士对汉语教材的需求,北京大学一批长期从事对外汉语教学的优秀教师在多年积累的经验之上,以第二语言学习理论为指导,编写了这套新世纪汉语精品教材。

语言是工具,语言是桥梁,但语言更是人类文明发展的结晶。语言把社会发展的成果一一固化在自己的系统里。因此,语言不仅是文化的承载者,语言自身就是一种重要的文化。汉语,走过自己的漫长道路,更具有其独特深厚的文化积淀,她博大、她典雅,是人类最优秀的文化之一。正是基于这种认识,我们将本套教材定名为《博雅汉语》。

《博雅汉语》共分四个级别——初级、准中级、中级和高级。掌握一种语言,从开始学习到自由运用,要经历一个过程。我们把这一过程分解为起步——加速——冲刺——飞翔四个阶段,并把四个阶段的教材分别定名为《初级起步篇》(Ⅰ、Ⅱ)、《准中级加速篇》(Ⅰ、Ⅱ)、《中级冲刺篇》(Ⅰ、Ⅱ)和《高级飞翔篇》(Ⅰ、Ⅱ、Ⅲ)。全套书共九本,既适用于本科的四个年级,也适用于处于不同阶段的长、短期汉语进修生。这是一套思路新、视野广,实用、好用的新汉语系列教材。我们期望学习者能够顺利地一步一步走过去,学完本套教材以后,可以实现在汉语文化的广阔天空中自由飞翔的目标。

第二语言的学习,在不同阶段有不同的学习目标和特点。《博雅汉语》四个阶段的编写既遵循汉语教材的一般性编写原则,也充分考虑到各阶段的特点,力求较好地体现各自的特色和目标。

《初级起步篇》

运用结构、情景、功能理论,以结构为纲,寓结构、功能于情景之中,重在学好语言基础知识,为"飞翔"做扎实的语言知识准备。

《准中级加速篇》

运用功能、情景、结构理论,以功能为纲,重在训练学习者在各种不同情景中的语言交际能力,为"飞翔"做比较充分的语言功能积累。

《中级冲刺篇》

以话题理论为原则,为已经基本掌握了基础语言知识和交际功能的学习者提供经过精心选择的人类共同话题和反映中国传统与现实的话题,目的是在新的层次上加强对学习者运用特殊句型、常用词语和成段表达能力的培养,推动学习者自觉地进入"飞翔"阶段。

《高级飞翔篇》

　　以语篇理论为原则,以内容深刻、语言优美的原文为范文,重在体现人文精神、突出人类共通文化,展现汉语篇章表达的丰富性和多样性,让学习者凭借本阶段的学习,最终能在汉语的天空中自由飞翔。

　　为实现上述目的,《博雅汉语》的编写者对四个阶段的每一具体环节都统筹考虑,合理设计。各阶段生词阶梯大约为1000、3000、5000和10000,前三阶段的语言点分别为:基本覆盖甲级,涉及乙级——完成乙级,涉及丙级——完成丙级,兼顾丁级。《飞翔篇》的语言点已经超出了现有语法大纲的范畴。各阶段课文的长度也呈现递进原则:600字以内、1000字以内、1500~1800字、2000~2500字不等。学习完《博雅汉语》的四个不同阶段后,学习者的汉语水平可以分别达到HSK的3级、6级、8级和11级。此外,全套教材还配有教师用书,为选用这套教材的教师最大可能地提供方便。

　　综观全套教材,有如下特点:

针对性: 使用对象明确,不同阶段采取各具特点的编写理念。

趣味性: 内容丰富,贴近学生生活,立足中国社会,放眼世界,突出人类共通文化;练习形式多样,版面活泼,色彩协调美观。

系统性: 词汇、语言点、语篇内容及练习形式体现比较强的系统性,与HSK协调配套。

科学性: 课文语料自然、严谨;语言点解释科学、简明;内容编排循序渐进;词语、句型注重重现率。

独创性: 本套教材充分考虑汉语自身的特点,充分体现学生的学习心理与语言认知特点,充分吸收现在外语教材的编写经验,力求有所创新。

　　我们希望《博雅汉语》能够使每个准备学习汉语的学生都对汉语产生浓厚的兴趣,使每个已经开始学习汉语的学生都感到汉语并不难学。学习汉语实际上是一种轻松愉快的体验,只要付出,就可以快捷地掌握通往中国文化宝库的金钥匙。我们也希望从事对外汉语教学的教师都愿意使用《博雅汉语》,并与我们建立起密切的联系,通过我们的共同努力,使这套教材日臻完善。

　　我们祝愿所有使用这套教材的汉语学习者都能取得成功,在汉语的天地自由飞翔!

　　最后,我们还要特别感谢北京大学出版社的各位编辑,谢谢他们的积极支持和辛勤劳动,谢谢他们为本套教材的出版所付出的心血和汗水!

李晓琪

2004年6月于勺园

lixiaoqi@pku.edu.cn

第一版编写说明

本书是《博雅汉语》系列精读教材的准中级部分——《加速篇》，适合基本掌握汉语1000基本词汇和初级语法项目的学习者使用。

本书的主要目标正如其篇名"加速"所表达的一样——让学习者在学习本书的过程中汉语水平能够加速发展。即：有效扩大汉语词汇量，巩固和增加汉语语法语用知识，加深对中国社会和文化的了解，快速提高汉语交际技能。

为了达到上述目标，本书提供与本阶段学习者水平相适应、篇幅长短适度的语言材料，引导学习者在阅读理解课文的过程中获得汉语言文化知识的有效输入。同时，结合专门的语法、词汇和汉字等方面的训练，让学习者理解并掌握目标语言结构，进而能自如地运用这些语言结构。

本书以功能为主线，围绕学习者感兴趣的话题编选自然的语料，为了控制课文难度并突出需要学习的语言结构和文化知识，采用自编与选文相结合的办法，对所选择的课文材料都进行了适当的改写。

本书分Ⅰ、Ⅱ两册，训练的语言功能包括叙述、描写、说明和论述等几大类，每类功能涉及许多方面，如叙述功能包括叙述学习者的学习经历、叙述找工作的经历、按事情发展的时间顺序叙述、叙述并进行评论等；描写功能包括描写人的外表、描写一个地方、描写一个事物等；说明包括对不同地区的饮食习惯、世界各国的迷信等的说明；论述涉及对金钱的看法、对旅行休闲方面的意见等。

本书注重培训学习者的读写技能，学习者除了接受大量的读写训练，还将积累大量的汉语语言文化知识。除了常规的生词、语法学习，学习者还将专门学习常用语素和汉字偏旁或部件等语言文字知识，这将为学习者汉语水平的加速发展奠定坚实的基础。

本书Ⅰ、Ⅱ两册各分八个单元，每个单元包括两课，单元前有单元热身活动，后有单元练习。

单元热身活动形式多样，其目的是帮助学习者回顾、总结已有的语言知识或技能，为学习新单元做准备。

每单元内的两课内容上相互关联，每课由生词、课文、语言点和相应的练习等部分构成。

生词部分为学习者提供了词性、拼音、英文翻译（部分还有汉语释义）和丰富的运用范例。英文翻译部分不求覆盖对应词的所有义项，而是主要针对生词在该课出现的义项和用法。希望学习者通过后面的用例达到更好的理解。生词练习主要为了帮助学习者建立生词的形音义联系。练习的对象主要是重点实词。

每单元的课文都配有理解性练习，目的是引导学习者先理解课文内容，将注意力放在语言材料的意义上，在理解语言材料意义的基础上，再关注语言形式。除了有关课文内容的练习以外，每课还提供了结合学生自己实际情况的交际性练习，让学生将所学的课文内容和现实生活联系起来。

各课语言点包括简要解释、例句和练习三部分，有些语言点需要学习者根据例句总结结构规则（填在例句后的方框中）。对于用法较多的语言点，我们重点解释和练习本单元中出现的用法。

单元练习包括从汉字偏旁或部件、语素、词汇直至句子、篇章的多层次练习，以帮助学习者对本单元新学的语言结构进行巩固、内化和运用。每单元的最后为阅读和写作练习。阅读文本重现了所在单元的部分词汇和语言点。写作练习大多和阅读文章相结合，或与所在单元内容相关。其目的一方面是训练学习者的写作能力，另一方面也是引导学习者应用本单元所学的语言结构和技能。

本书的许多练习需要学习者和搭档互相配合完成，这主要基于两方面的考虑：一是因为这种形式便于教师组织课堂活动、调动学习者的积极性；另一方面（也是更重要的方面）是因为学习者在课堂上能够通过与其他学习者的互动获得更多的语言学习机会，进而加速汉语习得的进程。

本书在编写过程中得到北京大学对外汉语教育学院不少教师的帮助，北京大学出版社汉语与语言学编辑部的领导和编辑为本书的出版付出了很大的心血，在此我们表示衷心的感谢。

编　者

第二版前言

2004年，《博雅汉语》系列教材的第一个级别——《初级起步篇》在北京大学出版社问世，之后其余三个级别《准中级加速篇》《中级冲刺篇》和《高级飞翔篇》也陆续出版。八年来，《博雅汉语》一路走来，得到了同行比较广泛的认同，同时也感受到了各方使用者的关心和爱护。为使《博雅汉语》更上一层楼，更加符合时代对汉语教材的需求，也为了更充分更全面地为使用者提供方便，《博雅汉语》编写组全体同人在北京大学出版社的提议下，于2012年对该套教材进行了全面修订，主要体现在：

首先，作为系列教材，《博雅汉语》更加注意四个级别的分段与衔接，使之更具内在逻辑。为此，编写者对每册书的选文与排序，生词的多寡选择，语言点的确定和解释，以及练习设置的增减都进行了全局的调整，使得四个级别的九册教材既具有明显的阶梯性，由浅入深，循序渐进，又展现出从入门到高级的整体性，翔实有序，科学实用。

其次，本次修订为每册教材都配上了教师手册或使用手册，《初级起步篇》还配有学生练习册，目的是为使用者提供最大的方便。在使用手册中，每课的开篇就列出本课的教学目标和要求，使教师和学生都做到心中有数。其他内容主要包括：教学环节安排、教学步骤提示、生词讲解和扩展学习、语言点讲解和练习、围绕本课话题的综合练习题、文化背景介绍，以及测试题和练习参考答案等。根据需要，《初级起步篇》中还有汉字知识的介绍。这样安排的目的，是希望既有助于教学经验丰富的教师进一步扩大视野，为他们提供更多参考，又能帮助初次使用本教材的教师从容地走进课堂，较为轻松顺利地完成教学任务。

再次，每个阶段的教材，根据需要，在修订方面各有侧重。

《初级起步篇》：对语音教学的呈现和练习形式做了调整和补充，强化发音训练；增加汉字练习，以提高汉字书写及组词能力；语言点的注释进行了调整和补充，力求更为清晰有序；个别课文的顺序和内容做了微调，以增加生词的重现率；英文翻译做了全面校订；最大的修订是练习部分，除了增减完善原有练习题外，还将课堂练习和课后复习分开，增设了学生练习册。

《准中级加速篇》：单元热身活动进行了调整，增强了可操作性；生词表中的英文翻译除了针对本课所出义项外，增加了部分常用义项的翻译；生词表后设置了"用刚学过的词语回答下面的问题"的练习，便于学习者进行活用和巩固；语言点的解释根据学生常出现的问题增加了注意事项；课文和语言点练习进行了调整，以更加方便教学。

《中级冲刺篇》：替换并重新调整了部分主副课文，使内容更具趣味性，词汇量的递增也更具科学性；增加了"词语辨析"栏目，对生词中出现的近义词进行精到的讲解，以方便教师和学习者；调整了部分语言点，使中高级语法项目的容量更加合理；加强了语段练习力度，增加了相应的练习题，使中高级语段练习更具可操作性。

《高级飞翔篇》：生词改为旁注，以加快学习者的阅读速度，也更加方便学习者查阅；在原有的"词语辨析"栏目下，设置"牛刀小试"和"答疑解惑"两个板块，相信可以更加有效地激发起学习者的内在学习动力；在综合练习中，增加了词语扩展内容，同时对关于课文的问题和扩展性思考题进行了重新组合，使练习安排的逻辑更加清晰。

最后，在教材的排版和装帧方面，出版社投入了大量精力，倾注了不少心血。封面重新设计，使之更具时代特色；图片或重画，或修改，为教材锦上添花；教材的色彩和字号也都设计得恰到好处，为使用者展现出全新的面貌。

我们衷心地希望广大同人都继续使用《博雅汉语》第二版，并与我们建立起密切的联系，希望在我们的共同努力下，打造出一套具有时代特色的优秀教材。

在《博雅汉语》第二版即将出版之际，作为主编，我衷心感谢北京大学对外汉语教育学院的八位作者。你们在对外汉语教学领域都已经辛勤耕耘了将近二十年，是你们的经验和智慧成就了本套教材，是你们的心血和汗水浇灌着《博雅汉语》茁壮成长，谢谢你们！我也要感谢为本次改版提出宝贵意见的各位同人，你们为本次改版提供了各方面的建设性思路，你们的意见代表着一线教师的心声，本次改版也融入了你们的智慧。我还要谢谢北京大学出版社汉语编辑室，感谢你们选定《博雅汉语》进行改版，感谢你们在这么短的时间内完成《博雅汉语》第二版的编辑和出版！

李晓琪

2012年5月

目 录

	课文	语言点	页码
第1单元	热身活动		1
	1 三封E-mail	1. 时段表达法 2. 不过 3. 不仅……而且…… 4. 离合词	2
	2 一篇日记	1. 尤其 2. 一……也不/没…… 3. 老（是） 4. 好好儿	14
第2单元	热身活动		25
	3 留学中国	1. 的、地、得 2. 替 3. 曾经 4. 不如 5. 由于	26
	4 儿童学语言	1. 地方 2. 左右 3. 不一定 4. 既……又……	37
第3单元	热身活动		47
	5 她是我们的女儿吗？	1. 起来 2. 尽管……可（是）…… 3. 长得/长着…… 4. ……不了	48
	6 颜色和性格	1. 从来 2. 比较 3. 为了	59

	热身活动		70
第4单元	**7** 唱片	1. 相当 2. 根本 3. 不一会儿 4. 难道 5. 之后、之前、之间	71
	8 音乐和邻居女孩儿	1. 即使……也…… 2. 连忙 3. 不好意思 4. 尽管	82

	热身活动		92
第5单元	**9** 孙中山	1. ……方面 2. 当时、当年 3. 动词+上	93
	10 "燃灯校长"张桂梅	1. 为 2. 根据 3. 作为 4. 以来	103

	热身活动		116
第6单元	**11** 吃在中国	1. 动词+得起/不起 2. 动词+起来 3. 肯 4. 只要……就…… 5. 不得不 6. 以……为主	117
	12 请客吃饭	1. 往往 2. ……的话 3. 并不+动词/形容词 　 并没（有）+动词	131

目 录

第7单元	热身活动		142
	13 应该怎么做?	1. 任何 2. 否则 3. 而 4. 千万	143
	14 各国迷信	1. 可 2. 不……不…… 3. 长不高、要不回来	155

第8单元	热身活动		167
	15 爱情玫瑰	1. 终于 2. 因此 3. 再+形容词 4. 于是 5. 所	168
	16 你丈夫真好	1. 自从 2. 尽量 3. ……得要命 4. 却 5. 先后	179

词语索引		191
语言点索引		202

Quasi-Intermediate 1 (Third Edition) / Textbook

第 1 单元　热身活动

■ 一　问问你的同学，了解他（她）和家人、朋友联系的情况

　　1. 你常常跟家人联系吗？
　　　　■ 常常　　　　　　■ 还可以　　　　　　■ 不常

　　2. 你常常跟你的朋友联系吗？
　　　　■ 常常　　　　　　■ 还可以　　　　　　■ 不常

　　3. 你和家人、朋友一般怎么联系？
　　　　■ 发 E-mail　　　　■ 打电话　　　　　　■ 我们国家的APP
　　　　■ 发手机短信　　　■ 用微信　　　　　　■ 其他方法：_____

　　4. 你多长时间跟家人联系一次？
　　　　_____一次（例如：每天、每两天、每个星期、每半个月等）

　　5. 你最近一次跟家人联系是什么时候？
　　　　_____以前（例如：两个小时、两天、一个星期、一个月等）

■ 二　在班里（或小组里）给其他同学介绍你了解到的情况。听了所有同学的介绍以后，完成下面的填空

　　1. 我们班（小组）有_____个同学常常和家人联系，_____个同学不常和家人联系。

　　2. 我们班（小组）有_____个同学常常和朋友联系，_____个同学不常和朋友联系。

　　3. 我们班（小组）同学最喜欢用的方法是_____，_____个同学常常用这种方法跟家人和朋友联系。

　　4. 我自己每_____跟家人联系一次，最近一次跟家人联系是_____。

　　5. 我自己最喜欢的方法是_____，因为_____。

三封 E-mail

词语表

1	商场	shāngchǎng （名）	store; department store

◎ 一家~/大~/百货~
① 她周末喜欢逛~。/ ② 周末~里的人特别多。

2	吃素	chīsù （动）	to be a vegetarian; to eat vegetarian food

◎ 他天天~，身体却很好。

3	不仅※	bùjǐn （连）	not only

4	素菜	sùcài （名）	vegetable dish

◎ 他点了两个~。

5	做法	zuòfǎ （名）	way of doing or making things; practice

◎ ~很多/~很简单

6	茄子	qiézi （名）	eggplant

7	一连	yìlián （副）	in succession; in a row

① 考完试以后，他在房间里~睡了三天。/ ② ~好几个星期，他都没有跟家里人联系。

8	空儿	kòngr （名）	spare time

◎ 有~/没~/抽~
◎ A: 明天下午你有~吗? B: 两点以前没~，两点以后有~。

9	恢复	huīfù （动）	to recover; to heal

◎ ~健康
① 他的身体~得很好。/ ② 他的身体还没有~。

10	血压	xuèyā （名）	血=blood, 压=pressure, 血压= blood pressure

◎ ~太高/~很低/高~/低~

注：加※的词语为在"语言点"中出现的词语。

三封 E-mail

11	结婚	jié hūn		to marry; to get married
12	老板	lǎobǎn	（名）	boss
13	吵架	chǎo jià		to quarrel; to argue

◎ 和某人～/跟某人吵了一架/吵过一次架

14	生气	shēng qì		to get angry; to be annoyed
15	公司	gōngsī	（名）	company

◎ 一家～/汽车～/电影～/开～

| 16 | 份 | fèn | （量） | measure word for jobs, gifts, etc. |

◎ 一～工作/一～礼物/一～报纸

17	担心	dān xīn		to worry; to feel anxious
18	鼻子	bízi	（名）	nose
19	电脑	diànnǎo	（名）	computer
20	回复	huífù	（动）	to reply; to write back

◎ ～某人的 E-mail/～某人的申请（shēnqǐng, application）

| 21 | 发 | fā | （动） | to send |

◎ ～E-mail/～照片/把……～出去

① 为了找工作，他给很多公司～过 E-mail。/② 我昨天给爸爸妈妈～了一些我刚拍的照片。

| 22 | 肯定 | kěndìng | （副） | definitely; undoubtedly |

① 一个月以后我的汉语水平～有很大的进步。/② 很多中国人～还不太了解我们的国家。

| 23 | 猜 | cāi | （动） | to guess |

◎ ～对了/～错了/～到某事

| 24 | 记得 | jìde | （动） | to remember; to recall |

◎ 小学同学的名字他都～。

| 25 | 毕业 | bì yè | | to graduate |

◎ 小学～/中学～/大学～/×～小学/×～中学/×～大学/～以后/～以前
◎ 他高中毕了业就开始工作了。

注：加×的为错误的例子。

| 26 设计 | shèjì | (动) | to design |

◎ ~广告/~服装/~房屋

| 27 原因 | yuányīn | (名) | reason |

◎ 迟到的~/因为身体的~

| 28 瘦 | shòu | (形) | thin (having too little flesh or fat) |

① 他的脸很~。/② 最近她~了不少。

| 29 猴(子) | hóu(zi) | (名) | monkey |

◎ 一只~

专名

1 圣诞节	Shèngdàn Jié	Christmas
2 哈尔滨	Hā'ěrbīn	capital of Heilongjiang Province
3 北京	Běijīng	capital of China
4 西安	Xī'ān	capital of Shaanxi Province
5 长城	Chángchéng	the Great Wall
6 故宫	Gùgōng	the Palace Museum
7 秦始皇兵马俑	Qínshǐhuáng Bīngmǎyǒng	Terracotta Warriors and Horses of Qin Shihuang

用刚学过的词语回答下面的问题：

1. 来中国以后，你去过哪些商场？

2. 你会做菜吗？如果会，请介绍一两个菜的做法。

3. 有的人可以一连几天不吃饭，你能一连很长时间做什么？

4. 你们国家过圣诞节吗？去年你在哪儿过的圣诞节？

5. 在你们国家，人们结婚的时候都拍结婚照吗？

6. 以前你和别人吵过架吗？为什么吵架？

7. 来中国以后，有让你生气的事情吗？请你说说。

8. 来中国以前，你最担心的事情是什么？现在呢？

9. 你喜欢用什么电脑？

10. 朋友给你发了E-mail，你多长时间以后回复他们？

11. 你觉得在中国半年以后你会有什么变化？（肯定）

12. 现在你记得的最早的事情是你多大的时候发生的？

课文

三封 E-mail

大王：

你好！

真对不起！前一段时间因为要来中国留学，很忙，所以一直没跟你联系。你最近怎么样？忙不忙？

我到中国快两个星期了，除了上课的时间太早，别的都已经习惯了。我很喜欢中国。中国人真有意思，虽然我只会说"你好""谢谢""对不起"，可是商场里的人和出租车司机都说我的汉语非常好。还有，中国菜非常好吃。你们吃素的人应该来中国，因为中国菜里不仅有很多种素菜，而且做法也特别多。我特别喜欢吃用茄子做的菜，第一次吃到那么好吃的茄子，不过茄子做的菜一般比较油，我一连吃了一个星期，结果现在我一点儿也不想吃茄子了。

很快要到圣诞节了，你打算做什么？在中国，圣诞节不放假，不过新年的时候放三天假，到时候我打算去哈尔滨玩儿。听说那儿最冷的时候滴水成冰。

有空儿给我写 E-mail 吧。

祝你愉快！

毛毛

一 在第一封 E-mail 中，写信人可能是收信人的（　　）

A. 朋友　　　　B. 家人　　　　C. 老师　　　　D. 学生

二 根据第一封E-mail回答下面的问题

1. 毛毛为什么说对不起?

2. 毛毛在中国生活习惯吗?

3. 毛毛为什么说中国人有意思?

4. 毛毛新年的时候有什么打算?

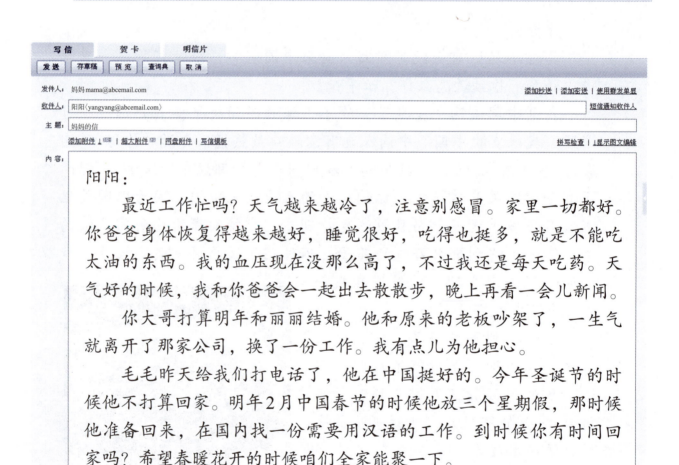

阳阳:

　　最近工作忙吗？天气越来越冷了，注意别感冒。家里一切都好。你爸爸身体恢复得越来越好，睡觉很好，吃得也挺多，就是不能吃太油的东西。我的血压现在没那么高了，不过我还是每天吃药。天气好的时候，我和你爸爸会一起出去散散步，晚上再看一会儿新闻。

　　你大哥打算明年和丽丽结婚。他和原来的老板吵架了，一生气就离开了那家公司，换了一份工作。我有点儿为他担心。

　　毛毛昨天给我们打电话了，他在中国挺好的。今年圣诞节的时候他不打算回家。明年2月中国春节的时候他放三个星期假，那时候他准备回来，在国内找一份需要用汉语的工作。到时候你有时间回家吗？希望春暖花开的时候咱们全家能聚一下。

　　　　　　　　　　　　　　　　　　　　　　　妈妈

三 根据第二封E-mail回答下面的问题

1. 阳阳的爸爸身体怎么样？妈妈呢？

2. 天气好的时候，阳阳的爸爸妈妈干什么？

3. 阳阳的大哥为什么换工作？

4. 毛毛的情况怎么样？他有什么打算？

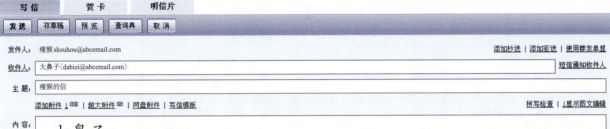

大鼻子：

很高兴收到你的E-mail，前一段时间我的电脑坏了，所以到现在才回复。

我和小文都很好。我们俩去中国旅行了。中国北方的秋天天气特别舒服，秋高气爽。我们去了北京和西安，爬了长城，参观了故宫和秦始皇兵马俑，玩儿得非常开心。你也应该去看看。给你发几张我们的照片吧。

知道我们在中国见到谁了吗？你肯定猜不到，是毛毛。还记得吗？我们一起上汉语课的时候，毛毛老睡觉。大学毕业后，他去了中国，学习汉语。他要在中国学习一年半。他还在一家设计公司找到了一份工作，现在一边打工，一边学习。我问他现在上课还睡不睡觉，他说不敢了。我问他原因，他说老师常常叫他回答问题，所以他不敢睡觉。真希望我们很快能有机会聚一聚。

有时间多联系。

小文问你好！

瘦猴

四 **在第三封 E-mail 中，写信人可能是收信人的（　　）**

A. 老师　　　　B. 家人　　　　C. 同学　　　　D. 学生

五 **根据第三封 E-mail 回答下面的问题**

1. 为什么瘦猴没有早点儿给大鼻子写信？
2. 小文和瘦猴可能是什么关系？
3. 小文和瘦猴在中国去了哪些地方？见到了谁？

六 **说出在上面的三封 E-mail 中，哪封信里有下面的情况**

	（一）	（二）	（三）
例如：有人和老板关系不好。	☐	✓	☐
1. 有人电脑坏了。	☐	☐	☐
2. 有人身体不太好。	☐	☐	☐
3. 有人换了一份工作。	☐	☐	☐
4. 有人刚从国外回来。	☐	☐	☐
5. 有人出国留学了。	☐	☐	☐
6. 有人打算要结婚。	☐	☐	☐
7. 有人打算去哈尔滨旅行。	☐	☐	☐
8. 有人去了西安。	☐	☐	☐
9. 有人很忙。	☐	☐	☐
10. 有人吃了一个星期茄子。	☐	☐	☐

七 **这三封 E-mail 里都提到了毛毛的情况，请根据信的内容填空**

　　毛毛现在在 _____ 学习 _____ 。虽然他以前学过，但那时候他上课常常 _____ ，所以他学得不太好。他来中国的时间不长，快 _____ 了，对 _____ 还不太习惯。他在一家 _____ 公司找到一份工作。现在他一边打工一边学习。_____ 的时候，他打算到 _____ 去玩儿。寒假的时候他要 _____ 看父母，顺便找工作，他想在 _____ 找一份 _____ 的工作。

三封 E-mail

1 时段表达法

> 我到中国快两个星期了。
>
> 现代汉语中，表示某种状态或者情况出现后经过的时间（如例句①②），或动作、事件持续的时间（如例句③④），可以在动词后加上表示时段的词语。

① 我到中国快两个星期了。
② 我的电脑坏了三天了。
③ 我等了半个小时。
④ 他要在中国学习一年半。

表示动作或者状态持续的时段时，如果动词后有宾语，可能有多种格式。宾语不表示人时，常用的格式之一是：

> 动词（+了）+时段（+的）+宾语

⑤ 我一连吃了一个星期的茄子。
⑥ 春节的时候他放三个星期假。
⑦ 周末他在房间玩儿了两天电脑。

如果宾语是表示人的代词或名词，则常用以下格式：

> 动词（+了）+（表人）宾语+时段

⑧ 我等了爸爸半个小时。
⑨ 老师夸了他半天。

◎ 把下列各组词语组成句子：

1. 我　在日本　三天　待　了

2. 我　昨天　20分钟　预习了

3. 小王　五年　英语　学了

4. 姐姐　今天　两个小时　打　电话　了

5. 妈妈　弟弟　很长时间　找　了

6. 老师　我们　等　10分钟　了

2 不过

……，<u>不过</u>茄子做的菜一般比较油。

连接分句，表示转折。有时是补充或修正上文的意思，如例句①；有时是引出与上文相对立的意思，如例句②③。"不过"的转折意味比"但是""可是"等轻一些。

① 我的血压不太高，<u>不过</u>我还是每天吃药。
② 他虽然吃得很多，<u>不过</u>还是很瘦。
③ 我喜欢看电视，<u>不过</u>我的同屋不喜欢。

◎ 用"不过"回答下面的问题：

1. 你住的地方怎么样？

2. 你喜欢吃中国菜吗？

3. 你周末过得怎么样？

4. 你习惯中国的生活了吗？

5. 学汉语难吗？

3 不仅……而且……

中国菜里<u>不仅</u>有很多种素菜，<u>而且</u>做法也特别多。

表示除了第一分句的意思以外，还有更进一层的意思，多用于书面语。例如：

① 我们的校园<u>不仅</u>很大，<u>而且</u>很漂亮。
② 现在的大学生，<u>不仅</u>要学外语和电脑，<u>而且</u>要学开车。
③ 老板：小王，你喜欢唱歌吗？
　　小王：我<u>不仅</u>喜欢唱，<u>而且</u>唱得很好。
④ 丽丽：你为什么总是去那个饭馆儿？
　　小王：那儿<u>不仅</u>菜便宜，<u>而且</u>人不多。

三封 E-mail

◎ 用"不仅……而且……"回答下面的问题:

1. 最近你为什么这么忙?

2. 你来中国就是想学汉语吧?

3. 你常常用电脑吗?

4. 你常常给父母打电话吗?

5. 为什么很多人吃素?

4 离合词

汉语中有些词语,形式和功能跟动词差不多,不过在使用时中间可以插入"了"、"过"、数量短语等,这样的词叫"离合词"。离合词不能带宾语。例如:

离合词				
放了三天假	放了假	放过假	放假	×放假学生
生了半天气	生了气	生过气	生气	×生气他
结了两次婚	结了婚	结过婚	结婚	×结婚他
考了两次试	考了试	考过试	考试	×考试语法
洗了两次澡	洗了澡	洗过澡	洗澡	×洗澡孩子

一般动词				
×知了道	×知过道		知道	知道他
×复了习	×复过习		复习	复习课文
×喜了欢	×喜过欢		喜欢	喜欢动物
×参了观	×参过观		参观	参观故宫
×回了答	×回过答		回答	回答问题

★ 生气

哥哥很生老板的气,所以就离开了那家公司。
(×哥哥生气老板。)

★ 结婚

他父母结婚以前只见过一次面。
(×哥哥打算明年结婚丽丽。)

★ 洗澡

以前，人们觉得洗澡对身体不好，所以一个月才洗一两次澡。

★ 担心

我们为她担了半天心，可是她自己一点儿也不担心。

★ 毕业

毕了业，我想去中国找工作。

◎ 判断下面的句子是对还是错，错的请改正：

	对	错
1. 小王昨天没有给女朋友发微信，所以她很生气他。	☐	☐
2. 诺贝尔（Nuòbèi'ěr, Nobel）没有结过婚。	☐	☐
3. 我们每个星期都考试语法。	☐	☐
4. 今天复了习以后，我要去打篮球。	☐	☐
5. 夏天特别热的时候，我每天洗澡两次。	☐	☐

拓展学习

一 阅读下边的句子，说说画线词语的意思

1. 今天是放假第一天，风和日丽，非常适合跑步。
2. 我们这儿冬天最冷的时候零下三十几度，室外滴水成冰。
3. 今天星期六，秋高气爽，我们打算去爬长城。
4. 我现在住的地方，夏天很热，冬天很冷，只有冬去春来、春暖花开的时候有点儿像我的老家。我的老家冬暖夏凉，四季如春，人们叫它"春城"。你知道我的老家在哪儿吗？

二 介绍一个地方四季的天气（尽量用上下面的词语）

| 风和日丽 | 春夏秋冬 | 冬去春来 | 春暖花开 |
| 四季如春 | 秋高气爽 | 冬暖夏凉 | 滴水成冰 |

2 一篇日记

词语表

1 头   tóu   （形）   开始的   first (used before a numeral)
◎ ~两个星期/~一份工作
① 这是我~一次做中国菜，可能做得不好吃。/ ② 这家公司~几年的情况还不错，现在越来越不行了。

2 入学   rù xué   to enter a school; to enroll
① 中国的学生一般9月~。/ ② 我们下个学期有~考试。/ ③ 她打算等孩子入了学就出去工作。

3 手续   shǒuxù   （名）   procedure
◎ 结婚~/借书~/出国~/办~/~很简单/~非常麻烦

4 痛苦   tòngkǔ   （形）   painful; distressed
① 小王爱丽丽，可是丽丽不爱他，他非常~。/ ② 我现在最~的是不知道自己将来做什么。

5 预习   yùxí   （动）   to preview
◎ ~生词/~课文/~语法
① 昨天我没~生词，所以今天上课不会读。/ ② ~对学习外语非常重要。

6 锻炼   duànliàn   （动）   to take physical exercise
◎ ~身体
◎ 中国很多老人喜欢早上去公园~。

7 收获   shōuhuò   （名）   得到或者学到的东西   gains; results
◎ ~很大/（没）有~
① 上个星期的旅行我~很多。/ ② 这次回国找工作怎么样？有~吗？/ ③ 去哪儿买东西了？~真不小啊。

8	首先	shǒuxiān	（副）	firstly

◎ 在中国，我~想学好汉语。

			（代）	first

◎ 做鸡蛋炒饭很简单。~，放一点儿油，油热了以后把鸡蛋放进去炒几下，然后再把米饭放进去一起炒。

9	准确	zhǔnquè	（形）	exact; accurate

◎ ~的时间/~的意思/~的情况

① 我得上网查一下飞机到达的~时间。/② 这个词用在这儿不太~。

10	明白	míngbai	（动）	清楚地知道 to understand; to know clearly

◎ ~这个词的意思/不~她的想法/对……很（不）~

11	题	tí	（名）	考试、练习时需要回答的问题 examination question

◎ 一道~/考试~/问答~

◎ 这次考试的~很多，不过不太难。

12	尤其※	yóuqí	（副）	特别 especially

13	填	tián	（动）	to fill out; to fill in

◎ ~表/~汉字

14	阅读	yuèdú	（动）	to read

◎ ~课文/~报纸/~一篇文章

① 多~是学习汉语的好方法。/② 现在有了电视、电脑和手机，人们~书报的时间越来越少了。

15	老（是）※	lǎo(shì)	（副）	always; invariably

① 南方的夏天~下雨。/② 小时候他和弟弟~吵架，不过现在他们关系很好。

16	不少	bù shǎo		很多 many; lots of

① 豆腐的做法真~。/② ~大学生毕了业马上就出国。

17	同时	tóngshí	（名）	at the same time; simultaneously

◎ 我的朋友~做两份工作。

			（连）	moreover; besides

◎ 她在中国学汉语，~想了解中国社会和文化。

18	熟悉	shúxi	（动）	很了解 to know sth./sb. well; to familiarize

① 我刚来，还不~这儿的情况。/② 孩子对妈妈的声音太~了。

19	环境	huánjìng	（名）	周围的地方；周围的情况和条件 environment

◎ 工作~/学习~/语言~/新~/~问题/保护~/换~

| 20 | 适应 | shìyìng | （动） | to adapt; to get used to |

①刚来的时候我对这儿的天气真不太~。/②这个星期先~一下周围的环境，下个星期开始工作。

| 21 | 想象 | xiǎngxiàng | （动） | to imagine |

①龙是人们~中的动物。/②中国和我~的不太一样。/③你能~一下，20年后我们是什么样子吗？/④孩子的~力常常更丰富。

| 22 | 网 | wǎng | （名） | net; internet |

◎渔~/互联~

| 23 | 交通 | jiāotōng | （名） | traffic |

◎~很方便/~很乱/城市~

| 24 | 逛 | guàng | （动） | to stroll; to wander |

◎~街/~商店/~公园/~~校园

| 25 | 例如 | lìrú | （动） | for instance; for example |

①来中国以前我听说过一些中国的城市，~北京、上海、广州等。/②很多中国的节日，~春节、中秋节，中国人都会吃特别的东西。

| 26 | 砍价 | kǎn jià | | to bargain |

◎和某人~/砍（一）砍价

①在中国，有时候买东西可以~。/②这件衣服我和商店的老板砍了半天价，最后便宜了50块钱。

| 27 | 必要 | bìyào | （形） | necessary; requisite |

◎不~/有~/没有~/很~

①会用电脑是现在找工作的~条件。/②电脑公司的人说，~的时候，他们会来帮我修电脑。

| 28 | 交流 | jiāoliú | （动） | to communicate; to exchange |

◎和某人~/互相~/~经验/~思想/~情况

| 29 | ……通 | ……tōng | | expert; old hand (used as a suffix) |

◎我的外国朋友在中国住了十几年了，是个中国~。

用刚学过的词语和你的搭档讨论下面的问题：

1. 你们来中国以前想象中的中国是什么样子？和来了以后感觉到的一样吗？

2. 来这儿以后，你们最不习惯的是什么？

3. 你们每天的生活都一样吗？谈谈自己现在每天最喜欢做的事情和最不喜欢做的事情。

一篇日记

一 阅读课文，回答下面的问题

1. "我"为什么说到中国的这两个星期生活乱七八糟？

2. 请你说说"我"一天的生活。

3. 来中国以前，"我"觉得自己的汉语水平怎么样？来了以后有什么变化？

9月9日，星期六，晴

【1】　时间过得真快！到中国已经两个星期了。这两个星期生活乱七八糟，头两天忙着办入学手续、参加分班考试，接着就开始上课了。

【2】　现在每天早上7点钟我就得起床（太痛苦了☹），上午差不多都有课，下午有时候也有课，没课的时候我常去买东西或者收拾房间，晚上还要复习、做作业和预习，忙得连锻炼身体的时间都没有了。不过，这两周的收获也挺多的。

【3】　首先，我对自己的汉语水平有了更准确的了解。来中国以前觉得自己的汉语还可以，没想到下飞机以后，中国人跟我说汉语我听不懂，我说的汉语他们好像也不明白。分班考试的时候，我的心里七上八

下，很多题我都不会做，尤其是填汉字，一个也没写对。上课的时候，同学们七嘴八舌地讨论，我只能听懂50%。阅读课文、做练习老是要查词典，因为不少汉字都不认识。看来我的听说读写水平都还差得远呢。我首先得多练习听和说，同时还要好好儿学习汉字！

【4】　第二个方面的收获是熟悉了周围环境，基本适应了这儿的生活，不过上课太早还有点儿不习惯。学校的风景挺漂亮；宿舍比我想象的好；食堂的饭菜很便宜，也不难吃。学校里买东西、上网也很方便，不过，自行车太多，交通有点儿乱。原来我打算这周骑自行车去城里逛逛，可老是没空儿，下周有空儿了一定要去。

【5】　认识了两个中国朋友小华和周明，也是我的一个重要收获。从他们那儿我学到了不少东西，例如怎么砍价、怎么办中国的手机号。以后有必要多和中国学生交流，这样不仅可以练习汉语，而且还能更多地了解中国人、中国社会和文化。留学中国的头两个星期收获还有不少，这是个不错的开始。以后一定得好好儿利用时间，一边学汉语，一边了解中国社会和文化，做个中国通。

4. 为什么"我"觉得自己的汉语水平还差得远？

5. "我"觉得这儿的环境、生活怎么样？有不好的方面吗？

6. "我"这个星期原来打算做什么？为什么没去？

7. 小华和周明可能是什么人？

8. "我"为什么想更多地和中国学生交流？

9. "我"对自己有什么希望？

二 根据课文内容填写

```
                           日 记
        ┌──────────────────┼──────────────────┐
每天的学习和生活：      这两个星期         自己的打算和希望：
上午：差不多都有课      自己的收获          ⊙ 先练习听和说
下午：_____                        ⊙ _____
晚上：_____                        ⊙ _____
```

收获一：
对自己的汉语水平有了更准确的了解

☹ 听不懂_____
☹ 说得不太好_____
☹ 汉字不认识_____

收获二：
熟悉了周围环境，基本适应了这儿的生活

☺ 学校很漂亮_____
☺ _____
☺ _____
☺ _____

收获三：
_____

☺ 学会了砍价、办中国的手机号
☺ 更多地了解中国人、中国社会和文化

三 采访你的搭档，至少了解以下几个方面的情况

1. 来中国以后，他（她）比原来忙吗？为什么？

2. 请他（她）谈谈来中国以前或者来中国以后最忙的一段时间。

3. 来中国以后他（她）有了哪些收获？可以从学习、生活等几个方面谈。

语言点

1 尤其

> 分班考试的时候，我的心里七上八下，很多题我都不会做，尤其是填汉字，一个也没写对。
>
> 表示经过比较，"尤其"后面所说的意思更进一步。有"特别"的意思。后面常常跟"是"。例如：
>
> ① 我的同屋常常给家里打电话，尤其刚来的时候，差不多每天都打。
> ② 这份报纸上广告很多，尤其是卖房子的广告。
> ③ 跑步，尤其是慢跑，对身体很好。
> ④ 中国的高中学生，尤其是高三的学生，学习很辛苦。

（一）用"尤其"和括号中的词语完成下面的句子

1. 中国菜很油，＿＿＿＿＿＿＿＿＿＿＿＿＿＿＿＿＿＿＿＿＿＿。（烤鸭）
2. 素菜＿＿＿＿＿＿＿，＿＿＿＿＿＿＿＿＿＿＿＿＿＿＿＿＿＿。（豆腐）
3. 汉语＿＿＿＿＿＿＿，＿＿＿＿＿＿＿＿＿＿＿＿＿＿。（汉字/语法/发音）
4. 北京堵车很厉害，＿＿＿＿＿＿＿＿＿＿＿＿＿＿＿＿。（上下班的时候）
5. 这里的东西很便宜，＿＿＿＿＿＿＿＿＿＿＿＿＿＿＿＿＿。（吃的）

（二）用"尤其"回答下面的问题

1. 你喜欢什么音乐？

2. 你不喜欢什么音乐？

3. 你喜欢吃什么样的东西？

4. 你不喜欢吃什么样的东西？

5. 在中国，你喜欢去什么样的地方？

6. 在中国，你不喜欢去哪些地方？

2 一……也不/没……

一个也没写对。
用于否定句中,表示强调,有时有夸张意味。例如:

① 今天我的电脑坏了,一封E-mail也没回复。
② 小王和老板吵架的时候,别人一句话也不说。
③ 一个乞丐(qǐgài, beggar)来到一个小气(xiǎoqi, stingy)的人家要饭。
　乞　　丐:"请给我一点儿钱。"
　小气的人:"没有!我们家一块钱也没有。"
　乞　　丐:"那你给我点儿吃的东西吧,我已经饿了三天了。没有肉,面包也行。"
　小气的人:"我们家一片面包也没有了。"
　乞　　丐:"那就给点儿水喝吧!"
　小气的人:"我们一杯水也没有了。"
　乞　　丐:"那你为什么还坐在家里?快跟我一起要饭去吧!"

◎ 用"一……也不/没……"完成下面的句子或对话:

1. 刚来中国的时候,中国人说话我　　　　　　　　　　　　　　,真着急。
2. 她常常买衣服,可是最近没有钱了,　　　　　　　　　　　　　　　。
3. 昨天我到教室的时候,　　　　　　　　　　　　,原来我记错了上课的时间。
4. 小王的钱包丢了,　　　　　　　　　　　,坐不了公共汽车,只能走回家了。
5. A:你有中国朋友吗?
　 B:我刚来,　　　　　　　　　　　　　　　　　　　　　　　　　　　　。
6. A:你觉得这儿哪家书店比较好?
　 B:不太清楚,　　　　　　　　　　　　　　　　　　　　　　　　　　　。

3 老(是)

阅读课文、做练习老是要查词典。
表示常常、总是,一般用于消极的事情。例如:

① 原来我打算这周骑自行车去城里逛逛,可老是没空儿。
② 最近他老是特忙,没空儿锻炼身体。
③ 上课的时候,毛毛老睡觉,所以老师老叫他回答问题。

◎ 用"老（是）"完成下面的句子，说说你不喜欢但常常发生的一些事情：

1. 小时候，爸爸妈妈＿＿＿＿＿＿＿＿＿＿＿＿＿＿＿。
2. 小学的时候＿＿＿＿＿＿＿＿＿＿＿＿＿＿＿＿＿。
3. 中学的时候＿＿＿＿＿＿＿＿＿＿＿＿＿＿＿＿＿。
4. 来中国以后＿＿＿＿＿＿＿＿＿＿＿＿＿＿＿＿＿。
5. 上课的时候＿＿＿＿＿＿＿＿＿＿＿＿＿＿＿＿＿。

4 好好儿

我首先得多练习听和说，同时还要好好儿学习汉字！

努力、认真或者尽情地做某事，用在动词前。例如：

① 以后一定得好好儿利用时间，一边学汉语，一边了解中国社会和文化。
② 明天有考试，我应该好好儿准备准备。
③ 因为不饿，所以孩子不好好儿吃饭。
④ 明天不上课，我们可以好好儿玩儿了。

（一）用"好好儿"完成下面的对话

1. 学生：这个问题太难了，我不会。
   老师：＿＿＿＿＿＿＿＿＿＿＿＿＿＿＿＿＿＿。

2. 孩子：妈妈，我的袜子放哪儿了？我找不着。
   妈妈：＿＿＿＿＿＿＿＿＿＿＿＿＿＿＿＿＿＿。

3. 小王：我能学会画画儿吗？
   朋友：＿＿＿＿＿＿＿＿＿＿＿＿＿＿＿，就能学好。

4. 病人：大夫，我回去以后能马上去工作吗？
   大夫：不行，＿＿＿＿＿＿＿＿＿＿＿＿＿＿＿＿。

5. 丽丽：我丈夫不喜欢我出去工作，可我非常想工作。怎么办呢？
   朋友：＿＿＿＿＿＿＿＿＿＿＿＿＿＿＿＿＿＿。

6. 朋友：明天就要结婚了，今天是你单身（dānshēn，single）的最后一天了，你想干什么？
   小王：＿＿＿＿＿＿＿＿＿＿＿＿＿＿＿＿＿＿。

（二）用"好好儿"说一说你在中国的打算

例如：我在家里的时候，常常不好好儿吃饭，从现在开始我每天要好好儿吃饭；我的口语和听力不太好，所以打算好好儿练习口语和听力；我来中国不仅要学习汉语，还要了解中国，所以放假的时候我要到其他地方好好儿玩儿玩儿……

拓展学习

一 阅读下边的句子，说说画线词语的意思

1. 刚搬完家，还没有收拾，家里现在<u>乱七八糟</u>的。
2. 妈妈离开以后，我们的生活变得<u>乱七八糟</u>。
3. 每天吃晚饭的时候，我们全家人聚在一起，<u>七嘴八舌</u>地聊自己一天的生活。
4. 老师刚说完"明天考试"，学生们就<u>七嘴八舌</u>地问老师各种问题。
5. 我和几个同学都是第一次离开父母自己过春节。我们有的人炒菜，有的人包饺子，有的人煮饺子，大家<u>七手八脚</u>地做了一桌子好吃的。
6. 吃午饭的时候，爷爷突然肚子疼，家里人<u>七手八脚</u>地把他送到了医院。
7. 听说公司不需要那么多人了，大家心里都<u>七上八下</u>。
8. 第一次去见女朋友的父母，小王的心里<u>七上八下</u>。

二 给下列图片选择合适的词语并用相应的词各说一个句子

乱七八糟　七嘴八舌　七手八脚　七上八下

(　　　　　)

(　　　　　)

(　　　　　)

(　　　　　)

(　　　　　)

(　　　　　)

第 2 单元　热身活动

◎ 你觉得除了上课，还有什么方法对你学汉语有帮助？请写出最重要的三种。和你的搭档比较一下，看看你们的方法有哪些不同，并说说为什么。

我的方法	我的搭档的方法

例如：

（和中国学生互相帮助）

（　　　）

（　　　）

（看中文小说）

（　　　）

（　　　）

（查词典）

（　　　）

（　　　）

留学中国

词语表

1	如果	rúguǒ	（连）	if

◎ ~……就……/~……那么……

① 在中国，~一个老人问你结婚了没有，你不要生气。/② ~你不喜欢吃甜的，可以要个别的菜。

2	告诉	gàosu	（动）	to tell; to let sb. know

① 来中国留学的事，我没有~爷爷奶奶。/② 以前的中文老师~我们中国的自行车很多。/③ 他把自己的E-mail地址~了很多人。

3	聊天儿	liáo tiānr		随便谈一谈 to chat

◎ 跟某人~/和某人~/聊了一会儿天儿

4	课堂	kètáng	（名）	classroom (*more often used as a modifier*)

◎ ~教学/~练习/~作业/~讨论

5	动作	dòngzuò	（名）	action; movement

6	重复	chóngfù	（动）	再做一次 to repeat; to duplicate

7	急	jí	（形）	anxious; impatient

◎ ~着回国/~得哭了

8	直	zhí	（副）	all along; continuously

◎ 孩子不见了，妈妈急得~哭。

9	摸	mō	（动）	to touch; to feel

◎ ~孩子的头/~了~眼镜/~了一下自己的钱包

10	肚	dǔ	（名）	stomach (*of an animal*)

11	解释	jiěshì	（动）	说明为什么，或者说明是什么意思 to explain

◎ 给某人~一下/向某人~~

① 你应该向她~一下你为什么迟到。/ ② 老师，请您给我~一下这个词的意思和用法。

| 12 | 替※ | tì | （介） | for; on behalf of |

| 13 | 古老肉 | gǔlǎoròu | （名） | fried pork in sweet and sour sauce |

| 14 | 西红柿炒鸡蛋 | xīhóngshì chǎo jīdàn | | stir-fried eggs with tomato |

| | 炒 | chǎo | （动） | to stir-fry |

◎ ~饭 / ~菜 / ~西红柿

| 15 | 几乎 | jīhū | （副） | almost; practically |

① 他汉语说得非常好，~和中国人一样。/ ② 这儿的菜比学校食堂的菜~贵了一倍。/ ③ 放假的时候，~所有的名胜古迹都挤满了人。

| 16 | 有用 | yǒuyòng | （形） | useful |

◎ ~的方法

| 17 | 肝 | gān | （名） | liver |

| 18 | 下水 | xiàshui | （名） | offal (*internal organs of animals used as food*) |

| 19 | 感激 | gǎnjī | （动） | to feel grateful; to be thankful |

◎ 很~某人 / 对某人很~

① 来中国以后，我的朋友一直帮助我，我很~他。/ ② 对于医生的关心和照顾，病人非常~。

| 20 | 帮忙 | bāng máng | 〈口〉帮助 | to help; to lend a hand |

◎ 给某人~ / 帮帮忙 / 帮了某人一个大忙

| 21 | 城市 | chéngshì | （名） | city |

◎ 大~ / 小~ / ~生活

| 22 | 普通话 | pǔtōnghuà | （名） | Mandarin Chinese |

| 23 | 标准 | biāozhǔn | （形） | standard |

◎ ~时间 / ~的好孩子

① 《新闻联播》用的是~的普通话。/ ② 这个运动员的动作很~。/ ③ 我的中国朋友英语说得不太~。

| 24 | 曾经※ | céngjīng | （副） | once |

注：〈口〉表示口语。

| 25 | 对话 | duìhuà | （动） | to have a dialogue or conversation |

| 26 | 好 | hào | （动） | 喜欢；喜爱 to like; to be fond of |

◎ ～学/～吃/～玩儿/～喝酒/不～动/～跟人开玩笑

| 27 | 由于※ | yóuyú | （连） | 因为 because |

◎ ～每天锻炼，老王的身体越来越好。

　　　　　　　　　　（介）　　because of; due to

◎ ～大风，飞机不能按时起飞。

| 28 | 流利 | liúlì | （形） | 说得很好、很快 fluent |

◎ 汉语说得很～/能说～的日语

| 29 | 足够 | zúgòu | （动） | to be enough; to be ample |

◎ ～的钱/～的学生

① 想学好中文需要有～的时间。/② 因为没有～大的房间，我没有买那张漂亮的桌子。

| 30 | 方言 | fāngyán | （名） | 不同地方的地方话 dialect |

| 31 | 严肃 | yánsù | （形） | serious; solemn |

◎ ～的人/～的问题/表情很～

| 32 | 主持 | zhǔchí | （动） | to chair; to host |

◎ ～人/～电视节目/～一个会议

| 33 | 口音 | kǒuyīn | （名） | accent |

◎ 南方～/东北～/～很重

◉ 专名

| 东北 | Dōngběi | the northeast part of China |

用刚学过的词语回答下面的问题：

1. 你常常跟谁聊天儿？
2. 如果有中国人问你多大，你愿意告诉他（她）吗？
3. 在你们国家，课堂以外你用汉语的时间多吗？在中国呢？
4. 你觉得练习发音有什么好方法？（重复）
5. 不明白的词，你希望老师用中文解释吗？

6. 你会炒什么菜？
7. 在你们国家，人们吃下水吗？
8. 你最感激的人是谁？为什么？
9. 谁帮过你很大的忙？他（她）帮了你什么忙？
10. 你喜欢做什么？（好）
11. 你哪种外语说得最流利？
12. 你觉得怎么才能学好汉字？（足够）
13. 你们国家有哪些方言？你会说方言吗？

课文

留学中国

一 听课文第1—3段，回答下面的问题

1. 怎么学汉语最快？
2. 他们几个人去饭馆儿吃饭？
3. 他们吃饭时碰到了什么麻烦？
4. 谁帮了他们的忙？
5. 那天他们吃了什么？
6. 在小城市旅行有什么问题？

二 读课文第1—3段，完成下面的练习

1. 在这部分，作者主要想告诉我们（　　）
    A. 在中国吃饭非常麻烦
    B. 在课外学汉语的例子
    C. 他认识的中国姑娘
    D. 他最不喜欢吃的菜

【1】　如果你问来中国留学的外国人，怎样学汉语最快，可能很多人都会告诉你：和中国人聊天儿是一种好方法。确实，我们老外在课堂以外学会的汉语知识太多了。

【2】　有一天，我们四个刚来中国的老外去饭馆儿吃饭。点菜的时候碰到了麻烦：我们不认识菜单上那些奇奇怪怪的菜的名字。老板想了不少办法，希望我们能明白这些菜是什

么。他一边做着奇怪的动作，一边在桌子上画画儿。他重复了好几遍，可我们还是猜不出他的意思。他急得直摸自己的头。

【3】　　这时，一个中国姑娘在旁边说话了："老板，很多老外不吃鸭头，也不吃猪心、猪肚。"她又用英语解释给我们听。听了她的解释，再想想老板的动作，我们都笑了起来。这个中国姑娘又替我们点了古老肉和西红柿炒鸡蛋，这两个菜几乎所有老外都爱吃。然后，我们上了来北京后最有用的一节课——记住了"心""肝""肚""下水"。我们很感激她，因为这些词帮了我们很大的忙。我们经常到中国的一些小城市旅行。那些地方的人会讲英语的很少，他们的普通话又很不标准，点菜的时候，如果我们说一句"不要下水"就能解决所有问题。

【4】　　在大城市学中文也有问题：会说英语的人太多。在北京，连出租车司机也能说几句英语。来北京以前，很多人曾经告诉我，在大城市学中文不如在中小城市学好。在中小城市学有两个好处，一个是没那么多人想和你用英语对话。在大城市，很多时候你刚说出"你好"，好学的中国人就会马上说起英语来。由于你的汉语不如他们的英语流利，所以常常是他们说，你听。第二，如果你在一个中小城市待的时间足够长，还能学会一种方言。我的朋友曾经在东北待过两年，严肃时，他能流利地说标准的普通话，跟《新闻联播》①主持人一样；高兴时，他会用很重的东北口音说："干哈②呀？"

（根据〔美〕杰弗瑞·罗森《环球时报》文章改写）

2. 仔细阅读文章后，和你的搭档一起回答下面的问题：

① 作者在饭馆儿里吃饭碰到了什么麻烦？最后怎么解决的？（奇奇怪怪、解释、替）

② 老板做那些奇怪的动作是什么意思？他可能画了什么？

③ 作者为什么很感激那个中国姑娘？（帮忙、旅行、普通话、解决）

④ 你们在外面吃饭，如果不认识汉字、不知道菜的名字，怎么办？

三 听课文第4段，回答下面的问题

1. 在大城市学中文好还是在中小城市好？
2. 在中小城市学中文有什么好处？
3. 他的朋友在哪儿、待了多长时间？
4. 他的朋友汉语怎么样？

四 读课文第4段，完成下面的练习

1. 文章这部分的内容要告诉我们的是什么？

2. 请给这部分内容加一个小题目：《　　　　　》

● 注：①《新闻联播》：这里指中央电视台每天晚上7点的新闻节目。
　　　②哈（há）：东北话，意思是"什么"。

五 再仔细阅读课文，和你的搭档一起回答下面的问题

1. 在大城市学中文和在中小城市学中文，都有哪些好的和不好的方面？

所在城市	☺		☹	
	作者认为	我的搭档认为	作者认为	我的搭档认为
大城市				
中小城市				

2. 你为什么决定来现在的城市学习中文？

3. 说说你知道的中国方言有哪些。你自己国家的方言多吗？请你介绍一下。

语言点

1 的、地、得

他急得直摸自己的头。

"的"一般用在名词前,指明前面的部分是名词的定语;"地"一般用在动词、形容词前面,指明前面的部分是状语;"得"一般用在动词、形容词的后边,后边接动词或形容词的补语,表示动作做得怎么样,或者事物性状的程度。例如:

① 现在来中国留学的外国人很多。
② 在课堂以外学会的汉语知识太多了。
③ 严肃时,他能流利地说标准的普通话。
④ 他们俩痛苦地分手了。
⑤ 他的汉语说得很流利。
⑥ 今天我忙得连吃饭的时间都没有。

◎ 用"的""地""得"填空:

1. 雪下_____很大。
2. 这只熊猫病了,所以吃_____很少。
3. 今年圣诞节_____时候毛毛不回家。
4. 多和中国学生交流能更多_____了解中国人、中国社会和文化。
5. 我朋友英语说_____很流利。
6. 高兴时,他会用很重_____东北口音说:"干哈呀?"
7. 这个问题你回答_____很准确。
8. 老师说汉语说_____不快。
9. 明天是周末了,我可以舒舒服服_____睡一觉。
10. 朋友的妈妈热情_____请我们吃饭。
11. 爸爸身体恢复_____越来越好,吃_____也挺多,就是不能吃太油_____东西。

2 替

这个中国姑娘又替我们点了古老肉和西红柿炒鸡蛋。

引出服务或帮助对象,有"为、给"的意思。如果A替B做某事,表示这件事本来应该由B做，但实际上是A做的。例如：

① 请你替我问毛毛好。
② 在中国，很多老人替他们的成年子女做饭、洗衣服。

◎ 完成下面的句子：

1. 小时候，妈妈常常＿＿＿＿＿＿＿＿＿＿＿＿＿＿＿＿＿。
2. 有时候我替妈妈＿＿＿＿＿＿＿＿＿＿＿＿＿＿＿＿＿。
3. 朋友替我＿＿＿＿＿＿＿＿＿＿＿＿＿＿＿＿＿＿＿。
4. 我替朋友＿＿＿＿＿＿＿＿＿＿＿＿＿＿＿＿＿＿＿。
5. 父母可以替孩子＿＿＿＿＿＿＿＿＿＿＿＿＿＿＿＿。
6. 父母不应该替孩子＿＿＿＿＿＿＿＿＿＿＿＿＿＿＿。

3 曾经

来北京以前，很多人曾经告诉我，在大城市学中文不如在中小城市学好。

表示从前有过某种行为或情况。用在动词前，动词后常用"过""了"。否定形式不用"曾经"，可以用"没（有）+动词+过"，也可以用"不曾+动词+过"，后者常用于书面语。例如：

① 我的朋友曾经在东北待过两年。
② 中学的时候，我曾经在一家商店打了一个月的工。

| 曾经+**动词**+过 | 没（有）+**动词**+过
不曾+**动词**+过 |

③ 我曾经去过西安。　　→ 我没有去过西安。
④ 我曾经给你写过信。　→ 我没给你写过信。
⑤ 他曾经结过婚。　　　→ 他不曾结过婚。
⑥ 他曾经用汉语写过日记。→ 他不曾用汉语写过日记。

（一）用"曾经+动词+过"或它的否定形式回答下面的问题

1. 除了中国，你还去过什么国家？
＿＿＿＿＿＿＿＿＿＿＿＿＿＿＿＿＿＿＿＿＿＿＿＿＿＿＿＿＿＿

2. 除了汉语，你还学过其他外语吗？
＿＿＿＿＿＿＿＿＿＿＿＿＿＿＿＿＿＿＿＿＿＿＿＿＿＿＿＿＿＿

3. 来中国以前，你学过中国歌吗？

4. 在你们国家，你做过什么工作？

5. 小时候，你父母打过你吗？

6. 你们国家的领导人访问过中国吗？

（二）用"曾经"介绍一下你自己的事

例如：我小学的时候，曾经得过跑步比赛第一名。中学的时候，曾经跟老师吵过架。大学的时候，曾经给喜欢的女同学写过信，不过，她没有回信。

4 不如

在大城市学中文不如在中小城市学好。
用于比较，表示前边说到的人或事物比不上后边所说的。例如：
① 我的汉语不如他们的英语流利。
② 中小城市说英语的人不如大城市的人多。
③ 中国的假期不如我们国家多。
④ 爸爸的身体现在不如以前健康。

◎ 完成下面的句子：

1. 中小城市不如大城市_____。
2. 方言不如普通话_____。
3. 学习不如工作_____。
4. 中学的生活不如大学_____。

5. _____ 不如 _____ 快。
6. _____ 不如 _____ 好吃。
7. _____ 不如 _____ 有用。
8. _____ 不如 _____ 方便。
9. _____ 不如 _____ 标准。
10. _____ 不如 _____ 流利。

5 由于

> 由于你的汉语不如他们的英语流利，所以常常是他们说，你听。
> 表示原因，多用在句子前一部分。例如：

① 由于看不懂汉字，点菜时我们碰到了很多麻烦。
② 由于身体的原因，她换了一份工作。
③ 由于天气的原因，飞机晚到了两个小时。

（一）用"由于"完成下面的句子

1. _____，我要学习汉语。
2. _____，他觉得汉语很难学。
3. _____，这儿的生活有点儿不方便。
4. _____，天气变得越来越暖和。

（二）用"由于"分析一下

1. 环境越来越坏的原因。
   _____

2. 离婚的人越来越多的原因。
   _____

3. 为什么很多年轻的夫妻不想要孩子？
   _____

4. 为什么越来越多的小学生戴眼镜（yǎnjìng, glasses）？
   _____

5. 中国的人口为什么这么多？
   _____

6. 为什么老人常常血压高？
   _____

拓展学习

一　阅读下边的句子，说说画线词语的意思

1. 中学的时候，我每天的生活<u>大同小异</u>。
2. 不同国家大城市的生活<u>大同小异</u>，<u>相比之下</u>，小城市的生活可能各不相同。
3. 小王和丽丽做饭的水平<u>不相上下</u>。
4. 我哥哥和我妹妹都很高，<u>相比之下</u>，我的个子不太高。
5. 大城市的生活很方便，但是东西很贵。<u>相比之下</u>，中小城市的东西便宜得多。
6. 明星都希望自己<u>与众不同</u>。

二　选择合适的词语回答下列问题

> 大同小异　　不相上下　　相比之下　　与众不同

1. 你喜欢猫还是狗？
2. 你喜欢茶还是咖啡？
3. 你喜欢说话、穿衣服与众不同吗？
4. 你觉得你认识的人谁最与众不同？他（她）哪些方面与众不同？
5. 介绍一位与众不同的老师。

三　用下列词语写一个表示"比较"的段落

> 不如　　尤其　　大同小异　　不相上下　　相比之下　　与众不同

1. 你和你最好的朋友（或者你的哥哥、姐姐、弟弟、妹妹等）
2. 男的和女的
3. 大城市和中小城市
4. A国的_____（城市）和B国的_____（城市）
5. 你们国家和中国

4 儿童学语言

词语表

1	儿童	értóng	（名）	孩子 children

2 ……学　……xué　　subject of study (used as a suffix)
◎ 数~/医~/语言~

3	心理	xīnlǐ	（名）	psychology

4 通过　tōngguò　（介）　by means of; through
① ~不断地练习，他学会了怎么发zh、ch和sh。/② ~朋友介绍，我找到了一个中国辅导。

5 吃惊　chī jīng　　to be surprised; to be amazed
◎ 让某人很~/使某人大吃一惊/~地发现
① 毛毛刚到中国三个月，汉语说得这么好，我们都很~。/② 爸爸要出国留学的消息让我大吃了一惊。

6	母语	mǔyǔ	（名）	mother tongue

7 相同　xiāngtóng　（形）　一样 identical; same
◎ ~的时间/~的条件

8	地方※	dìfang	（名）	place; aspect

9 比如　bǐrú　（动）　例如 for example
① 有些菜很容易做，~西红柿炒鸡蛋，很多人都会做。/② 很多汉字，~"日""月"，早期的时候就像画儿一样。

10 但　dàn　（连）　but; yet
◎ 我的房间不大，~很舒服。

| 11 | 左右※ | zuǒyòu | （名） | or so; or thereabouts |

◎ 两点~/十五个人~/一百~

| 12 | 通常 | tōngcháng | （形） | normal |

◎ ~情况

| | | | （副） | normally |

◎ 他~7点钟起床，不过今天起得很晚。

| 13 | 之类 | zhīlèi | | and the like |

◎ 男孩子们都喜欢飞机~的玩具。

| 14 | 出现 | chūxiàn | （动） | to appear; to turn up |

◎ ~问题/~麻烦
◎ 好机会~了！

| 15 | 专家 | zhuānjiā | （名） | expert; specialist |

| 16 | 顺序 | shùnxù | （名） | order; sequence |

◎ 考试~/安排~/先后~

| 17 | 不一定※ | bù yídìng | | 可能不　not necessarily; uncertainly |

| 18 | 紫 | zǐ | （形） | purple |

| 19 | 棕 | zōng | （形） | brown |

| 20 | 既……又……※ | jì……yòu…… | | both... and...; as well as... |

| 21 | 动词 | dòngcí | （名） | verb |

| 22 | 名词 | míngcí | （名） | noun |

| 23 | 另 | lìng | （代） | other; another |

◎ ~一种语言/~一个人
◎ 我买了两件衣服，一件我自己穿，~一件送给了我妹妹。

| 24 | 总而言之 | zǒng'éryánzhī | | all in all; in a word |

| 25 | 确定 | quèdìng | （动） | to make sure; to ascertain |

◎ ~时间/~地点/还没~最后的名单

专名

1	日本	Rìběn	Japan
2	德国	Déguó	Germany
3	意大利	Yìdàlì	Italy

用刚学过的词语回答下面的问题:

1. 怎么样可以了解一个没有去过的地方？（通过）
2. 你觉得你们国家的人和中国人有什么相同的方面和不同的方面？
3. 你听说过哪些有名的中国人？（比如）
4. 在你们国家一般的饭馆儿，吃午饭要花多少钱？晚饭呢？（左右）
5. 你周末常常做什么？（通常）
6. 你一般喜欢看什么书？（之类）
7. 你们国家的人写信时，写地址的顺序和中国一样吗？
8. 你喜欢去什么样的饭馆儿吃饭？（既……又……）

课文

儿童学语言

一 阅读课文前，和你的搭档一起试着回答：关于儿童学习语言的问题，下面哪些话是对的，哪些是错的

1. 孩子们大概18个月的时候开始说话。

2. 中国孩子最先学会的颜色词是"蓝"。

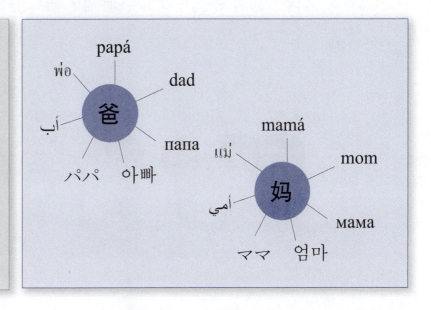

很多语言学家和心理学家都对儿童语言的发展感兴趣。通过研究，他们吃惊地发现：说不同母语的儿童在学习他们的母语时，有很多相同的地方。比如，在所有的国家，孩子学会语言以前都会发出一些声音，这些声音很像词语，但不是词语；各国的孩子们都是先学会听，然后才学会说；在所有的文化中，孩子们都在12个月左右开始说话，刚开始时他们说的句子只有一个词语，通常是"妈妈"或者"爸爸"之类的词语，大概到18个月左右才会出现两个词语的句子。

不过，后来在研究了中国、日本、德国和意大利等国家的儿童以后，专家们又发现：儿童学习语言不同的地方比相同的地方更多。比如，他们学习词语的顺序不一定相同。在学习颜色词的时候，中国孩子学会的顺序是：红→黑、白、绿、黄→蓝→紫、灰→棕；但别的一些国家的孩子学会颜色词的顺序是：红→绿→黑→白→黄→棕→紫。不难看出这两个顺序中既有相同的地方，又有不同的地方。再比如，不同国家的孩子先学会的句子可能不同：有些国家的孩子先学会"动词＋名词"的句子，可是另一些国家的

3. 不同国家的儿童学习自己的母语时，没有很多不同的地方。

4. 有的国家的孩子先学会说，然后学会听。

5. 孩子们都先学会"动词+名词"的句子，然后学会"名词+动词"的句子。

阅读课文，看看你前面的回答是不是都对，把前面句子中不对的地方改对

4 儿童学语言

孩子先学会"名词+动词"的句子。

总而言之，目前专家们能确定的只是：说不同母语的儿童在学习他们的母语时，既有相同的地方，又有不同的地方。

［参考资料：Helen Bee. *The Developing Child* (third edition), Harper & Row, 1981；李宇明《儿童语言的发展》，华中师范大学出版社，1995年］

三 仔细阅读课文，完成下面的练习

1. 儿童学语言有哪些相同的地方和不同的地方？

相同的地方（最少写三点）	不同的地方（最少写两点）

2. 你觉得你学汉语和中国孩子学汉语有什么相同的地方？有什么不同的地方？

相同的地方	
不同的地方	

Quasi-Intermediate 1 (Third Edition) / Textbook 41

3. 你觉得不同国家的留学生学汉语有什么相同的地方？有什么不同的地方？

相同的地方	
不同的地方	

1 地方

说不同母语的儿童在学习他们的母语时，有很多相同的地方。

可以表示具体意义，意思是某一区域或空间的某一部分、某一部位；也可以表示抽象的意义，相当于"部分""方面"。例如：

A

这个 地方 我没来过。

很多人不习惯这个 地方 的天气。

寒假我打算去中国最冷的 地方 旅行。

我们经常到中国一些小城市旅行。那些 地方 会讲英语的人很少。

B

儿童学习语言不同的 地方 比相同的 地方 多。

不难看出这两个顺序中既有相同的 地方，又有不同的 地方。

说不同母语的儿童在学习他们的母语时，既有相同的 地方，又有不同的 地方。

刚来中国的时候不习惯的 地方 很多。

你看这个字，这个 地方 写得不对。

这篇文章中错误的 地方 很多。

◎ 上面A中"地方"的意思是_____；B中"地方"的意思是_____。下面句子中的"地方"是哪一个意思？

	A	B
1. 我觉得学汉语最难的地方就是汉字。	☐	☐
2. 在你去过的地方中，你最喜欢哪儿？	☐	☐
3. 那里是我爷爷曾经住过的地方。	☐	☐
4. 练习中有什么不清楚的地方可以问老师。	☐	☐
5. 教室里都坐满了，没有地方了。	☐	☐
6. 我觉得她最好看的地方就是她的鼻子。	☐	☐
7. 我对这个饭店最满意的地方就是他们的服务。	☐	☐
8. 这个地方最重要，考试可能会考。	☐	☐
9. 这个地方真安静。	☐	☐
10. 这儿太热了，我们去凉快一点儿的地方等他吧。	☐	☐

2 左右

孩子们都在12个月<u>左右</u>开始说话。

名词，表示概数，一般用在数量短语的后面。例如：

① （孩子们）大概到<u>18个月左右</u>才会出现两个词语的句子。
② 他们俩昨天晚上聊天儿聊了<u>四个小时左右</u>。
③ 我们的老师今年<u>35岁左右</u>。
④ 坐出租车去那儿<u>30块钱左右</u>。

◎ 用"左右"回答下面的问题：

1. 你每天几点睡觉？几点起床？

2. 你每天大概学习多长时间？

3. 你一个星期大概学习多少个生词？

4. 在你们国家，人们一般多大结婚？

5. 在你们国家去饭馆儿吃饭，一个人大概要花多少钱？

3 不一定

> 他们学习词语的顺序不一定相同。
> 可能不,也许不。例如:
>
> ① 中国人说的汉语也不一定都对。
> ② 在城市里开汽车,不一定比骑自行车快。
> ③ A:你周末出去吗?
>   B:不一定。

◎ 用"不一定"完成下面的句子或对话:

1. 有钱人＿＿＿＿＿＿＿＿＿＿＿＿＿＿＿＿＿＿＿＿。
2. 贵的东西＿＿＿＿＿＿＿＿＿＿＿＿＿＿＿＿＿＿。
3. 总是在工作的人＿＿＿＿＿＿＿＿＿＿＿＿＿＿。
4. 从好大学毕业＿＿＿＿＿＿＿＿＿＿＿＿＿＿＿。
5. A:他学汉语的时间比我长,汉语肯定比我好吧?
   B:＿＿＿＿＿＿＿＿＿＿＿＿＿＿＿＿＿＿＿＿。
6. A:他想瘦一点儿,所以每天都锻炼身体。
   B:＿＿＿＿＿＿＿＿＿＿＿＿＿＿＿＿＿＿＿＿。

4 既……又……

> 不难看出这两个顺序中既有相同的地方,又有不同的地方。
> 表示同时具备两个相关方面的性质或情况,多连接音节数目相同的动词短语或形容词短语。例如:
>
> ① 说不同母语的儿童在学习他们的母语时,既有相同的地方,又有不同的地方。
> ② 他既是我的老板,又是我的朋友。
> ③ 他的汉语既标准又流利。
> ③ 西红柿炒鸡蛋既好吃又健康。

◎ 在下面每组的横线上再写两个形容词，然后从每组中选择两个合适的词语，用"既……又……"组成正确的句子：

矮　高　瘦　聪明
好看　年轻　漂亮
_____

清楚　流利　标准
好听　快　慢　好
_____

破　旧　脏　贵
干净　便宜　好看
_____

困　饿　渴　累
着急　紧张　生气
_____

例如：我的朋友既年轻又漂亮。

1. _____。
2. _____。
3. _____。
4. _____。

拓展学习

一　阅读下边的句子，说说画线词语的意思

1. 小孩子刚开始学说话的时候，常常<u>自言自语</u>。
2. 爷爷已经不认识我们了，每次去看他，他总是<u>自言自语</u>："我上班要迟到了。"
3. "谁拿了我的钱？"爸爸生气地问。孩子们你看看我，我看看你，<u>一言不发</u>。
4. 我每天都写日记，写得不长，<u>三言两语</u>，写一下自己一天干了什么。
5. 老师说："你家孩子的问题<u>三言两语</u>说不清楚，你还是来学校，我们见面谈一谈吧。"
6. 在大城市会说英语的人太多了，在中小城市，没有那么多人想跟你练英语，而且你还能学会一种方言。<u>总而言之</u>，我觉得在大城市学中文不如在中小城市好。
7. 我父亲不爱说话，我们在家里聊天儿的时候，他经常<u>一言不发</u>。我也很少看见他打电话，即使给他自己的母亲打电话也只是<u>三言两语</u>。<u>总而言之</u>，他是一个话很少的人。

二 完成下边的句子或回答问题

1. "已"跟"己"不同,"我"跟"找"不同,"日"跟"目"不同。总而言之,_____。

2. _____。总而言之,我不喜欢老家的天气。

3. _____。总而言之,孩子们的爱好大同小异。

4. 你什么时候会自言自语?

5. 你见过谁常常自言自语?

6. 如果你是老师,上课的时候你问了问题,同学们却一言不发,你会怎么办?

三 你觉得学习外语有没有用?写一写你的看法

一方面,我觉得学习外语很有用,_____

_____

_____

另一方面,我又觉得学习外语没有用,_____

_____

_____

总而言之,_____

_____

_____

第 3 单元　热身活动

◎ 从下面的图中选一张，或选一个同学，说说他（她）的样子，让你的搭档猜一猜你说的是谁。

例如：长头发、大眼睛、鼻子高高的、圆脸……

她是我们的女儿吗?

词语表

1	亲	qīn	（动）	to kiss
2	微笑	wēixiào	（动）	to smile

① 老师~着走进了教室。/ ② 大家都喜欢看她~的样子。

3	伤心	shāng xīn		sad; grieve

① 女朋友离开了他，他非常~。/ ② 你的话伤了她的心。/ ③ 丽丽怎么哭了？她有什么~事？

4	尽管※	jǐnguǎn	（连）	although; even though
5	出生	chūshēng	（动）	to be born

① 你是哪一年~的？/ ② 他~在一个小城市。

6	亲戚	qīnqi	（名）	relative; kinfolk
7	丈夫	zhàngfu	（名）	husband
8	皮肤	pífū	（名）	skin

◎ 黄~/黑~/~病
◎ 常常待在太阳下面对~不好。

9	金	jīn	（名）	gold

◎ ~色/~发

10	卷	juǎn	（动）	to curl; to roll

◎ ~（头）发
◎ 吃烤鸭的时候，要把鸭肉~起来。

11	夫妻	fūqī	（名）	husband and wife; couple

◎ 一对~

她是我们的女儿吗？ 5

| 12 | 双 | shuāng | （形） | two; dual; double (*often used before a noun*) |

◎ ~手/~脚/~眼/~眼皮/~人房间

| 13 | 眼皮 | yǎnpí | （名） | eyelid |

| 14 | 直 | zhí | （形） | straight; uncurling |

① 这条路很~。/② 她的头发原来是~的，现在变成了卷发。

| 15 | 明亮 | míngliàng | （形） | bright; shining |

◎ ~的眼睛/~的窗户/~的教室

| 16 | 单 | dān | （形） | one; single (*often used before a noun*) |

◎ ~眼皮/~人房间

| 17 | 长相 | zhǎngxiàng | （名） | appearance; looks |

| 18 | 唯一 | wéiyī | （形） | sole; unique |

| 19 | 护士 | hùshi | （名） | nurse |

| 20 | 当时 | dāngshí | （名） | at that time; then |

| 21 | 对 | duì | （量） | pair; couple |

◎ 一~杯子/一~沙发

| 22 | 地址 | dìzhǐ | （名） | address |

◎ 学校~/公司~/联系~

| 23 | 激动 | jīdòng | （形） | excited; touched |

① 第一次看到自己的孩子，年轻的爸爸非常~。/② 听到这个好消息，同学们~得叫了起来。/③ 他流下了~的眼泪。

| 24 | 雪白 | xuěbái | （形） | 像雪一样白 snow-white |

◎ ~的衣服/~的皮肤/~的头发/×很~

| 25 | 目不转睛 | mùbùzhuǎnjīng | | to stare at sb./sth.; to look at sb./sth. without winking |

◎ 小王~地看着电脑，都忘了吃饭了。

| 26 | 交换 | jiāohuàn | （动） | 互相换 to exchange |

◎ ~礼物/~房间

| 27 | 玩具 | wánjù | （名） | toy |

| 28 | 各自 | gèzì | （代） | each; respective |

① 每个人有~的爱好。/② 放假以后，我们~回了自己的国家。

用刚学过的词语回答下面的问题：

1. 在你们国家，父母会常常亲孩子吗？
2. 你让别人伤心过吗？谁伤过你的心？
3. 有什么有名的人出生在你的家乡？
4. 你在中国有亲戚吗？朋友呢？
5. 卷发有什么好处？直发呢？
6. 你希望你的孩子单眼皮还是双眼皮？
7. 你认为男（女）朋友的长相和性格哪个更重要？
8. 激动的时候，你常常会做什么？
9. 你的中国老师各自有什么有意思的地方？

她是我们的女儿吗？

【1】　结婚两年以后，西美和丈夫有了第一个孩子，他们非常高兴。

【2】　现在，西美又抱起了孩子。她摸着孩子的头，亲了亲她的小脸，孩子甜甜地对她微笑。看着孩子可爱的样子，西美也高兴地笑了。可是看了一会儿，西美又开始伤心起来——"尽管你很可爱，我和你爸爸也非常爱你，可你真的是我们的孩子吗？"

【3】　孩子出生以后，从医院回到家中，亲戚朋友见了都挺吃惊，因为她长得既不像西美又不像西美的丈夫。西美和丈夫皮肤都很白，头发都是金色的卷发。夫妻俩都有一双大大的蓝眼睛，而且两个人都是双眼皮。可

一　根据课文内容回答下面的问题

1. 西美看着孩子，为什么伤心起来？

2. 西美的亲戚朋友看到孩子以后为什么都挺吃惊？

3. 西美的孩子是男孩儿还是女孩儿？你怎么知道的？

她是我们的女儿吗？ 5

这孩子是咖啡色的皮肤，长着一头黑色的直发，一双小小的黑眼睛非常明亮，两只眼睛全是单眼皮，长相跟父母一点儿也不像。

【4】　孩子九个月左右的时候，西美和丈夫又去了那家医院。"这是我们的孩子吗？"西美问。"她当然是你们的孩子。在我们医院，每个孩子出生以后，都有唯一的号码，你的孩子是6号，所以肯定错不了。"医生解释说。

【5】　西美和丈夫又去找那家医院的护士了解情况。一个护士告诉他们，当时有另一个孩子也和父母长得很不一样：父母皮肤颜色很深，可孩子皮肤颜色很浅；父母都是黑色的直发，但孩子是金色的卷发；父母是黑色的小眼睛、单眼皮，可孩子是蓝色的大眼睛、双眼皮。那个护士还告诉了他们那对夫妻的地址。

【6】　西美带着孩子找到了那对夫妻的家。一个黑头发、黑眼睛，皮肤颜色很深的女人开了门。看见西美抱的孩子，她激动得哭了起来。进了门以后，西美发现一个皮肤雪白、长着一头金发的小女孩儿正用蓝蓝的大眼睛目不转睛地看着自己。西美马上知道这才是自己的孩子。两位母亲聊了起来，发现原来在医院里两个孩子的号码都是6号。

【7】　两家找了一个时间换回了自己的孩子。那天，他们先谈了谈两个孩子的生活习惯，然后交换了孩子们的衣服和玩具，最后抱回了各自的孩子。

4. 医院怎么知道哪个孩子的妈妈是谁？

5. 西美和丈夫是怎么知道另一对夫妻的？那对夫妻有什么问题？

6. 西美是怎么找到自己的孩子的？

7. 两家的孩子为什么会抱错？

8. 抱回自己的孩子以前，两家的父母做了什么事情？

二　根据课文内容改正下面句子中不对的部分

1. 西美和丈夫都有一双大大的黑眼睛。

2. 西美的孩子出生时的号码是9号。

3. 那家医院的医生帮助西美找到了自己的孩子。

4. 另一对夫妻的皮肤很白。

5. 西美去另一对夫妻家的时候,那个女的一看见自己的孩子就高兴地笑了起来。

6. 最后两家交换了孩子和礼物。

三 根据课文第3段的内容填表

方　面	西美和她丈夫	孩　子
皮肤		
头发		
眼睛		
眼皮		

四 学过课文以后,你想用几句话告诉你的家里人这个故事,下面哪段话更合适

1. 一家医院的工作出了问题,两个孩子同一天在这家医院出生,他们给了两个孩子相同的号码。所以,出院的时候两家的父母抱错了孩子。回家以后,两家父母都觉得抱回家的不是自己的孩子,因为孩子和他们长得一点儿也不一样。过了九个月左右,其中一家的父母通过医院的护士找到了另一家,最后两家都找回了自己的孩子。

2. 一个女的在一家医院生了孩子。出院以后,总觉得这个孩子不是自己的,因为孩子长得不像她,也不像她的丈夫。孩子九个月左右的时候,她和她丈夫带着孩子又去了这家医院。医生向他们解释说不可能发生抱错孩子这样的错误,因为每个孩子出生时都有一个自己的号码。

5 她是我们的女儿吗？

1 起来

> 可是看了一会儿，西美又开始伤心起来。
>
> 用在动词后边，表示动作或行为开始，并有继续下去的意思。也可以用在形容词后边，表示某种状态开始发展，并且程度继续加深。例如：
>
> ① 看见西美抱的孩子，她激动得哭了起来。
> ② 两位母亲聊了起来。
> ③ 想到老板的动作，我们都笑了起来。
> ④ 春节过去了，公司里的人又忙了起来。
>
> 动词 / 形容词 + 起来

◎ 用"起来"和括号中的词语完成下面的句子：

1. 和老板吵架以后，老王的血压 _____。（高）
2. 孩子很晚还没有回家，妈妈 _____。（担心 / 着急）
3. 老师说下个星期要考试，同学们 _____。（紧张）
4. 听到前女友要和别人结婚的消息，小王 _____。（激动 / 伤心）
5. 小红等了很久，爸爸还没回来， _____。（吃）
6. 毛毛没有做完作业就 _____，妈妈很生气。（玩儿）

2 尽管……可（是）……

> 尽管你很可爱，我和你爸爸也非常爱你，可你真的是我们的孩子吗？
>
> 表示让步，相当于"虽然"。"尽管"引出的一般为已经存在的事实。例如：
>
> ① 尽管自己开车不如坐公共汽车方便，可是买车的人还是越来越多。
> ② 快餐（kuàicān, fast food）尽管很方便，可也不能天天吃。
> ③ 两个人尽管吵了一架，可是吵完以后还是朋友。

◎ 用"尽管……可（是）……"把A、B中的句子连起来，根据需要可以增加或者减少一些词语，在横线上写出正确的句子：

A

1. 孩子出生的时候都有一个号码，
2. 你的血压不太高，
3. 孩子每天都给家里打电话，
4. 他已经学了三年汉语，
5. 发E-mail很方便，
6. 有的孩子说话说得早，有的说得晚，
7. 她常常说自己没有钱，

B

a. 孩子都能学会自己的母语。
b. 医院给两个孩子的号码都是6，所以两家抱错了。
c. 她总是喜欢买很贵的东西。
d. 妈妈总是为孩子担心。
e. 你应该坚持每天吃药。
f. 他听不懂有口音的普通话。
g. 我喜欢用纸笔写信。

例如：1. 尽管孩子出生的时候都有一个号码，可是医院给两个孩子的号码都是6，所以两家抱错了。

2. _____
3. _____
4. _____
5. _____
6. _____
7. _____

3 长得 / 长着……

> 她长得既不像西美又不像西美的丈夫。
>
> "长得……""长着……"在汉语中用于描写人的外貌。例如：
>
> ① 当时有另一个孩子也和父母长得很不一样。
> ② 我姐姐长得很漂亮。
> ③ 我最喜欢的篮球明星长得很帅，球也打得很好。
> ④ 可这孩子是咖啡色的皮肤，长着一头黑色的直发。
> ⑤ 西美发现一个皮肤雪白、长着一头金发的小女孩儿正用蓝蓝的大眼睛目不转睛地看着自己。
> ⑥ 我弟弟长着一双黑黑的小眼睛。

⑦ 因为长着一张娃娃脸，别人常常问我多大了。

长得像……　　　　长得很+形容词　　　　长着+数词+量词+名词

▲ 常用以下几种方式提问：
长什么样子？/长得怎么样？/长得像谁？/长得好看吗？

◎ 和你的搭档一起描述照片中人的样子，描述每个人的头发、眼睛、眼皮、鼻子、嘴巴、皮肤：

例如：A：他长得怎么样？

B：他长得很帅。他长着一头短短的黑发，长着一双咖啡色的大眼睛，他是双眼皮。他的鼻子很大，嘴巴也很大。他长着一口白白的牙齿。他的皮肤很黑。

_____

_____

_____

_____

4 ……不了

在我们医院，每个孩子出生以后，都有唯一的号码，你的孩子是6号，所以肯定错不了。

用在动词或形容词后，表示不可能怎么样或者没有能力做某事。句子中有表示数量的成分时，常表示没有能力完成某事（如例句①）。例如：

① 我们只有四个人，吃不了十个菜，别点那么多。
② 我们都会遇到自己一个人解决不了的问题，所以每个人都需要有朋友。
③ A：明天晚上我们想去跳舞，你去吗？
　 B：我要准备考试，所以去不了。

④A：你们打算什么时候结婚？

　B：现在没有房子也没有钱，所以还结不了婚。

⑤乘客：师傅，能不能快点儿？我要迟到了。

　出租车司机：对不起，快不了。

动词/形容词 + 不了（+ 名词）

◎ 用"……不了"和所给的动词完成对话：

1. A：我能借一下你的自行车吗？

　 B：我的自行车坏了，所以＿＿＿＿＿＿＿＿＿＿＿＿＿＿＿＿。（骑）

2. A：你好！我想往香港寄一只烤鸭。

　 B：对不起，＿＿＿＿＿＿＿＿＿＿＿＿＿＿＿＿。（寄）

3. A：能帮我修一下电脑吗？

　 B：我现在太忙，＿＿＿＿＿＿＿＿＿＿＿＿＿＿＿＿。（帮）

4. 孩子：妈妈，明天我跟同学出去玩儿，您给我200块钱吧。

　 妈妈：＿＿＿＿＿＿＿＿＿＿＿＿＿＿＿＿！100块就够了。（用）

5. A：后天是我的生日，我要开一个生日晚会，你能参加吗？

　 B：对不起，＿＿＿＿＿＿＿＿＿＿＿＿＿＿＿＿。（参加）

6. A：很长时间没有收到你的E-mail，你在忙什么？

　 B：真不好意思，我的电脑坏了，＿＿＿＿＿＿＿＿＿＿＿＿＿＿＿＿。（发）

7. A：你好像很累？

　 B：是啊，我的孩子晚上一直哭，＿＿＿＿＿＿＿＿＿＿＿＿＿＿＿＿。（睡觉）

8. A：明天我父母来，可我＿＿＿＿＿＿＿＿＿＿＿＿＿＿＿＿。（请假）

　　你能替我去接一下他们吗？

　 B：他们什么时候到？

　 A：明天上午10点到。

　 B：我可能＿＿＿＿＿＿＿＿＿＿＿＿＿＿＿＿，明天上午我有考试。（帮忙）

拓展学习

一 阅读下边的句子，说说画线词语的意思

1. 进了门以后，西美发现一个皮肤雪白、长着一头金发的小女孩儿<u>目不转睛</u>地看着自己。
2. 每天<u>目不转睛</u>地看电脑，眼睛太累了。
3. 你刚学了一年汉语，就想翻译中文小说，<u>眼高手低</u>。
4. 刚毕业的大学生进公司以后常常<u>眼高手低</u>，觉得别人的工作都不难，可是自己又做不好。
5. 今天晚上的饭菜太好吃了，葡萄酒更是<u>画龙点睛</u>。

二 阅读成语故事

南北朝（420—589）时，中国有位很有名的大画家叫张僧繇（Zhāng Sēngyáo，name of a person）。有一天，他画了四条龙。朋友们来看他画的龙：

A：这龙画得真棒啊！
B：是啊，太像了！龙好像要飞起来一样。
C：太美了，可是龙为什么都没有眼睛呢？
D：对啊，张先生，你为什么没画眼睛呢？
张：如果我画了眼睛，这些龙就会飞了。
C：画上的龙怎么可能会飞？
张：那我画给你们看看。

张僧繇拿起笔，给龙画上了眼睛，龙真的都飞走了。

三 回答下列问题

1. 如果一个不认识的人目不转睛地看着你，你会怎么办？
2. 什么人（画儿）让你看得目不转睛？
3. 你觉得什么样的人可能会眼高手低？
4. 你觉得自己是一个眼高手低的人吗？为什么？
5. 你觉得什么东西可以给你的衣服画龙点睛？
6. 你觉得哪个电影的结尾（jiéwěi，ending）是画龙点睛？

四 用以下成语写一段话，介绍一个设计或一件艺术品

画龙点睛　大同小异　与众不同　总而言之

6 颜色和性格

词语表

| 1 | 代表 | dàibiǎo | (动) | to represent; to stand for |

| 2 | 竞争 | jìngzhēng | (动) | to compete |

◎ 跟……~

① 这几家公司经常互相~。/② 这家医院需要一名护士，有十个人来~。

| 3 | 领导 | lǐngdǎo | (名) | leader |

| 4 | 享受 | xiǎngshòu | (动) | to enjoy |

◎ ~权利

① 坐我们的飞机，您能~到最热情的服务。/② 她很会~生活。

| 5 | 要求 | yāoqiú | (名) | requirement; demand |

| 6 | 尝试 | chángshì | (动) | to try; to have a try |

① 你~过写中文诗吗？/② 老人不太愿意~新的东西。

| 7 | 从来※ | cónglái | (副) | always; ever (in an absolute affirmative or negative tone) |

◎ ~不……/~没（有）……

| 8 | 轻松 | qīngsōng | (形) | relaxed |

◎ 生活很~/~的工作

| 9 | 积极 | jījí | (形) | positive; active |

◎ ~的态度

① 他工作非常~。/② 他~（地）参加学校的各种活动。

| 10 | 乐观 | lèguān | (形) | optimistic |

◎ ~的态度/对……表示~

① 他是一个~的人。/② 今年全世界的经济情况都不太~。/③ 老板~地说："我们公司今年的情况肯定比去年好。"

| 11 | 懒 | lǎn | (形) | 不喜欢劳动和工作，只喜欢休息和玩儿 lazy |

①我哥哥特别~，他的房间又脏又乱。/ ②小王是一个~人，一般很少出去活动。

| 12 | 说明 | shuōmíng | (动) | to show; to demonstrate |

①他没吃这个菜~他可能不喜欢。/ ②他没有成功~他的方法不好。

| 13 | 理想 | lǐxiǎng | (名) | 将来的打算、希望 ideal; aspiration |

◎ 实现自己的~ / 有~

①我小时候的~是当一名科学家。/ ②这样的~很难实现。

| 14 | 内向 | nèixiàng | (形) | introverted |

◎ ~的人 / 性格~

◎ 他的性格很~，不太爱说话。

| | 外向 | wàixiàng | (形) | extroverted |

| 15 | 梦想 | mèngxiǎng | (名) | 很难实现的理想 dream |

◎ 飞上月球曾经是人类的~。

| 16 | 状况 | zhuàngkuàng | (名) | situation; condition |

◎ 经济~ / 生活~ / 身体~

| 17 | 难民 | nànmín | (名) | refugee |

| 18 | 坚强 | jiānqiáng | (形) | firm; strong (in personality) |

◎ ~的人 / ~的性格

①虽然生活很困难，但妈妈非常~、乐观。/ ②比赛的时候，他觉得很不舒服，不过他~地跑完了全程。

| 19 | 成功 | chénggōng | (动) | to succeed |

◎ 在一个方面~的人不少，但在很多方面都~的人不多。

| 20 | 高级 | gāojí | (形) | high-grade; high-class |

◎ ~手表 / ~汽车

| 21 | 印象 | yìnxiàng | (名) | impression |

◎ ~很深 / ~很（不）好 / 给某人留下……的~

①我和她只见过一次面，所以对她没有~了。/ ②找工作的时候，给老板的第一~非常重要。

| 22 | 承认 | chéngrèn | (动) | to admit; to acknowledge |

◎ 得到……的~

◎ 小王的努力得到了大家的~。

| 23 | 成熟 | chéngshú | （形） | mature; sophisticated |

◎ 思想很~/~的想法

◎ 虽然他还是个孩子，但思想已经很~了。

| 24 | 年龄 | niánlíng | （名） | 岁数　age |

◎ ~很大/多大~

| 25 | 独立 | dúlì | （动） | to be independent; to be on one's own |

① 大学毕业以后，我就开始~生活了。/② 她一直是个很~的女人。

| 26 | 冷静 | lěngjìng | （形） | calm |

① 他~地想了想才开始回答我的问题。/② 你~点儿，生气也解决不了问题。

| 27 | 控制 | kòngzhì | （动） | to control |

◎ ~人口/~国家/~自己

| 28 | 命运 | mìngyùn | （名） | fate; destiny |

| 29 | 斗争 | dòuzhēng | （动） | to struggle; to strive |

◎ 和……~/跟……~

| 30 | 放弃 | fàngqì | （动） | to give up; to renounce |

◎ ~……（的）机会/~……（的）计划

◎ A：昨天的比赛你怎么没参加？B：我没有时间准备，所以~了。

用刚学过的词语回答下面的问题：

1. 在你们国家，什么可以代表爱情（àiqíng，love）？

2. 小学、中学、大学，什么时候竞争最厉害？

3. 要做一个很好的领导，有什么要求？

4. 在中国，你尝试过以前没做过的事吗？

5. 你觉得什么工作很轻松？

6. 你觉得自己是一个乐观的人吗？

7. 小时候你的理想是什么？你的理想实现了吗？

8. 性格内向的人喜欢做什么？不喜欢做什么？性格外向的人呢？

9. 你觉得自己是性格内向的人还是性格外向的人？

10. 你觉得什么是成功？

11. 你对中国的什么印象比较好？对什么印象不好？

12. 你觉得人们多大年龄应该独立生活？

13. 你觉得小时候父母应该控制孩子的哪些方面？

颜色和性格

一 你最喜欢什么颜色？最不喜欢什么颜色？向你的搭档了解一下他（她）最喜欢和最不喜欢的颜色，把你们的情况填到下面的表中

人物	最喜欢的颜色	最不喜欢的颜色
我		
我的搭档		

【1】　红色代表热情。如果你最喜欢的颜色是红色，那么你很可能喜欢竞争、好跟人比赛。你可能是一个很好的领导，还特别喜欢享受生活。如果你最不喜欢红色，那么你对生活的要求可能不太高，你也不太喜欢尝试自己从来没做过的事情。

二 阅读课文，回答下面的问题

1. 红色代表什么？

2. 喜欢红色的人喜欢做什么？

3. 不喜欢红色的人不喜欢做什么？

颜色和性格

4. 黄色代表什么？

5. 喜欢黄色的人性格怎么样？不喜欢黄色的人呢？

6. 喜欢黄色的人有什么优点？有什么缺点？

7. 什么样的人喜欢棕色？

8. 绿色代表什么？

9. 什么人喜欢紫色？什么人不喜欢紫色？

10. 喜欢灰色的人性格怎么样？

11. 蓝色代表什么？

【2】　黄色代表快乐和轻松。喜欢黄色的人一般都很积极、乐观，觉得生活很容易，不会有大问题。这种人从来都不为生活和工作担心。他们不会太懒，工作可能非常努力，但常常不能坚持很长时间。如果你最喜欢黄色，说明你很有理想，喜欢过快乐的生活；如果你最不喜欢黄色，这代表你比较内向，总是怕自己的希望和梦想实现不了，还怕被别人批评。

【3】　对棕色的态度代表你对自己身体状况和经济状况的认识。最喜欢棕色的人一般比较紧张，总觉得自己不安全。担心自己身体不太健康的人一般也喜欢棕色。安全的环境对这种人很重要，例如很多难民最喜欢的就是棕色。如果你最不喜欢棕色，那么你可能不太关心自己的健康状况，不过，要注意的是——你可能不如你想象的那样健康。

【4】　绿色代表坚强、不喜欢变化。如果你最喜欢绿色，那么你可能很成功。你喜欢买东西，像大房子、好汽车、高级手表。你希望给人留下好印象、得到别人的承认，但有点儿为自己的将来担心。

【5】　最喜欢紫色的人，身体和精神可能都不太成熟，他们的生活是一个希望和梦想的世界。已经过了梦想年龄的人常常不太喜欢紫色。

【6】　如果你最喜欢的是灰色，那么你大概比较独立，不喜欢和别人一起活动。如果你最不喜欢灰色，那么你可能是个很热情的人。

【7】　蓝色代表冷静。最喜欢蓝色的人总是能控制自己的生活，而且对一切都很满意。这种人希望自己的生活不太复杂，没有太多担

心的事。不过，因为对一切都很满意，所以你可能会有点儿胖。

【8】　黑色表示否定。最喜欢黑色的人（这种情况很少）常常需要和自己的命运斗争。如果你第二喜欢的颜色是黑色，这表示为了得到自己想要的，你可以放弃一切。最不喜欢黑色的人常常能掌握自己的命运。如果你最喜欢黄色，然后是黑色，那么你的生活会发生变化。

［根据 *Luscher Color Test* 改写，O'Connell, S. *Focus on Advanced English* (*C.A.E.*). Longman, 1992］

12. 喜欢蓝色的人为什么可能会有点儿胖？

13. 最喜欢黑色的人多吗？

三 根据课文内容和你的搭档喜欢的颜色回答下面的问题

14. 他（她）有什么样的性格？
15. 你同意课文中的说法吗？
16. 你和你的搭档觉得人的性格和什么有关系？

四 根据课文内容，在代表不同颜色的字母□里画√

| 红色 = A | 棕色 = B | 黄色 = C | 灰色 = D |
| 紫色 = E | 蓝色 = F | 绿色 = G | 黑色 = H |

	A	B	C	D	E	F	G	H
例如：热情的人一般都喜欢	√	□	□	□	□	□	□	□
1. 乐观的人一般都喜欢	□	□	□	□	□	□	□	□
2. 独立的人一般都喜欢	□	□	□	□	□	□	□	□
3. 坚强的人一般都喜欢	□	□	□	□	□	□	□	□
4. 冷静的人一般都喜欢	□	□	□	□	□	□	□	□
5. 热情的人一般不喜欢	□	□	□	□	□	□	□	□
6. 成熟的人一般不喜欢	□	□	□	□	□	□	□	□
7. 内向的人一般不喜欢	□	□	□	□	□	□	□	□
8. 喜欢哪两种颜色的人生活会出现变化？	□	□	□	□	□	□	□	□
9. 哪些颜色可能是你比较喜欢的？								
（1）如果你喜欢买高级的东西	□	□	□	□	□	□	□	□
（2）如果你喜欢和人竞争	□	□	□	□	□	□	□	□
（3）如果你不喜欢和别人一起活动	□	□	□	□	□	□	□	□

	A	B	C	D	E	F	G	H
（4） 如果你需要得到别人的承认	☐	☐	☐	☐	☐	☐	☐	☐
（5） 如果你对自己的生活很满意	☐	☐	☐	☐	☐	☐	☐	☐

10. 哪些颜色你可能不太喜欢？

	A	B	C	D	E	F	G	H
（1） 如果你对生活的要求不高	☐	☐	☐	☐	☐	☐	☐	☐
（2） 如果你没有很多梦想	☐	☐	☐	☐	☐	☐	☐	☐
（3） 如果你不太担心自己的身体状况	☐	☐	☐	☐	☐	☐	☐	☐
（4） 如果你不喜欢尝试自己没做过的事情	☐	☐	☐	☐	☐	☐	☐	☐

语言点

1 从来

> 你也不太喜欢尝试自己**从来**没做过的事情。
>
> 表示从过去到现在一直都是这样，多用于否定句。例如：
>
> ① 喜欢黄色的人**从来**都不为生活和工作担心。
>
> ② 丈夫：结婚以后，你**从来**没做过饭、洗过衣服。
>   妻子：结婚以后，你**从来**没8点以前起过床。
>   丈夫：你**从来**不去看我的父母。
>   妻子：我生日的时候，你**从来**不送花给我。
>   丈夫：你呢，你**从来**不关心我。
>   妻子：（哭）你**从来**都没爱过我。
>
> 从来（都）+ 不 + **动词**
> 从来（都）+ 没（有）+ **动词** + 过

◎ 根据你自己的情况回答下面的问题，需要时请用"曾经"或者"从来"：

1. 你去过中国的东北吗？

2. 你和父母吵过架吗？

3. 你喝酒最多能喝多少?

4. 在你们国家，你参加过什么重要的比赛?

5. 你想过自己老了以后的生活吗?

6. 你给报纸写过文章吗?

7. 你读过中文小说吗?

8. 来中国以前，你工作过吗?

9. 你坐过中国的高铁吗?

10. 你向银行借过钱吗?

2 比较

> 如果你最不喜欢黄色，这代表你比较内向。
> 表示具有一定的程度。可以用在形容词、动词前边，后面的形容词、动词不能是否定形式。例如：
> ① 最喜欢棕色的人一般比较紧张，总觉得自己不安全。
> ② 如果你最喜欢的是灰色，那么你大概比较独立。
> ③ 小时候女孩子比较愿意和爸爸在一起。
> ④ 人们一般比较相信专家的话，所以有的公司常常找专家帮他们做广告。

（一）介绍一下你的老家（lǎojiā, hometown），谈谈那儿的天气、人们的工作和生活，多用"比较"

例如：我们老家春天比较短，夏天很热，秋天比较舒服，不冷也不热……

（二）请你的搭档用"比较"和下面的词语，说说在他（她）的印象中，不同国家的人有什么样的性格，你同意他（她）的看法吗

认真	客气	友好	热情	痛快	努力
懒	喜欢享受	喜欢竞争	快乐	积极	乐观
内向	紧张	严肃	有理想	喜欢买东西	不喜欢变化

3 为了

　　如果你第二喜欢的颜色是黑色，这表示**为了**得到自己想要的，你可以放弃一切。

　　表示目的。一般有两种格式：为了A，B；B是为了A。A表示目的，B是措施。例如：

①**为了**找工作，上周他回了一趟国。
②**为了**让自己的脚暖和一点儿，他穿了两双袜子。
③**为了**上课不迟到，我每天7点就起床。
④我每天上网，是**为了**给朋友们发E-mail。
⑤我来中国是**为了**学习汉语，同时也是**为了**了解中国。
⑥我写日记不是**为了**以后给别人看。

（一）选用上面的例句，回答下面的问题

1. 你写的日记以后可以出书吧？

2. 你为什么每天都上网？

3. 他真奇怪，怎么穿了两双袜子？

4. 你为什么来中国？

5. 你一般什么时候起床？

6. 他最近回国了吗？

（二）用"为了"完成下面的句子

1. 为了学好汉语，＿＿＿＿＿＿＿＿＿＿＿＿＿＿＿＿＿＿＿＿。
2. 为了找到一个好工作，＿＿＿＿＿＿＿＿＿＿＿＿＿＿＿＿＿。
3. 为了能赢这场比赛，＿＿＿＿＿＿＿＿＿＿＿＿＿＿＿＿＿＿。
4. 为了身体健康，＿＿＿＿＿＿＿＿＿＿＿＿＿＿＿＿＿＿＿＿。
5. ＿＿＿＿＿＿＿＿＿＿＿＿＿＿＿＿＿＿＿，我来中国学习汉语。
6. ＿＿＿＿＿＿＿＿＿＿＿＿＿＿＿＿＿＿＿，他交了很多中国朋友。
7. ＿＿＿＿＿＿＿＿＿＿＿＿＿＿＿＿＿＿＿，丽丽每天只吃两顿饭。
8. ＿＿＿＿＿＿＿＿＿＿＿＿＿＿＿＿＿，每个公司都花很多钱做广告。
9. ＿＿＿＿＿＿＿＿＿＿＿＿＿＿＿＿＿，我们国家的总统访问了中国。

拓展学习

一 猜一猜下列词语的意思

红包　红蛋　红人　红肉　口红　眼红

黑话　黑客　黑车　黑吃黑　黑心

白酒　白眼　白肉

蓝牙　灰心

二 阅读下边的句子，说说画线词语的意思

1. 我最喜欢<u>花红柳绿</u>的春天。
2. 冬去春来，<u>花红柳绿</u>，去公园、郊外玩儿的人越来越多。
3. 山上有各种各样的花，<u>万紫千红</u>，漂亮极了。
4. "春城"昆明各种鲜花<u>万紫千红</u>。
5. 这个地方夜晚<u>灯红酒绿</u>，跟白天的样子完全不同。
6. 上大学时我第一次来到城市，第一次看到了城市里的<u>灯红酒绿</u>、<u>红男绿女</u>。
7. 老王不喜欢<u>灯红酒绿</u>的生活，每天一下班就回家。小王非常喜欢<u>灯红酒绿</u>的生活，下班以后常常去酒吧喝酒、跳舞。
8. 这个明星很<u>红</u>吗？我没听说过。
9. 成龙原名陈港生，是一位<u>大红大紫</u>的演员。
10. 这个运动员在本届奥运会上<u>红得发紫</u>。

三 介绍一个现在红得发紫的足球明星、电影明星或作家（尽量用上下面的词语）

灯红酒绿　红男绿女　大红大紫　红得发紫　与众不同

第4单元 热身活动

一、选出你喜欢做的事

听音乐 看电影 看小说 打球 游泳 跳舞 上网 做饭 学外语
修东西 弹钢琴 弹吉他 旅行 跑步 爬山 唱歌 和中国人聊天儿

别的喜欢做的事：_____

二、采访你的搭档，完成下面的信息

1. 他（她）最喜欢_____。

2. 他（她）_____开始有这样的爱好。

3. 他（她）喜欢做这件事是因为_____。

4. 这样的爱好对他（她）的学习、生活或工作不好的影响是_____。

7 唱片

词语表

| 1 | 唱片 | chàngpiàn | （名） | gramophone record |

◎ 一张~

| 2 | 共同 | gòngtóng | （形） | common |

◎ ~点/~语言
① 这两个国家有很多~点。／② 孩子健康快乐地成长，是她和丈夫~的心愿。

| 3 | 俩 | liǎ | （数量） | 两个 two |

◎ 他们~/姐妹~
◎ 昨天我买了~漂亮的笔记本。

| 4 | 巧 | qiǎo | （形） | skillful; dexterous |

◎ 妈妈的手特别~，做的饭特别好吃，做的衣服和买的一样。

| 5 | 手工 | shǒugōng | （名） | handicraft; handwork |

◎ 做~/漂亮的~

| 6 | 修 | xiū | （动） | to repair; to fix |

◎ ~自行车/~电视机/~手表/~汽车/~好了

| 7 | 相当※ | xiāngdāng | （副） | quite; fairly |

◎ ~贵/~便宜/~好/~难

| 8 | 扔 | rēng | （动） | to throw; to toss |

① 回国的时候，我把不要的东西都~掉了。／② 他把妹妹的玩具~到了门外边。

| 9 | 之后※ | zhīhòu | （名） | after; afterwards |

◎ 下课~/起床~

| 10 | 碎 | suì | （动） | to break into pieces; to smash |

① 孩子又打~了一个杯子。／② 今天我房间窗户的玻璃~了。

11	修理	xiūlǐ	(动)	to repair; to fix
	① 我的电脑坏了,我得去~一下。/ ② 他的工作是~汽车。			
12	一模一样	yìmú-yíyàng		完全一样 as like as two peas in a pod; exactly alike
	① 你这件衣服和我昨天买的~。/ ② 照片上这对姐妹长得~。			
13	业余	yèyú	(形)	工作时间以外的 spare time (only used before a noun)
	◎ ~时间/~生活/~活动			
14	爱好	àihào	(名)	喜欢做的事情 hobby
	◎ 有……的~/业余~			
	◎ 他的~是唱歌。			
15	古典	gǔdiǎn	(形)	classic; classical
	◎ ~音乐/~文学			
16	脑子	nǎozi	(名)	brain
	◎ 用~/~很聪明			
17	交响乐	jiāoxiǎngyuè	(名)	symphony
18	伟大	wěidà	(形)	great; mighty
	◎ 很~/~的诗人/~的作家/~的国家			
19	兴奋	xīngfèn	(形)	exciting; excited
20	盯	dīng	(动)	一直看一个地方 to stare at; to gaze at
	① 你为什么一直~着我看?我脸上有脏东西吗?/ ② 小王眼睛~着手机,妻子跟他说话他也没听见。			
21	根本※	gēnběn	(副)	utterly; at all
22	急忙	jímáng	(副)	in a hurry; hastily
	① 听到有人敲门,小王~去开门。/ ② 你们急急忙忙地去哪儿啊?			
23	终于	zhōngyú	(副)	finally; eventually
24	心不在焉	xīnbúzàiyān		to be absent-minded
	◎ 因为爸爸妈妈吵架了,孩子做作业的时候有点儿~。			
25	煮	zhǔ	(动)	to boil; to cook
	① 方便面不~就能吃。/ ② ~肉的时候放点儿啤酒,肉特别香。/ ③ 我每天早饭都吃一个~鸡蛋。			

| 26 | 之前※ | zhīqián | （名） | before; prior to |

◎ 上课~/睡觉~

| 27 | 发亮 | fāliàng | | to shine; to become shiny |

① 他的汽车洗得~。/ ② 她高兴得两眼~。

| 28 | 难道※ | nándào | （副） | used in a rhetorical question to make it more emphatic |

| 29 | 之间※ | zhījiān | | between; among |

| 30 | 盒子 | hézi | （名） | box; case |

| 31 | 克隆 | kèlóng | （动） | to clone |

| 32 | 烧 | shāo | （动） | to burn |

① 把信都~了。/ ② 挺漂亮的房子被火~掉了。

| 33 | 形状 | xíngzhuàng | （名） | shape; form |

◎汽车的~

专名

| 1 | 莫扎特 | Mòzhātè | Mozart |
| 2 | 贝多芬 | Bèiduōfēn | Beethoven |

用刚学过的词语回答下面的问题：

1. 你喜欢听什么唱片？

2. 你们家谁的手最巧？他（她）会做什么？

3. 你会做什么手工？

4. 业余时间你常常做什么？

5. 你们家人有什么共同的爱好？

6. 你喜欢古典音乐吗？

7. 你觉得你们国家最伟大的人是谁？世界上呢？

8. 为什么很多人睡觉之前不喜欢喝咖啡？（兴奋）

9. 什么时候人们很兴奋？

10. "眼""睛""睡""盯"这几个汉字有什么共同点？

11. 在中国，有哪些东西人们煮熟了吃，哪些东西习惯吃生的？
12. 你认为克隆技术对人们有什么影响？
13. 你觉得科学家可以克隆人吗？

课 文

唱 片

【1】　李小强和我没有什么共同点，有时候连我自己都奇怪，我们俩怎么会成了好朋友。

【2】　李小强手特别巧，对手工、修东西特别感兴趣。我有一本书已经相当破了，打算扔掉，他知道以后拿回家去，几天之后，我的书变成了一本新书，又回到了我的手中。我的花瓶打碎了，他修理以后，花瓶和打碎前一模一样。

【3】　我只有一个业余爱好，就是听古典音乐。我买了很多唱片，脑子里总是想着交响乐和莫扎特、贝多芬这些伟大的名字。我一直希望小强也对音乐感兴趣。有一次听得兴奋，我花了很长时间给他讲这音乐怎么怎么好。他呢，目不转睛地盯着我桌子上的一只

一　读课文第1—3段，说一说李小强和"我"有什么不同

二　根据课文第1—3段回答下面的问题

1. 李小强对什么感兴趣？请举两个例子说说他的手怎么巧。

2. "我"有什么业余爱好？

3. "我"对小强的希望是什么？

4. "我"怎么知道小强没有听"我"谈音乐的事？

唱 片 7

玩具猴子。我看到他那双大大的眼睛就知道他根本没有听我说话。"你听没听我说话?"我生气地问。他指了指那只玩具猴子,对我说:"有机会我替你再做一个。"

5. 用一句话概括第2、3段的内容。

三 读课文第4—12段,说说"我"为什么把唱片送给小强

四 根据课文第4—12段回答下面的问题

1. 那个星期六的下午"我"为什么急急忙忙回家?

2. 小强对"我"的新唱片感兴趣吗?他对什么最感兴趣?

3. 从厨房出来后,"我"为什么高兴?

4. 为什么小强觉得"我"送他唱片不合适?

5. 猜一下后来发生了什么事情。

五 读课文第13—17段,看看你猜得对不对

六 根据课文第13—17段回答下面的问题

1. 几天后小强带来了什么?

【4】 一个星期六下午,我买完东西急急忙忙回家,因为我刚刚花很多钱买了一张贝多芬的唱片。这张唱片我已经找了很长时间,现在终于买到了。刚刚听完一遍,小强来了。这唱片太好听了,我兴奋地给小强介绍。他心不在焉地坐了下来,说的第一句话是:"你的猴子呢?"我告诉他我不小心打碎了,所以就扔了。

【5】 我到厨房去煮咖啡,走之前对小强说:"好好儿听听,你肯定会喜欢的。"

【6】 不一会儿,我从厨房出来,发现小强盯着我的新唱片,脸上带着微笑,眼睛发亮,难道他喜欢上了音乐?我开始高兴起来。

【7】 "你喜欢这张唱片吗?"我兴奋地问。

【8】 "嗯。"

【9】 "拿回去!"尽管我很喜欢这张唱片,可是小强也开始喜欢它,想到以后可以跟小强一起听音乐,我决定把这张唱片给他。

【10】 "不合适吧,这张唱片你刚刚……"

【11】 "好朋友之间不用客气。"

【12】 "那太好了。"

【13】 几天后,他来找我,给了我一个漂亮的小盒子。我打开盒子,里面是一只猴子,跟我打碎的一模一样,我很吃惊。

【14】 "太好了!你做的?"

【15】 "那当然。"

【16】 "你是怎么'克隆'出来的?"

【17】"很简单,我在一本书上看到,唱片烧了之后可以做成各种形状的东西。"

（根据王宗宽编译的《唱片》改写,《青年文摘》2000年第11期）

2. 收到小强的"猴子","我"会怎么样?

七 试试为这篇课文写一个新的结尾

语言点

1 相当

我有一本书已经相当破了,打算扔掉。
表示程度高。例如:

① 他的汉语说得相当流利。
② 过春节的时候,相当多的人打算去国外旅行。
③ 上海冬天比较冷,北京的冬天相当冷,哈尔滨的冬天非常冷。

相当 + 形容词

◎ 用"相当"完成下面的句子:

1. 我们都叫他"瘦猴",因为他＿＿＿＿＿＿＿＿＿＿。

2. 到了周末,＿＿＿＿＿＿＿＿＿＿。

3. A：你觉得这儿的东西贵吗？
   B：＿＿＿＿＿＿＿＿＿＿＿＿＿＿＿＿＿＿＿＿＿＿＿＿。

4. A：你觉得最近几年中国有什么变化？
   B：＿＿＿＿＿＿＿＿＿＿＿＿＿＿＿＿＿＿＿＿＿＿＿＿。

5. A：你为什么总喜欢去那儿吃饭？
   B：＿＿＿＿＿＿＿＿＿＿＿＿＿＿＿＿＿＿＿＿＿＿＿＿。

2 根本

> 我看到他那双大大的眼睛就知道他**根本**没有听我说话。
> 从头到尾，完全。多用于否定句，一般否定的是某种情况的前提。例如：
>
> ①"你喜欢这个音乐吗？"我问小强。可是看到他那双大大的眼睛，我就知道他**根本**没有听我说话。（他没有听我说话→他没有回答我的问题。）
> ②A：昨天晚上我在学校旁边的酒吧（jiǔbā, bar）里看见你了。
>   B：不可能，昨天晚上我**根本**没出去。（没出去→没有去酒吧）
> ③A：昨天晚上小王过生日，你去了吗？
>   B：我**根本**不知道这件事。（不知道"小王过生日"→没去）
> (×B：我**根本**没去。)

◎ 根据括号内的提示，用"根本"回答下面的问题：

例如：甲：你这张照片是在日本照的吗？（没去过日本→不是在日本照的）
　　　乙：不是，我根本没去过日本。

1. A：你喝白酒还是啤酒？（不会喝酒→不喝）
   B：＿＿＿＿＿＿＿＿＿＿＿＿＿＿＿＿＿＿＿＿＿＿＿＿。

2. A：大家都在看足球比赛，你怎么不看啊？（不感兴趣→不看）
   B：＿＿＿＿＿＿＿＿＿＿＿＿＿＿＿＿＿＿＿＿＿＿＿＿。

3. A：烤鸭很好吃，你为什么不吃？（不吃肉→不吃）
   B：＿＿＿＿＿＿＿＿＿＿＿＿＿＿＿＿＿＿＿＿＿＿＿＿。

4. A：听说你打算要买汽车。（＿＿＿＿＿＿→不打算买）
   B：＿＿＿＿＿＿＿＿＿＿＿＿＿＿＿＿＿＿＿＿＿＿＿＿。

5. A：你参加学校唱中文歌的比赛吗？（＿＿＿＿＿＿→不参加）
   B：＿＿＿＿＿＿＿＿＿＿＿＿＿＿＿＿＿＿＿＿＿＿＿＿。

6. A：学完汉语以后，你打算回国找工作吗？（_____→不回国找工作）

　　B：_____。

3 不一会儿

不一会儿，我从厨房出来，发现小强盯着我的新唱片。
很短的一段时间。可以单独使用，也可以放在动词前。例如：

① 他真的很饿了，30个饺子不一会儿就吃完了。
② 小明刚到幼儿园的时候，还哭着要妈妈，不一会儿就和别的小朋友玩儿起来了。
③ 我们爬上长城，不一会儿就下起了雨。
④ 上网不一会儿，就有人找我聊天儿。
⑤ 他躺在床上看书，不一会儿就睡着了。

▲ 注意：不能说"我刚才看了不一会儿书"，只能说"我刚才看了一会儿书"。

◎ 用"不一会儿"完成下面的句子：

1. 这次考试他准备得很好，_____。
2. 今天真热，_____。
3. 他修电脑的水平很高，_____。
4. 妈妈做饭很快，_____。
5. 他和朋友一起去喝酒，_____。
6. 昨天我们的作业很少，_____。

4 难道

难道他喜欢上了音乐？
加强反问语气，句尾常有"吗"配合使用。可以用在主语和谓语之间。表示"我不（敢）相信……（是真的）"。例如：

① 我从厨房出来，发现小强盯着我的新唱片，脸上带着微笑，眼睛发亮，难道他喜欢上了音乐？（我不敢相信他真的喜欢上了音乐）
② 儿子：爸爸，能给我根烟吗？
　　爸爸：小孩子抽烟不好！
　　儿子：难道大人抽烟就好吗？（我不相信大人抽烟就好）

③ 妈妈：你怎么可以和小朋友打架（dǎ jià, to fight with somebody）呢？
孩子：是他先打我的。
妈妈：那你应该先回来告诉我。
孩子：妈妈难道想帮我一起去打他吗？（我不相信妈妈要帮我一起去打他）
④ 服务员：如果你不付钱，我就叫警察（jǐngchá, policeman）。
顾　客：难道你希望警察为我付钱吗？（我不相信警察会为我付钱）

（一）完成下面的句子

刚来中国的时候，我看到一些不明白的地方，我问自己：

1. 难道中国人喜欢＿＿＿＿＿＿＿＿＿＿＿＿＿＿＿＿＿＿＿＿吗？
2. 难道中国人不喜欢＿＿＿＿＿＿＿＿＿＿＿＿＿＿＿＿＿＿吗？
3. 难道中国没有＿＿＿＿＿＿＿＿＿＿＿＿＿＿＿＿＿＿＿＿吗？
4. 难道在中国我得＿＿＿＿＿＿＿＿＿＿＿＿＿＿＿＿＿＿＿吗？
5. 难道我们学校＿＿＿＿＿＿＿＿＿＿＿＿＿＿＿＿＿＿＿＿？

（二）完成下面的对话

1. A：我打算马上回国。
   B：＿＿＿＿＿＿＿＿＿＿＿＿＿＿＿＿＿＿＿＿？（难道）
   A：不，我还要继续学汉语。

2. A：我想换宿舍。
   B：＿＿＿＿＿＿＿＿＿＿＿＿＿＿＿＿＿＿＿＿？（难道）
   A：＿＿＿＿＿＿＿＿＿＿＿＿＿＿＿＿＿＿＿＿。

3. A：今天天气不好，我不想学习。
   B：＿＿＿＿＿＿＿＿＿＿＿＿＿＿＿＿＿＿＿＿？（难道）
   A：＿＿＿＿＿＿＿＿＿＿＿＿＿＿＿＿＿＿＿＿。

4. A：明天我们几点出发？
   B：出发去哪儿？
   A：＿＿＿＿＿＿＿＿＿＿＿＿＿＿＿＿＿＿＿＿？（难道）
   B：＿＿＿＿＿＿＿＿＿＿＿＿＿＿＿＿＿＿＿＿。

5 之后、之前、之间

几天之后，我的书变成了一本新书，又回到了我的手中。

我到厨房去煮咖啡，走之前对小强说："好好儿听听，你肯定会喜欢的。"

好朋友之间不用客气。

之后：表示在某个时间或处所的后面。多用于书面。前边可以是名词或动词短语。

之前：表示在某个时间或处所的前面，多用于书面。

之间：在两端的距离以内或两个事物中间，可以用来指数量、时间、处所和关系等。不能单独使用。例如：

① 唱片烧了之后可以做成各种形状的东西。
② 学中文之前，我认识两个中国朋友。
③ 我觉得张老师的岁数大概在六十到六十五之间。
④ 这个故事发生在秋冬之间。
⑤ 食堂和图书馆之间是我们的教学楼。

◎ 用括号中的词回答下面的问题：

1. 你是什么时候决定来中国留学的？（之前/之后）

2. 在你们国家，年轻人从什么时候开始可以考驾照？（之前/之后）

3. 你打算什么时候回国？（之前/之后）

4. 这个学校有多少学生？（之间）

5. 你觉得性格和什么有关系？（之间）

6. 在你们家，你和谁的关系最近？（之间）

一 猜一猜下列词语的意思

手快	手慢	手紧	手巧	手软	手黑	手足
二手	高手	黑手	好手	左右手	三只手
歌手	水手	写手	骑手	帮手	分手

二 阅读下边的句子，说说画线词语的意思

1. 今天爸爸会带一只小狗回家，所以明明在学校上课的时候<u>心不在焉</u>。
2. 我姐姐跑步跑得快，跳舞跳得好，做饭做得好吃，而我<u>笨手笨脚</u>，什么都不会。
3. 我们宿舍四个人每天一起上课、一起吃饭、一起玩儿，<u>情同手足</u>。
4. 每天早上出门之前我都<u>手忙脚乱</u>，每次到公司后，我都对自己说："明天要早一点儿起床。"
5. 小王每次见到丽丽都<u>手忙脚乱</u>，不知道怎么做好。
6. 父母常常觉得孩子花钱<u>大手大脚</u>。
7. 李小强<u>心灵手巧</u>，我<u>笨手笨脚</u>；我爱听音乐，他对音乐一点儿也不感兴趣。虽然我们没有什么共同点，但是我俩<u>情同手足</u>。有一次，我花了很长时间给小强讲音乐怎么怎么好。他呢，一直盯着我桌子上的一只玩具猴子，<u>心不在焉</u>地对我说："有机会我替你再做一个。"

三 回答下列问题

1. 为什么大家都喜欢熊猫？（笨手笨脚）
2. 做什么工作需要心灵手巧？
3. 什么时候你会手忙脚乱？
4. 你父母觉得你花钱大手大脚吗？
5. 什么情况下你会心不在焉？
6. 有的学生上课的时候心不在焉，这时候老师可以怎么做？
7. 你有特别好的朋友吗？（情同手足）

8 音乐和邻居女孩儿

词语表

1	邻居	línjū	（名）	neighbor

2 租　　zū　　（动）　　花钱用别人的东西　to rent; to lease
◎ ~房子/~汽车

3 美丽　měilì　（形）　　漂亮　beautiful
◎ ~的风景/~的女孩儿

4 迷　　mí　　（名）　　特别喜欢某人或某事的人　fan; enthusiast
◎ 歌~/舞~/电影~/足球~

5 热爱　rè'ài　（动）　　特别喜欢　to have deep love for; to love ardently
◎ ~自己的国家/~音乐/~工作/×~丈夫/×~女朋友

6 便　　biàn　（副）　　〈书〉就　as early/little as; then
① 我下了课~回家。/② 大学一毕业，他们~结了婚。

7 录音机　lùyīnjī　（名）　tape recorder
◎ 一台~

8 放　　fàng　（动）　　to play; to put on (music)

9 浪漫　làngmàn　（形）　romantic
◎ ~的故事

10 即使　jíshǐ　（连）　even if
① 这个问题太难，~是我们老师，也可能不会回答。/② 他每天都去跑步，~外面下雨。

11 优美　yōuměi　（形）　fine; graceful
◎ ~的风景/~的环境/~的歌曲/动作~/歌声~

注：〈书〉表示书面语。

音乐和邻居女孩儿 8

| 12 | 自由 | zìyóu | （形） | free; unrestrained |

① 离开父母独立生活很~。/ ② 工作以后就不如当学生时那么~了。

| 13 | 羡慕 | xiànmù | （动） | to envy; to admire |

◎ 我朋友会说几门外语，我很~他。

| 14 | 惊喜 | jīngxǐ | （形） | pleasantly surprised |

① 爸爸说要来中国看我，让我感到非常~。/ ② 同屋今天过生日，他下课回到宿舍时，~地发现大家都在等着他。

| 15 | 梦 | mèng | （名） | dream |

| 16 | 连忙※ | liánmáng | （副） | promptly; in a hurry |

| 17 | 不好意思※ | bù hǎoyìsi | | to feel embarrassed; shy |

① 小王一直盯着丽丽看，看得丽丽都~了。/ ② 我请刚认识的女孩儿吃饭，她~地点了点头。

sorry

◎ ~，又麻烦你。

| 18 | 尽管※ | jǐnguǎn | （副） | to feel free to; not to hesitate to |

① 有问题~问老师。/ ② 今天我们去吃自助餐（zìzhùcān, buffet），你喜欢什么~吃。

| 19 | 鼓励 | gǔlì | （动） | to encourage |

① 对孩子，应该多~，少批评。/ ② 老师~我参加学校的汉语比赛。

| 20 | 大胆 | dàdǎn | （形） | bold; daring |

| 21 | 吵 | chǎo | （形） | noisy |

① 我的窗户外边就是一个公共汽车站，所以特别~。/ ② 我的邻居晚上12点还放音乐，~得我睡不好觉。

| 22 | 疯 | fēng | （形） | crazy; insane |

| 23 | 好久 | hǎojiǔ | （形） | 很长时间　for a long time |

① ~不见，最近怎么样？忙吗？/ ② 上课~了他还没来。/ ③ 我的朋友在上海住了~才来北京看我。

| 24 | 懂得 | dǒngde | （动） | to know; to understand |

① 我的老板让我~，在公司他是我的老板，不是我的朋友。下班以后他才是我的朋友。/ ② 这是大家都~的道理。

| 25 | 噪音 | zàoyīn | （名） | 听了让人不舒服的声音　noise |

用刚学过的词语回答下面的问题：

1. 在你们国家，人们可以租哪些东西？
2. 你的老家哪个季节最美丽？
3. 你是什么迷？
4. 你特别热爱什么？
5. 你觉得什么时候比较自由？什么时候不自由？
6. 你最羡慕谁？为什么？
7. 什么事曾经让你很惊喜？
8. 谁常常鼓励你？鼓励你什么？
9. 你住的地方吵吗？
10. 你在中国生活，除了学习，什么方面需要花很多时间？（好久）

音乐和邻居女孩儿

一　选择合适的词，填在下面句子的空格处（每个词只能用一次）

| 浪漫 | 惊喜 | 美丽 | 租 | 放 |
| 吵 | 羡慕 | 根本 | 连忙 | |

1. 大学毕业之后，我自己_____了一间房。
2. 从那以后，我很少再_____音乐。
3. 每天下班之后，我要做的第一件事便是打开录音机，放一段_____的音乐。
4. 听完之后，我_____不知道说什么好。
5. 有一天，那个_____的女孩儿突然来到了我的门前，轻声问："我可以进来吗？"

二 阅读课文，把上面练习中的五个句子填到合适的地方

【1】_____。
邻居是个很美丽的女孩儿，这使我感到很高兴。更让我高兴的是，有一天我发现那个女孩儿的名字叫爱乐，因为我自己也是个音乐迷，我想热爱音乐的人大概都是热爱生活、非常乐观的人，这个美丽女孩儿肯定也是这样。

【2】_____。
即使回家很晚，我也一定先放音乐，再做其他事。放音乐时我有个习惯：喜欢打开门窗，把声音放得很大。我享受着优美的音乐，感到自己真的成了一个自由人。我想，我的美丽邻居一定常常注意我、羡慕我。

【3】_____。
我十分惊喜地回答："当然可以，我做梦都想跟你聊聊天儿，认识认识呢！快请进！"

【4】　　我连忙请她坐下，给她倒茶、拿水果，希望给她留下一个好印象。

【5】　　"你一定很喜欢音乐吧？"

【6】　　"你怎么知道呢？"

【7】　　"你叫爱乐吧？多美的名字！我猜你肯定很喜欢音乐，所以才叫爱乐。"

【8】　　"哪里，我小时候很喜欢笑，所以叫爱lè，不是爱yuè。"女孩儿说着，脸红了。

【9】　　"我，我想……"女孩儿突然不好意思地看着我。

【10】　　"你想说什么就尽管说。"我鼓励她。我想她可能喜欢我，可又不好意思说出来。

【11】　　"那好吧，我说出来你别生气。"女孩儿大胆地看着我，"你天天放音乐，吵得我不能学习，不能睡觉，我觉得我自己都快疯了！我想，你放音乐能不能小声一点儿……"

【12】_____。
好久，好久，我才挤出一句话："好，我一定，一定……"

【13】_____。
即使放，声音也放得很小。因为邻居女孩儿使我懂得：自己认为很优美很好听的音乐，别人可能觉得是噪音。

（根据蓝春歌《音乐》改写，《青年文摘》2000年第4期）

三 根据对课文有关内容的问题的回答，写出相应的问题

例如：问题：大学毕业以后，他和谁一起住？
　　　回答：他自己一个人住。

1. 问题：
　　回答：他的邻居是一个美丽的女孩儿。

2. 问题：
　　回答：他是一个音乐迷。

3. 问题：
　　回答：放音乐的时候，他喜欢打开门窗，把声音放得很大。

4. 问题：
　　回答：听音乐的时候，他觉得自己是一个自由的人。

5. 问题：
　　回答：因为她小时候很喜欢笑，所以叫爱乐。

6. 问题：
　　回答：他以为那个女孩儿会注意他、羡慕他。

7. 问题：
　　回答：那个女孩儿来找他是希望他放音乐的时候声音小一点儿。

8. 问题：
　　回答：这件事让他懂得自己认为优美好听的音乐，别人可能觉得是噪音。

四 根据你的情况或想法回答下面的问题

1. 你觉得人的名字和性格有关系吗？

2. 你以前的爱好和现在一样吗？什么能改变一个人的爱好？

3. 你觉得10年之后年轻人的爱好和现在会有什么不一样的方面？

五 调查两个你认识的中国人,问问他们有什么爱好,再了解一下他们周围的人都喜欢做什么

A
姓名:_____
爱好:_____
周围的人呢?
_____
_____

B
姓名:_____
爱好:_____
周围的人呢?
_____
_____

1 即使……也……

我每天下班之后做的第一件事就是放一段音乐。即使回家很晚,我也一定先放音乐,再做其他事。

"即使A也B"表示在A的情况下也会出现B的结果或者结论,而A通常是不太可能出现或者较为极端的情况。整个格式一般被用来说明B出现的可能性非常高如例句①②;或者表示A的出现也不会影响整个结果或结论,如例句③—⑤。例如:

① 我现在没钱买汽车,即使是最便宜的汽车,我也买不起。
② 冬天里,熊即使几个月不吃东西也不会饿死。
③ (从那以后,我很少再放音乐。)即使放,声音也放得很小。
④ 学汉语要多和中国人练习,即使说错了,也没关系。
⑤ 他一般不批评学生,即使批评学生,也不会很严厉。

也可以用在后一部分。例如:

⑥ 我不想做这样的工作,即使工资比我现在的高很多。
⑦ 我们的脑子一直在工作,即使是在我们睡觉的时候。

◎ 用"即使……也……"完成下列句子:

1. 即使妈妈做的饭很不好吃,_____。
2. 参加比赛的人,即使输了,_____。

3. 如果你不努力，即使你非常聪明，_____。
4. 即使明天下雨，_____。
5. _____，也会来上课。
6. _____，他也还是非常乐观。
7. 这儿的天气非常冷，_____。
8. 我相信他，_____。

2 连忙

我连忙请她坐下，给她倒茶、拿水果。

表示迅速行动。常用于陈述句的后一部分，强调前后两个动作或事情之间的时间间隔很小。只能用于陈述句，不能用于祈使句。例如：

① 她进来之后，我连忙请她坐下，给她倒茶、拿水果。
　　　　A　　　　　　　　B
② 听见楼下有人叫我的名字，我连忙打开窗户看是谁。
　　　A　　　　　　　　　　　　B
③ 老板一进来，大家连忙站了起来。
　　　A　　　　　　B
④ 吃饭的时候，小王突然很不舒服，我们连忙送他去了医院。
　　　　　　　　A　　　　　　　　　　B

A，连忙B

（一）用"连忙"改写下面的句子，可以根据需要增加或者减少一些词语

例如：毛毛上课时睡着了，听到老师叫他的名字，马上站了起来，可不知道要回答什么问题。
　　→毛毛上课时睡着了，听到老师叫他的名字，连忙站了起来，可不知道要回答什么问题。

1. 听到病人叫，这位护士就跑来了。

　　→_____

2. 听说自己喜欢的裙子今天便宜了很多，丽丽马上去买了回来。

　　→_____

3. 一收到女朋友的E-mail,他就给她回。如果不回,女朋友肯定会生气。

→

4. 小强送给我一个漂亮的小盒子。我马上打开盒子,里面是一只猴子,跟我打碎的一模一样。

→

5. 他告诉我他的电话号码之后,我担心会忘了,就记在了手机通讯录上。

→

6. 公共汽车上,听到有人说"我的钱包(qiánbāo,wallet)没了",我摸了摸自己的钱包。

→

(二) 用"连忙"完成下面的句子

1. 他迟到了半个小时,所以到了以后,_____。
2. 听见有人敲门,_____,原来是邻居那位美丽的女孩儿。
3. 下雨了,_____。
4. 和中国朋友一起出去吃饭,他问我吃不吃猪肚,_____。
5. 孩子哭了起来,_____。

3 不好意思

女孩儿突然不好意思地看着我。

害羞;或者因为爱面子而不肯或不便做某事。现在也有"对不起"的意思。例如:

① 我想她可能喜欢我,可又不好意思说出来。
② 学生:上课的时候,如果我说错了,我会觉得不好意思。
   老师:说错了不要感到不好意思。
③ 真不好意思,我来晚了。
④ 我忘了你的名字,真不好意思。

◎ 回答下面的问题:

1. 你什么时候会感到不好意思?

2. 不好意思的时候,你会怎么样?(脸红、出汗、声音发抖……)

4. 尽管

> 你想说什么就尽管说。
> 　　表示不必考虑别的限制或条件,放心去做,一般用于未发生的事。后面的动词多为肯定形式。例如:
> ① 你想看电视就尽管看吧。
> ② 如果想哭,你就尽管哭吧。
> ③ 您尽管放心,我们一定会按时完成。
> ④ 明天是周末了,要玩儿就尽管玩儿。
> ⑤ 学习中文要多练习,下课以后尽管找中国人聊天儿。

(一)用"尽管"改写下面的句子,根据需要可以增加或者减少一些词语

1. 我们家有一个房间没人住,你就在这儿住吧,不用急着找房子。

2. 我给你们照顾孩子,你们就放心地去做你们的事吧。

3. 我们吃的是自助餐,所以你吃多少都没关系。

4. 如果孩子不认真学习,老师怎么批评他也没关系。

5. 上课有问题的话就问老师，不要不好意思。

6. 工作以后就没有那么自由了，所以在大学毕业之前你就好好儿享受吧。

（二）用"尽管"完成下面的句子

1. 如果你有困难，＿＿＿＿＿＿＿＿＿＿＿＿＿＿＿＿＿＿＿＿。
2. 网上的很多软件是免费（miǎn fèi, free of charge）的，＿＿＿＿＿＿＿＿＿＿。
3. 病人：大夫，出院以后有什么东西我不能吃？
   医生：没有，＿＿＿＿＿＿＿＿＿＿＿＿＿＿＿＿＿＿＿＿。
4. 朋友A：这本书我什么时候还你呢？
   朋友B：＿＿＿＿＿＿＿＿＿＿＿＿＿＿＿＿＿＿＿＿。
5. 学生：老师，考试还有多长时间结束？
   老师：时间还长呢，＿＿＿＿＿＿＿＿＿＿＿＿＿＿＿＿＿＿＿＿。

拓展学习

一 朗读下列词语，注意"乐"的发音和意思

乐队　乐器　民乐　哀乐　交响乐　古典乐　爵士乐　摇滚乐
快乐　乐观　吃喝玩乐　可口可乐　闷闷不乐　乐在其中

二 阅读下边的句子，说说画线词语的意思

1. 小王周一到周五工作很努力，一到周末就吃喝玩乐。
2. 我是上海人，上海的吃喝玩乐你就问我吧。
3. 请给我们介绍一个吃喝玩乐的好地方。
4. 小王大学毕业以后一直没找到工作，每天都闷闷不乐，他妈妈很担心。
5. 你如果很长时间没有什么原因却闷闷不乐，常常想哭，那么你可能需要去看心理医生。
6. 我们每次回爷爷奶奶家，爷爷给我们十多个人做饭，虽然很累，但他总是乐在其中。
7. 大人们觉得沙子不干净，孩子们却能玩儿好几个小时，乐在其中。
8. 什么事情常常让你乐在其中？

第 5 单元　热身活动

一　猜一猜他是谁

　　他是中国唐朝（Tángcháo，the Tang Dynasty）的大诗人，从小喜欢读书、作诗。25岁时，他离开自己的家乡，到各地旅行、学习。他游览（yóulǎn，to go sightseeing）了大半个中国，留到现在的诗有近一千首，其中许多出现在后来中国学生的课本里。有的诗中国两三岁的孩子都知道，例如《静夜思》：

　　　　床前明月光，
　　　　疑是地上霜。
　　　　举头望明月，
　　　　低头思故乡。

二　介绍一个在全世界都很有名的人，但不要说出他（她）的名字，请你的搭档猜一猜他（她）是谁

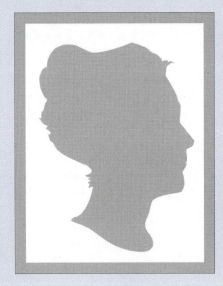 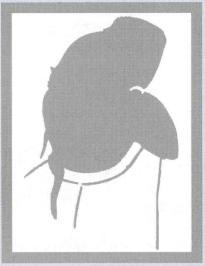 

孙中山

词语表

1	神	shén	（名）	god; deity
	◎ 女~/酒~/山~/爱~			
2	平时	píngshí	（名）	一般的时候 at ordinary times; in normal times
	① ~努力学习，考试的时候才能有好成绩。/ ② 他们~关系挺好的，昨天不知道为什么吵架了。/ ③ 我~不让孩子看电视，周末才让他们看一会儿。			
3	聪明	cōngming	（形）	clever; intelligent
	◎ ~的方法/~人			
4	哲学	zhéxué	（名）	philosophy
5	地图	dìtú	（名）	map
	◎ 一张~/世界~/中国~			
6	小说	xiǎoshuō	（名）	novel; story
	◎ 一本~			
7	蔬菜	shūcài	（名）	vegetable
8	辣	là	（形）	spicy; hot
9	菠萝	bōluó	（名）	pineapple
10	年轻	niánqīng	（形）	young
	◎ ~人			
	◎ 爸爸~的时候很帅。			
11	医学	yīxué	（名）	medical science

| 12 | 治 | zhì | （动） | to cure; to treat (a disease) |

① 王大夫~好了丽丽的病。/ ② 这家医院在~眼病方面非常有名。

| 13 | 老百姓 | lǎobǎixìng | （名） | folk; common people |

◎ 中国~最关心房价、食品安全、看病和教育。

| 14 | 水深火热 | shuǐshēn-huǒrè | | to be in deep distress |

◎ 战争时期，人们的生活~。

| 15 | 改革 | gǎigé | （动） | to reform |

◎ 中国的银行正在进行~。

| 16 | 愿望 | yuànwàng | （名） | wish; desire |

◎ 小王自己当老板的~还没有实现。

| 17 | 成立 | chénglì | （动） | to found; to establish |

① 中华人民共和国1949年~。/ ② 我们学校的足球队已经~50年了。

| 18 | 革命 | gémìng | （名） | revolution |

| 19 | 从此 | cóngcǐ | （副） | from now on; since then |

① 我们10年前见过一面，~再没联系过。/ ② 他和父亲吵了一架，~离开了家。/ ③ 上个月我的朋友换了一个工作，~忙起来了。/ ④ 两年前我认识了一个中国朋友，~我开始学习汉语。

| 20 | 成为 | chéngwéi | （动） | to become |

① 大学毕业后，她选择~一名小学教师。/ ② 他希望3年以后自己~中国通。

| 21 | 平等 | píngděng | （形） | equal |

◎ 男女~/人人~

| 22 | 富强 | fùqiáng | （形） | rich and strong |

◎ ~的国家
◎ 我们都希望自己的国家~。

| 23 | 人民 | rénmín | （名） | the people |

◎ ~政府/~代表

| 24 | 统治 | tǒngzhì | （动） | to rule; to govern |

◎ ~国家/~者

| 25 | 临时 | línshí | （形） | temporary; provisional |

◎ ~政府/~安排/~计划
① 今天帮朋友照顾孩子，当了一天~妈妈，真累。/ ② 小王打算出国留学，所以现在的工作是~的。/ ③ 地震以后，很多人住在~房屋里。

| 26 | 总统 | zǒngtǒng | （名） | president (of a republic) |

◎ 临时～/某国～

| 27 | 制定 | zhìdìng | （动） | to make (law); to institute (rules) |

◎ ～政策（zhèngcè, policy）

| 28 | 法律 | fǎlǜ | （名） | law |

◎ 制定～

| 29 | 规定 | guīdìng | （名） | rule; regulation |

◎ 一条～/学校的～/国家的～

| 30 | 禁止 | jìnzhǐ | （动） | to prohibit; to ban |

◎ ～停车/～吸烟（xī yān, to smoke）

① 这次考试～学生用词典。/② 中国的很多城市规定：骑自行车～带人。

| 31 | 剪 | jiǎn | （动） | to cut (with scissors) |

◎ ～头发/～报纸

| 32 | 辫子 | biànzi | （名） | plait; braid |

| 33 | 皇帝 | huángdì | （名） | emperor |

| 34 | 纪念 | jìniàn | （动） | to commemorate |

◎ ～某人/～某事

◎ 这个周末为了～父母结婚50年，我们家准备开一个晚会。

| 35 | 县 | xiàn | （名） | county |

| 36 | 当年※ | dāngnián | （名） | at that time; in those years |

●专名

1	孙中山（孙文、孙逸仙）	Sūn Zhōngshān (Sūn Wén, Sūn Yìxiān)	Sun Yat-sen
2	广东	Guǎngdōng	a southern province of China
3	香山	Xiāngshān	name of a place in Guangdong
4	澳门	Àomén	Macao
5	广州	Guǎngzhōu	capital of Guangdong Province
6	清朝	Qīngcháo	the Qing Dynasty (1616—1911)
7	中华民国	Zhōnghuá Mínguó	The Republic of China (1912—1949)

用刚学过的词语回答下面的问题:

1. 你平时和周末起床时间一样吗?
2. 你觉得聪明的人学外语会快一些吗?
3. 你们国家最有名的小说是什么?
4. 你最喜欢什么蔬菜?水果呢?
5. 你喜欢吃辣的东西吗?你能说出一个辣的菜的名字吗?
6. 现在什么病很难治好?
7. 中国的经济改革是什么时候开始的?
8. 你觉得你们国家需要改革什么?
9. 去年你的生日愿望是什么?你的愿望实现了吗?
10. 你认为现在世界上有哪些不平等的事情?
11. 如果让你做一天临时总统,你愿意做哪个国家的总统?为什么?
12. 你们国家的法律规定人们不能做什么?
13. 在中国你剪过头发吗?
14. 你们国家有什么节日是为了纪念某一个人?

孙中山

一 下面是有关孙中山先生的情况,猜猜哪些是真的,哪些不是

	是真的	不是真的
1. 孙中山性格外向,平时喜欢和人聊天儿。	☐	☐
2. 孙中山喜欢看书、听音乐。	☐	☐
3. 孙中山学习的专业不是政治,不是法律,而是医学。	☐	☐
4. 孙中山不喜欢清朝政府。	☐	☐
5. 中山公园、中山大学都和孙中山有关系。	☐	☐

孙中山 9

二 阅读课文,看看前面的练习中,哪些你猜对了,哪些猜错了

三 根据课文内容回答下面的问题

1. 孙中山先生性格怎么样?

2. 他喜欢看什么书?不喜欢看什么书?

3. 他在吃的方面有什么习惯?

4. 开始革命活动以前孙中山先生做什么?

5. 孙中山先生的理想是什么?

【1】　孙中山(1866—1925)是广东香山人,他原来的名字叫孙文,又叫孙逸仙,"逸仙"翻译成英语有"自由神"的意思。33岁的时候他开始用"孙中山"这个名字。

【2】　孙中山长得很像他的母亲,性格比较安静,平时不太爱说话。他从小就很聪明,非常喜欢买书、读书。历史、政治、经济、哲学方面的书他都喜欢看,还爱看地图;不过他对小说不感兴趣,也不爱听音乐。在吃的方面,他喜欢蔬菜和鱼,不喜欢酸的、辣的东西;他非常喜欢水果,特别是香蕉和菠萝。

【3】　年轻的时候,孙中山先是学习医学,然后在澳门、广州当医生,可是他的理想不只是当一名医生给人们治病——他不仅要治人们的身体,而且还要治人们的思想和精神。当时的中国就像一个病人,老百姓生活在水深火热中,所以他要努力治一治自己的国家。28岁的时候,他给当时的清朝政府写信,要求他们进行改革,但是清朝政府根本不关心人们的意见和愿望,所以他的信当然没有影响。同一年,他和一些朋友成立了一个革命组织。从此孙中山先生开始了他的革命活动,和清朝政府进行斗争,希望中国能成为一个独立、平等、富强的新中国。

【4】　1911年,孙中山先生的努力和人民的斗争取得了很大的成功,清朝政府的统治终于结束了。1912年中华民国成立,孙中山先生当上了临时大总统。他当大总统的时候制定了三十多种法律、规定,比如禁止买卖人口,要求全国的男人都剪辫子,等等。

【5】　孙中山先生是中国历史上一位伟大的政治家,他领导的革命结束了旧中国几千年皇帝统治的历史。孙中山先生对中国社会的政治、经济、文化教育和人民生活的发展变化都有很多积极影响。人们为了纪念他,把他的老家香山县改名叫中山市。孙中山先生当年办的大学现在叫中山大学。中国不少城市都有中山公园。

（参考资料：〔美〕孙穗芳《我的祖父孙中山》,人民出版社,1996年）

6. 为什么说孙中山先生是中国历史上一位伟大的政治家?

四　根据课文填写孙中山先生在不同时期的情况或做的事情

1866年　　　　　_____
1876年　　　　　开始上学
1878—1883年　　去外国学习
1884年　　　　　第一次结婚
年轻的时候　　　_____
1894年　　　　　_____
1895—1911年　　组织多次革命
1912年　　　　　_____
1915年　　　　　和宋庆龄结婚
1925年　　　　　_____

1　……方面

历史、政治、经济、哲学方面的书他都喜欢看。
相对或并列的几个事物之一。例如：

① 在吃的方面,他喜欢蔬菜和鱼,不喜欢酸的、辣的东西。
② 很多有名的文学家在生活方面不太认真。
③ A: 爸爸,如果我考北京、上海的大学,会不会很贵啊？
　　B: 钱的方面你不要担心,你好好儿学习就行了。

◎ 填空：

1. 我刚来中国的时候有很多不习惯的地方，特别是 _____ 方面的问题很多。
2. 我对中国 _____ 方面了解得比较多，_____ 方面了解得比较少。
3. 学校应该管学生 _____ 方面的问题，不应该管 _____ 方面的问题。
4. 爱因斯坦（Àiyīnsītǎn, Einstein）因为在 _____ 方面的研究获得了1921年的诺贝尔物理学奖（Nuòbèi'ěr Wùlǐxuéjiǎng, Nobel Physics Prize）。
5. 最近几年，中国在 _____ 方面发展得比较快，但是在 _____ 方面发展得还比较慢。

2 当时、当年

> 当时的中国就像一个病人。
> 孙中山先生当年办的大学现在叫中山大学。
> 过去发生某件事的时候。例如：

① 28岁的时候，他给当时的清朝政府写信。
② 西美和丈夫又去找那家医院的护士了解情况……当时有另一个孩子也和父母长得很不一样。
③ 家乡的变化真大，当年我离开家的时候，这里还没有什么高楼。

◎ 下面句子中的"当时""当年"指的是什么时候？

1. 中国刚开始改革的时候，机会很多。不过，当时只有很少的人利用了这些机会。

   当时＝ _____

2. 爸爸的朋友1984年第一次来中国。和当时的很多外国人一样，买东西常常去友谊商店。

   当时＝ _____

3. 我是两年前来中国的，当时我连"你好"都不会说。

   当时＝ _____

4. 我小的时候身体不太好，常常生病。当时我去得最多的地方就是医院。

   当时＝ _____

5. 春秋（Chūnqiū, the Spring and Autumn Period）战国（Zhànguó, the Warring States Period）以前中国人可能有好几个名字，不过当时只有有钱的人才有姓，没有钱的人只有名，没有姓。到了汉代（Hàndài, the Han Dynasty），人人都有了姓。

当时＝

6. 小李是小王的中学同学，当年他是他们班最瘦的学生，可现在他有80公斤了。

当年＝

7. 爷爷年轻的时候很喜欢足球，我们家还有他当年参加比赛的照片呢。

当年＝

3 动词 + 上

1912年中华民国成立，孙中山先生当上了临时大总统。

表示动作或事情开始并继续下去，强调的是开始，此时动词和"上"中间不能加"得、不"，如例句①—③；还表示达到了不易达到的目的，或某事有了希望的结果，如例句④；动词和"上"之间可以加"得、不"，如例句⑤。例如：

① 难道他喜欢上音乐了？
② 小王可能爱上了丽丽，可又不好意思说。
③ 老同学一见面又聊上以前的事了。
④ 为了考上最好的大学，小王每天学习十几个小时。
⑤ 过去，中国的北方冬天吃不上新鲜蔬菜。

◎ 用"动词+上"改写句子，根据需要可以增加或者减少一些词语：

1. 医生不让爸爸抽烟（chōu yān, to smoke）、喝酒，也不让他吃甜的东西。可他刚从医院出来就又开始抽烟、喝酒，还吃了巧克力（qiǎokèlì, chocolate）。

   →

2. 我第一次来到这个城市就非常喜欢，后来就一直住在这儿。

   →

3. 你不是刚吃过晚饭吗？怎么又吃面包？
   →

4. 在这样的电影里，常常是两人一认识，男的就喜欢女的，可是女的不喜欢男的。当然最后他们肯定会在一起。
   →

5. 科学家们一开始只是克隆牛啊、羊啊，现在又开始要克隆人了。
   →

6. 张明的爱好就是学外语，学完英语学法语，学完法语学德语，现在又开始学日语了。
   →

7. 现在的年轻人常常换工作，像换衣服一样。我儿子大学毕业以后，在一个学校当老师，可是他说钱少，就去了一家外国公司，他又说不自由，最近又成了导游（dǎoyóu，tour guide）。
   →

8. 比尔·盖茨（Bǐ'ěr Gàicí，Bill Gates）20岁有了自己的公司，开始做微软（Wēiruǎn，Microsoft）的老板。
   →

9. 原来大家都开汽油车，现在越来越多的中国家庭选择开新能源车。
   →

拓展学习

一　阅读下边的句子，说说画线词语的意思

1. 唐朝时，中国<u>国富民强</u>、人口众多。
2. 第二次世界大战的时候，<u>天下大乱</u>，很多人生活在<u>水深火热</u>之中。
3. 1976年对中国来说是<u>多事之秋</u>，领导人去世，唐山地震。
4. 去年对我们家来说是<u>多事之秋</u>，爸爸丢了工作，妈妈病了，姐姐没考上大学。

二　完成句子或对话

1. ＿＿＿＿＿＿（国家名）＿＿＿＿＿＿（历史时期）国富民强。
2. ＿＿＿＿＿＿（国家名）＿＿＿＿＿＿（历史时期）天下大乱，老百姓生活在水深火热之中。
3. ＿＿＿＿＿＿年对我来说是多事之秋，＿＿＿＿＿＿＿＿＿＿＿＿＿＿。
4. A：什么时候会天下大乱？
   B：＿＿＿＿＿＿＿＿＿＿＿＿＿＿＿＿＿＿＿。
5. A：你们国家历史上的多事之秋是什么时候？
   B：＿＿＿＿＿＿＿＿＿＿＿＿＿＿＿＿＿＿＿。

第92页"猜一猜他是谁"答案：李白

"燃灯校长"张桂梅

词语表

1	燃	rán	（动）	to burn; to ignite

◎ ~香 / 自~

| 2 | 灯 | dēng | （名） | light; lamp |

◎ 一盏~ / 电~ / 红绿~ / 燃~

| 3 | 校长 | xiàozhǎng | （名） | headmaster; president of a school |

◎ 这位国家总统以前是一所小学的~。

| 4 | 普通 | pǔtōng | （形） | 不是特别的 common; ordinary |

◎ ~人 / ~工作 / ~的房间

| 5 | 当地 | dāngdì | （名） | local |

◎ ~政府 / ~人 / ~的习惯

| 6 | 期间 | qījiān | （名） | period; course |

◎ 春节~ / 上大学~ / 生病住院~

| 7 | 建立 | jiànlì | （动） | to found; to establish |

◎ ~新的国家 / ~一家公司 / ~小家庭
◎ 北京大学~于1898年。

| 8 | 好景不长 | hǎojǐng bù cháng | | A good time never lasts long. |

◎ 他刚工作时，他们公司发展得很快，可是~，不到一年公司就关门了。

| 9 | 因 | yīn | （介） | 〈书〉因为 because of |

◎ ~病请假
◎ 会议~故取消。

| 10 | 去世 | qùshì | （动） | to die; to pass away |

◎ 爷爷的朋友最近~了，所以他很难过。

| 11 | 十分 | shífēn | （副） | very; fully |

◎ ~高兴 / ~难过 / ~容易 / ~注意

| 12 调 | diào | （动） | to move; to shift; to transfer |

① 公司总部把他从北京~到了上海。/② 这是学校刚~来的校长。

| 13 一心 | yìxīn | （副） | wholeheartedly; heart and soul |

◎ ~为工作
◎ 他~只想着挣钱。

| 14 为 | wèi | （介） | for (*on behalf of or to the benefit of*) |

◎ ~人民服务
◎ 大家都~他高兴。

| 15 家访 | jiāfǎng | （动） | to visit a student's home |

◎ 通过~，老师了解了学生的一些家庭情况。

| 16 根据※ | gēnjù | （介） | on the basis of; according to |

◎ ~中国历史书的记录，孔子有三千多名学生。

| 17 出路 | chūlù | （名） | way out; outlet |

① 现在经济情况不好，很多大学生担心毕业以后自己的~。/② 这家公司遇到很大的困难，老板找不到好的~。

| 18 作为※ | zuòwéi | （介） | as; in one's capacity as |

① ~学生，最重要的任务是学习。/② 他~校长的代表参加了这次会议。

| 19 贫穷 | pínqióng | （形） | poor; needy; impoverished |

◎ ~的地区
◎ 他来自一个~的家庭。

| 20 东奔西走 | dōngbēn-xīzǒu | | to run to and fro; to run about busily |

◎ 最近为了找工作，小王每天~。

| 21 山路 | shānlù | （名） | mountain road |

◎ 住在山里的孩子每天要走很远的~去学校。

| 22 摔跤 | shuāi jiāo | | to tumble; to trip and fall |

① 奶奶上楼时不小心摔了一跤，腿疼了好几天。/② 因为怕孩子~，她一直不让孩子自己走路。

| 23 发烧 | fā shāo | | to have a fever; to have a temperature |

◎ 发高烧
① 他发了三天烧。/② 孩子今天有点儿~，不能上学了。

| 24 晕 | yūn | （动） | to faint |

① 他饿~了。/② 她一看到自己的血就~了过去。

| 25 倒 | dǎo | （动） | to fall; to topple |

◎ 摔~/~在地上
① 那天风太大了，很多树都~了！/② 爸爸太累了，回到家~在沙发上就睡着了。

| 26 | 妻子 | qīzi | （名） | wife |

| 27 | 代 | dài | （名） | generation |

◎ 年轻的一~/上一~/下一~

| 28 | 想法 | xiǎngfǎ | （名） | idea; opinion |

◎ 毕业以后去哪儿工作，你有~了吗？

| 29 | 全 | quán | （形） | whole; entire |

◎ ~家/~中国/~世界/~校/~班

| 30 | 百万 | bǎiwàn | （数） | million |

◎ 一~元人民币在中国能买什么？

| 31 | 许多 | xǔduō | （数） | many; much; a great deal of |

◎ ~东西/~公司/~想法

① ~学生早上不吃早饭。/② 老王离开自己的老家~年了。

| 32 | 筹 | chóu | （动） | to raise (money); to collect (funds); to prepare |

◎ ~钱办学校

| 33 | 名 | míng | （量） | measure word for human beings |

◎ 一~教师/几~学生

| 34 | 困难 | kùnnan | （名） | difficulty |

◎ （没）有~/克服~/遇到~

◎ 马克现在听一般中国人说话没有~。

| 35 | 以来※ | yǐlái | （名） | since; from the time when… |

◎ 高中毕业~/自古~/自从到中国留学~

| 36 | 创造 | chuàngzào | （动） | to create; to bring about |

◎ ~新的纪录

◎ 他写的小说中~了很多有意思的人物形象（xíngxiàng，image）。

| 37 | 奇迹 | qíjì | （名） | miracle; wonder; wonderful achievement |

◎ 他创造了医学上的一个~。

| 38 | 公里 | gōnglǐ | （量） | kilometer (km) |

◎ 丽丽工作的地方离她家只有两~。

| 39 | 照 | zhào | （动） | to illuminate; to light up |

◎ 日~/光~

① 用手电~一~。/② 太阳~到房间里。

| 40 | 亮 | liàng | （形） | bright; light |

◎ 在太阳下看书太~了，对眼睛不好。

| 41 | 道路 | dàolù | （名） | road; way; path |

◎ ～拥堵
◎ 因为下大雨，我们看不清前面的～。

| 42 | 称 | chēng | （动） | to call; to name |

◎ 把……～作……/把……～为……/……被～为……

① 小杨对北京的各个地方都非常了解，大家～他为"活地图"。/ ② 中国人把昆明～作"春城"。/ ③ 苏州和杭州被～为"人间天堂"。

专名

1	张桂梅	Zhāng Guìméi	name of a person
2	黑龙江	Hēilóngjiāng	a province of northeastern China
3	云南	Yúnnán	a province of southwestern China

用刚学过的词语回答下面的问题：

1. 你还记得你的小学校长、中学校长吗？你最喜欢的校长是谁？
2. 你的老家在哪儿？当地最有名的人是谁？
3. 小学期间你最喜欢的课是什么？中学呢？
4. 在你们国家，老师去学生家里家访吗？
5. 你认识很贫穷的人吗？你觉得他（她）走出贫穷的出路在哪儿？
6. 你最近一次发烧是什么时候？当时你是怎么做的？
7. 如果有人晕倒了，我们可以做什么？
8. 你大学学习什么专业？你父母的想法和你一样吗？
9. 在你们学校，学生如果要办活动，怎么可以筹到钱？
10. 你学习中文最大的困难是什么？
11. 历史上人们创造了哪些奇迹？你希望自己以后能创造什么奇迹？
12. 从你家到最近的超市有多远？（公里）

"燃灯校长"张桂梅

从17岁到64岁

一 读课文第1—2段，说说下面关于张桂梅的句子是对还是错

1. 张桂梅是云南人。
2. 张桂梅和丈夫是在云南认识的。
3. 张桂梅结婚的时候已经是老师了。
4. 张桂梅一直在丈夫老家的中学工作。
5. 张桂梅很关心学生。
6. 因为学生学习不好，所以张桂梅去他们家里家访。

二 读课文第2—3段，回答下面的问题

1. 张桂梅在新的环境中有什么变化？
2. 张桂梅觉得山里的孩子有什么出路？

【1】　1957年6月，张桂梅出生于黑龙江的一个普通家庭。17岁时她跟着姐姐一起到了云南，在云南工作了几年后她考上了当地的一所教育学院。上学期间她认识了后来的丈夫，1990年毕业后她和丈夫来到他老家的中学当老师。他们建立了小家庭，生活很幸福。可是，好景不长，1996年丈夫因病去世，张桂梅十分伤心，很长时间生活在痛苦中。

【2】　后来张桂梅调到了云南另一所中学继续当老师。在新的环境中，她一心只想着自己的学生，为他们上课，给他们买书、买吃的。班里有的学生突然不来上学了，她就走进大山，到学生家里去家访。根据她了解的情况，这些学生（特别是女生）不来上学主要是因为家里没钱。

【3】　"只有读书才能走出大山，这是唯一的出路。"作为老师，张桂梅努力帮助每个

学生，希望他们好好儿学习，走出大山，走出贫穷。她平时很少为自己花钱，但常常为学生买东西。她一边教课一边东奔西走，把那些不来上学的孩子找回来。为了家访，她经常跑在两三千米高的山路上。家访的路上，她摔过跤、发过高烧，还曾经晕倒过。

【4】　"一个女孩儿以后会成为妻子、妈妈，教育好一个女孩儿就能改变三代人的命运。"根据这样的想法，张桂梅决定办一所免费的女子高中，让山里的每个女孩儿都能上学！不少人觉得，张桂梅作为一个普通老师，想自己办学校根本不可能，但张桂梅的想法是"我们全县十多万人，一个人帮我出10块钱，就能有上百万了……"她东奔西走，想了许多办法，最后终于筹到了办学校的钱。

【5】　2008年9月，全国第一所免费女子高中于云南丽江成立，当年共有100名学生，16名老师，张桂梅当校长。头几年里，家长们送孩子来女高的原因是这儿免费，现在很多家长送孩子来女高是因为"女高好！张老师好"。尽管遇到了不少困难，但这所学校成立以来已经帮助1600多名女孩儿走出大山，走进了大学。

【6】　张桂梅创造了大山里的"教育奇迹"：十多年来，她走过11万公里的山路，家访过1300多个家庭；1600多名女孩儿因为她走出大山，走进中国各地的大学。从"大山的女儿"，到孩子们口中的"张妈妈"，张桂梅燃烧了自己，照亮了孩子们的人生道路，所以大家又称她是"燃灯校长"。

3. 张桂梅为什么常常东奔西走？

4. 张桂梅去家访的时候遇到过哪些困难？

三 读课文第4—6段，回答下面的问题

1. 张桂梅为什么要办一所免费女子高中？

2. 为什么张桂梅对办学校有信心？

3. 女子高中是一所很大的学校吗？

4. 现在的女高跟以前的女高有什么不同？

5. 张桂梅创造了哪些"教育奇迹"？

6. 为什么人们称张桂梅为"燃灯校长"？

● 注：中国人常以花给女孩儿起名字，如"桂""梅""兰""桃""菊""荷"等。

"燃灯校长"张桂梅

四 根据课文，下面这些年代发生了什么事情

1957年 _____
1974年 _____
1990年 _____
1996年 _____
2008年 _____

五 在课文里，下面这些数字表示什么

16 _____
100 _____
1300 _____
1600 _____
11万 _____

六 课文中提到了张桂梅的两个想法

只有读书才能走出大山，这是唯一的出路。

一个女孩儿以后会成为妻子、妈妈，教育好一个女孩儿就能改变三代人的命运。

（1）你同意吗？为什么？

（2）你认为还有其他改变女孩儿命运的方法吗？

七 如果你是一名记者，现在要采访张桂梅。请你先上网查找更多张桂梅的情况，然后最少准备3个问题，让张桂梅回答

（1）你了解到的张桂梅的其他情况：

情况A. _____
情况B. _____
情况C. _____

（2）你准备问张桂梅的问题：

问题A. _____
问题B. _____
问题C. _____

语言点

1 为

张桂梅一心只想着自己的学生，为他们上课，给他们买书、买吃的。

介词，引出行为或服务的对象。例如：

① 张桂梅平时很少为自己花钱，但常常为学生买东西。
② 妹妹考上了自己喜欢的大学，全家都为她高兴。
③ 妈妈每天很早起床为全家做早饭。
④ 老师为我们简单介绍了中国的历史。

还可引出动作、行为的原因或目的。例如：

⑤ 我们队足球比赛得了第一名，大家都为这件事高兴。
⑥ 小王不愿意为多拿钱而周末加班。

（一）选择上面的例句回答下面的问题

1. 你们全家为什么那么高兴？

2. 加班可以多拿钱，小王为什么不愿意？

3. 你妈妈为什么每天那么早起床？

4. 你了解中国历史吗？

5. 张桂梅对她的学生怎么样？

6. 你们队昨天足球比赛结果怎么样？

（二）完成下列句子，在需要的句子中用上"为"

1. 爸爸妈妈为我＿＿＿＿＿＿＿＿＿＿＿＿＿＿＿＿＿＿＿＿＿。
2. 老师为我们＿＿＿＿＿＿＿＿＿＿＿＿＿＿＿＿＿＿＿＿＿。
3. 坐飞机以前空姐为每个乘客＿＿＿＿＿＿＿＿＿＿＿＿＿＿。

4. 我 _____ 常常跟中国人聊天儿。

5. 小王 _____ 每天努力工作。

6. 中国政府 _____ 正在进行改革。

2 根据

根据她了解的情况，这些学生不来上学主要是因为家里没钱。

表示以某种事物或情况为前提或基础，后面一般接名词性短语，多用"X的Y"形式。例如：

① 根据这样的想法，张桂梅决定办一所免费的女子高中。
② 根据科学家的研究，儿童一般一岁左右开始说话。
③ 我根据广告上的地址找到了这家公司。
④ 父母应该根据孩子的兴趣决定是不是让孩子学习音乐、画画儿等。

后面一般不直接跟指人的代词、名词或专名。例如：

⑤（a）根据老师，明天没有听写。×
　（b）根据老师的介绍，明天没有听写。√

（一）用"根据"改写下面的句子，根据需要可以增加或者减少一些词语

例如：专家们认为经济发展也不能太快。
　　　→根据专家们的意见，经济发展也不能太快。

1. 天气预报说今天下午有雨。

→ _____

2. 很多人不知道东西南北的时候就看太阳的位置。

→ _____

3. 在我的印象中，她已经换了五次工作了。

→ _____

4. 知道一个人喜欢的颜色可以知道他（她）的性格。

→ _____

5. 我们了解的情况是女方想离婚，不是男方想离婚。

→

6. 成绩最好的学生学校会发奖学金。

→

7. 小王的计划是第一年在国内学习，第二年去国外学习，第三年回来写论文（lùnwén, dissertation）。

→

8. 今年国家的经济情况还可以，失业（shī yè, to be unemployed）的人比去年会少一点儿。

→

（二）先完成句子，然后再用"根据"改写句子

例如：学校的安排是<u>一年级的学生住在校园里</u>。
→根据学校的安排，一年级的学生住在校园里。

1. 我学习汉语的经验是_____。

→

2. 昨天晚上的电视新闻说_____。

→

3. 我们国家的法律规定_____。

→

4. 科学家们的研究发现_____。

→

5. 我们家的习惯是_____。

→

3 作为

> 作为老师，张桂梅努力帮助每个学生。
>
> 指明人的某种身份或者事物的某种性质，必须带名词宾语，不能带"了""着""过"，不能重叠，不能带补语，没有否定式。例如：
>
> ① 张桂梅作为一个普通老师，想自己办学校根本不可能。
> ② 作为首都，北京的发展和变化受到全国的注意。
> ③ 作为一名老师，你既应该了解要教的东西，也应该了解自己的学生。
> ④ 我们作为父母，应该让孩子受到好的教育。
> ⑤ 中国作为世界上人口最多的国家，发展经济尤其重要。

（一）用"作为"改写下面的句子，根据需要可以增加或者减少一些词语

例如：我是音乐迷，花钱听音乐会是件高兴的事，当然，不花钱听音乐会我更高兴。
→作为音乐迷，花钱听音乐会是件高兴的事，当然，不花钱听音乐会我更高兴。

1. 我是你的朋友，我怎么会骗（piàn, to cheat）你的钱呢？
   →

2. 你是心理医生，你怎么能把病人的秘密（mìmì, secret）告诉别人呢？
   →

3. 电影是一种艺术，要告诉你的不一定是真的历史。
   →

4. 写小说是你的爱好，没有人说不好，但是你上课的时候写是不合适的。
   →

5. 你来我这儿，我是主人，你是客人，当然应该我请你。
   →

（二）谈谈你对不同人的希望或要求

1. 作为我们的校长，你应该_____。
2. 作为学生，我会_____。

3. 作为老师，你能不能_____？

4. 作为学生，我们应该_____。

5. 作为父母，我希望你们_____。

4 以来

> 这所学校成立以来已经帮助1600多名女孩儿走出大山，走进了大学。
>
> 表示从过去某个时间或者事件一直到现在。前面可以和"自""自从"等词连用，形成"自……以来"或"自从……以来"等格式。后面一般是一直存在的状况或对这段时间情况的总结。例如：
>
> ① 到中国以来，我一直没有跟原来的朋友联系。
> ② 自上个星期以来，我已经花了3000块钱了。
> ③ 自从有了孩子以来，我一直没有时间去旅行。
> ④ 自从工作以来，他从来没有迟到过。

（一）了解你的搭档有哪些习惯或者爱好，再了解一下这些习惯或者爱好是从什么时候开始有的（至少三个）

习惯/爱好	开始的时间
9点以后起床	自从上了大学

（二）根据上表中的内容，用"以来"说一段话

我的搭档自从上大学以来，她每天都是9点以后起床。

一 阅读下边的句子，说说画线词语的意思

1. 孩子都不喜欢吃蔬菜，妈妈只好<u>想方设法</u>让孩子多吃蔬菜。
2. 孙中山先生为了革命<u>东奔西走</u>，<u>想方设法</u>跟清朝政府进行斗争。
3. 为了办学校，张桂梅<u>东奔西走</u>，<u>想方设法</u>筹到了钱。
4. 孔子有很多学生，"<u>桃李满天下</u>"。
5. <u>望子成龙</u>是全天下父母的心愿。我的父母也是这样。小时候，他们送我去上英语课、音乐课、书法课……为了给我找一个好的数学老师，他们<u>东奔西走</u>，问了很多朋友，<u>想方设法</u>找到了一个"<u>桃李满天下</u>"的好老师。

二 回答下列问题

1. 什么工作常常需要东奔西走？你喜欢这样的工作吗？
2. 小时候，你父母不让你做什么？你是怎么想方设法做到的？
3. 你觉得父母为什么望子成龙？
4. 望子成龙的父母可能会做什么？
5. 如果父母望子成龙，孩子可能会有什么想法、什么做法？
6. 谈谈你对望子成龙的看法。
7. "望女成凤"是什么意思？
8. "望夫成龙"是什么意思？
9. 孔子说"三人行必有我师"，谈谈你的看法。
10. 孔子说"学而时习之"，谈谈你的看法。

第 6 单元　热身活动

◎ 采访你的搭档：

1. 你喜欢什么味道的菜？（酸的、甜的、辣的、酸甜的、酸辣的……）

2. 你不喜欢什么味道的菜？

3. 你吃肉吗？如果吃，你吃得最多的是什么肉？

4. 在中国，你最喜欢吃的主食是什么？（米饭、饺子、面条儿、馒头、饼……）

5. 你吃中国菜的时候是用筷子还是用叉子？

6. 你最喜欢吃的中国菜有哪些？

吃在中国

词语表

1	醋	cù	（名）	vinegar
2	口味	kǒuwèi	（名）	a person's taste

◎ 这道菜合他的~。

3	官	guān	（名）	government official

◎ 大~/高~/当~

4	集中	jízhōng	（动）	to put together

◎ ~精力/~注意力

			（形）	concentrated

◎ 思想不~

5	烤鸭	kǎoyā	（名）	roast duck

◎ 一只~

	烤	kǎo	（动）	to roast; to bake

◎ ~肉/~面包

6	外地	wàidì	（名）	你住的城市（或农村）以外的地方 parts of the city or country other than where one is; nonlocal

① 高中毕业以后，我就去~上大学了。/ ② 他儿子在~工作。/ ③ 现在每个城市都有很多~人。

7	品尝	pǐncháng	（动）	to taste

◎ ~名酒
◎ 他让大家~一下他做的菜。

8	涮	shuàn	（动）	to instant-boil

◎ ~羊肉

Quasi-Intermediate 1 (Third Edition) / Textbook

| 9 | 新鲜 | xīnxiān | （形） | fresh |

◎ ~的蔬菜/~的水果/~的空气

① 这些花真~。/② 这些鸡蛋时间太长了，不~了。

| 10 | 开水 | kāishuǐ | （名） | boiled water |

| 11 | 蘸 | zhàn | （动） | to dip in (sauce, ink, etc.) |

① 许多中国人吃饺子的时候喜欢~醋。/② 吃烤鸭要~酱。

| 12 | 调料 | tiáoliào | （名） | seasoning |

◎ 一瓶~/涮羊肉的~

| 13 | 臭 | chòu | （形） | smelly; stinking |

① 那儿的厕所特别~。/② 什么东西那么~？你怎么把~袜子都放在床下面了？/③ 你们国家有什么吃的东西味道很~吗？

| 14 | 豆腐 | dòufu | （名） | bean curd; tofu |

◎ 臭~/麻婆~/家常~

| 15 | 据说 | jùshuō | （动） | it is said; reportedly |

① ~学校下个月要开运动会。/② ~中国唐朝的时候人们觉得胖人很好看。/③ ~他的病很快就会好。

| 16 | 肯※ | kěn | （动） | to be willing to |

| 17 | 酒家 | jiǔjiā | （名） | restaurant; wineshop |

| 18 | 大排档 | dàpáidàng | （名） | *an eating place with a lot of food stalls* |

| 19 | 小吃 | xiǎochī | （名） | snack; refreshments |

| 20 | 半夜 | bànyè | （名） | midnight |

| 21 | 费用 | fèiyòng | （名） | expense; cost |

◎ 生活~/旅行~/留学的~/~很高

| 22 | 调查 | diàochá | （动） | to investigate; to survey |

◎ ~情况/~原因

| 23 | 其中 | qízhōng | （名） | among (*which, them, etc.*); in (*which, it, etc.*) |

① 我们班一共有16名同学，~有7名男生。/② 这儿的大学生每个月大概花2000元，~1000元用来吃饭。

24	蛇	shé	（名）	snake
	◎ 一条~			
25	翅膀	chìbǎng	（名）	wing
26	寒冷	hánlěng	（形）	很冷 cold; chilly
	◎ ~的冬天/天气~			
27	土豆	tǔdòu	（名）	potato
	◎ 涮~片			
28	白菜	báicài	（名）	Chinese cabbage
	◎ 一棵（kē）~			
29	炖	dùn	（动）	to stew
	◎ ~土豆/~豆腐			
30	耐心	nàixīn	（名）	patience
	① 张老师对学生特别有~。/② 我等人的时候最没有~。			
31	符合	fúhé	（动）	to be in line with; to accord with
	① ~条件的同学都可以参加。/② 你的作业不~要求。/③ 你说的不~实际。			

◯ 专名

1	山西	Shānxī	a province of northern China
2	四川	Sìchuān	a province of southwestern China
3	无锡	Wúxī	a city of Jiangsu Province
4	苏州	Sūzhōu	a city of Jiangsu Province
5	杭州	Hángzhōu	capital of Zhejiang Province
6	柳州	Liǔzhōu	a city of Guangxi Zhuang Autonomous Region

用刚学过的词语回答下面的问题：

1. 什么东西是酸的？
2. 你喜欢什么口味的食品？
3. 你们国家的老百姓现在最关心什么事情？
4. 在超市里，你愿意免费品尝他们的东西吗？
5. 这学期你去过外地吗？
6. 你吃过涮羊肉吗？
7. 你们家做饭用得比较多的调料是什么？
8. 你觉得哪儿卖的水果比较新鲜？
9. 你喜欢什么味道？
10. 什么东西很臭？
11. 你吃过什么中国小吃？
12. 你每个月的生活费用大概是多少？其中什么费用最高？
13. 做什么工作需要有耐心？

 课 文

吃在中国

一 你了解中国人吃饭的习惯吗？看看下面的说法是否正确

	对	错
1. 四川人喜欢吃辣的。	✓	
2. 南方人喜欢吃甜的。		
3. 东北人很喜欢炒菜。		
4. 烤鸭是北京的名菜。		
5. 臭豆腐闻起来、吃起来都很臭，所以很多人都不喜欢吃。		
6. 在中国，广州人在吃的方面花钱最多。		
7. 东北冬天的时候蔬菜比较少。		
8. 东北人做菜的方法和他们的性格有关系。		

二 阅读课文，看看前面练习中你的回答是否正确，并把不对的地方改对

三 根据课文内容回答下面的问题

1. 满汉全席是什么样的菜？普通人常常吃满汉全席吗？为什么？

2. 现在人们都喜欢尝尝的北京名菜是什么？你吃过吗？

3. 冬天北京人喜欢吃什么？它怎么吃？

4. 在吃的方面，关于广州人有什么说法？

5. 为什么说广州人好吃？

6. 为什么说广州人肯吃？

7. 为什么说广州菜最有名？

【1】　山西人爱吃醋，四川人爱吃辣，无锡人爱吃甜。在中国，不同地方菜的味道不同，人们吃饭的习惯、喜欢的口味也不一样。

北京

【2】　北京过去是皇帝和高官住的地方，有很多有名的菜，例如以前皇帝和高官们吃的满汉全席①，集中了当时中国的108道名菜，要吃三天三夜，普通人当然没有机会吃，也吃不起。一般老百姓吃得起的名菜是北京烤鸭，很多外地人、外国人到了北京都要品尝一下北京烤鸭。到了冬天，很多北京人爱吃涮羊肉，新鲜的羊肉片在开水里涮一下，蘸点儿调料就吃，味道好极了。还有一些老北京爱吃臭豆腐，据说它闻起来臭，吃起来香，不过从来没吃过的人第一次吃的时候常常不喜欢。

广州

【3】　有人说：广州人好吃、肯吃、会吃、敢吃。只要你到了广州，看到城市里那么多茶楼、饭店、酒家、大排档、小吃店，再看看到了半夜大街上还有那么多男女老少在吃东西，你就不得不承认广州人好吃。

【4】　"肯吃"的意思是广州人愿意在吃的方面花很多钱。几年前，有人对九大城市人们的生活费用进行了调查。根据这一调查，广州人在吃的方面花的钱占他们生活费用的60.95%，是九大城市中最多的。

【5】　中国有八个地方的菜很有名，其中最有名的是广州菜，因为中国人常常说一个人应该"生在苏州，住在杭州，吃在广州，

死在柳州②",意思是广州人最会吃,最懂得怎么吃。

【6】　广州人请朋友吃饭的时候,常常问北方朋友某样东西敢不敢吃。是啊,蛇不是人人都敢吃的。所以有人说,广州人长翅膀的东西除了飞机不吃,四条腿的东西除了桌子不吃,别的都敢吃。

东　北

【7】　冬天的时候,东北的天气特别寒冷,人们吃的蔬菜以土豆、白菜为主。东北人喜欢炖菜,很多菜都可以放在一起炖:土豆炖茄子、白菜炖豆腐……炖菜最大的好处就是做起来方便,一两个炖菜就够一家人吃了。东北人不像南方人那么有耐心,一点儿一点儿地做一大桌菜,那不符合东北人着急的性格。

[根据李公明《广州人》(浙江人民出版社,1997年)等有关内容改写]

8. 在你们国家,人们对不同的地方有特别的印象吗?有没有像"生在苏州,住在杭州……"这样的话?
9. 为什么说广州人敢吃?
10. 你觉得哪些动物人们不应该吃?为什么?

11. 为什么东北人喜欢炖菜?

12. 你觉得吃饭的习惯和人们的性格有关系吗?

● 注:① 满汉全席:清朝的时候,满族人统治中国。为了改善满族人和汉族人的关系,康熙皇帝60岁生日的时候请满族和汉族的官员吃饭,第一次把满族和汉族的菜单结合在一起,所以叫"满汉全席"。
② 生在苏州,住在杭州,吃在广州,死在柳州:过去很多中国人认为苏州人很漂亮,所以应该在苏州出生;杭州的风景很美丽,所以应该在杭州生活;广州的菜很好吃,所以应该在广州吃东西;柳州的树特别好,可以用来做棺材,所以死的时候应该在柳州。

四　采访你的搭档,了解他们国家吃饭方面的情况,下面的问题可以帮助你

1. 在你们国家,不同地方的人吃饭的习惯一样吗?请举例说明。

2. 你们国家的人最常吃的蔬菜和肉是什么?

3. 你们国家的人做饭常常用什么方法？（炖、涮、炒、烤、煮等）

4. 你们国家的人吃什么特别的东西吗？

5. 在你们国家能吃到中国菜吗？味道和你在中国吃到的一样吗？

1 动词 + 得起 / 不起

> 以前皇帝和高官们吃的满汉全席，集中了当时中国的108道名菜，要吃三天三夜，普通人当然没有机会吃，也吃不起。
>
> 这个格式最常用的意思是：（没）有足够的钱或时间做某事。例如：

① 一般老百姓也吃得起的名菜是北京烤鸭。
② 每天坐出租车来上课，你坐得起吗？
③ 这个电视剧太长了，每天两个小时，要看一个月，我花不起这么多时间。
④ 根据一些城市的规定，养狗第一年要交几千块钱，所以很多人养不起狗。
⑤ 研究这种飞机需要非常多的钱，普通的公司研究不起。

◎ 用"动词 + 得起 / 不起"完成下面的句子：

1. 最新的电脑＿＿＿＿＿＿＿＿＿＿＿＿。
2. 这儿的菜太贵了，＿＿＿＿＿＿＿＿＿＿＿＿。
3. 那家酒店住一个晚上要1200块，＿＿＿＿＿＿＿＿＿＿＿＿。
4. 妻子喜欢的衣服3000块钱，＿＿＿＿＿＿＿＿＿＿＿＿。
5. 学习法律和医学的学费很高，＿＿＿＿＿＿＿＿＿＿＿＿。
6. 使用这种新药，每天需要1万块钱，＿＿＿＿＿＿＿＿＿＿＿＿。

2 动词 + 起来

> 一些老北京爱吃臭豆腐，据说它闻起来臭，吃起来香。
>
> 强调某一动作的实际进行，表示从某一方面对动词所表达的动作进行评价。有时会从不同的方面作对比进行评价。可以理解为"如果+动词，……"。（"起来"的其他用法参见第5课）例如：
>
> ① 炖菜最大的好处就是做起来方便。
> ② 有些菜看起来不错，吃起来味道一般。
> ③ 饺子吃起来很好吃，可是做起来很麻烦。
> ④ 有些工作看起来很简单，可实际上很复杂。
> ⑤ 太阳看起来离我们比较近，（但）实际上离我们非常远。

◎ 根据下面的对话或图，用"动词+起来"造句：

例如：A：是83765085还是83165085？
　　　B：这两个号码听起来差不多。

1. A：看，山就在前面，太好了，马上就到了。
   B：（半个小时以后）已经走了半个小时了，怎么还没到啊？
   A：（两个小时以后）终于到了，以为很近，走了两个小时才到。

   _____

2. A和B哪个长一点儿？　　　　A和B哪个大一点儿？

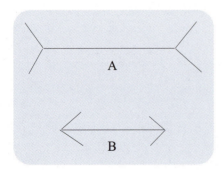
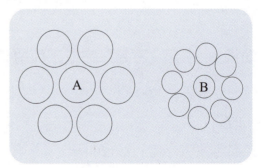

3. 这些鞋中，你喜欢哪一双？为什么？

_____

_____

3 肯

广州人好吃、肯吃、会吃、敢吃。

表示愿意、乐意。可以单独回答问题。单用时，前面不能加"很"；与某些动词短语连用时，前面可以加"很"，如"很肯干"，但不能说"很肯来"。否定用"不肯"。例如：

① 广州人在吃的方面比较肯花钱。
② 只要肯努力，你就一定能成功。
③ 有些女孩子眼睛不好也不肯戴眼镜。
④ 很多孩子到了十几岁就不肯跟爸爸妈妈一起出去玩儿了。
⑤ A：这孩子为什么哭？
　 B：他妈妈不肯给他买玩具，所以他哭着不肯回家。
⑥ A：他肯不肯帮助你？
　 B：应该肯，他非常肯帮助别人。（×他非常肯帮）

◎ 用"肯"或者"不肯"完成下面的句子或对话：

1. 因为回家以后，爸爸妈妈总是叫他学习，所以_____。

2. 现在，越来越多的年轻人_____。

3. A：为什么有的国家人口越来越少？
　 B：_____。

4. A：他为什么要离开那家公司？
　 B：_____。

5. A：他的病怎么还没好？
　 B：_____。

4 只要……就……

只要你到了广州,看到城市里那么多茶楼、饭店、酒家、大排档、小吃店,你就不得不承认广州人好吃。

常用格式"只要A,就B",A表示必要条件、最低要求,B表示结果。"只要"可以用在主语前(如例句②),也可以用在主语后(如例句①、③);"就"只能出现在主语的后边。例如:

① 小王一直吃素,只要吃了肉,他就不舒服。
② 只要你注意别太累,每天按时吃药,你的血压就不会有问题。
③ 在巴西(Bāxī, Brazil),司机只要违反(wéifǎn, to violate)交通规则(guīzé, rule),就要去幼儿园上学,和孩子们一起玩儿开车的游戏,重新学习交通规则。在美国有的地方,司机只要违反交通规则,就要去医院当护士,照顾那些因为交通事故(shìgù, accident)受伤的人。在哥伦比亚(Gēlúnbǐyà, Columbia),司机只要违反交通规则,就要去电影院看电影,当然看的都是一些可怕的交通事故的电影。

有时也可以先给出结果,然后表明必要的条件或要求,格式为"B,只要A"。例如:

④ 你可以学好汉语,只要你多和中国人练习。
⑤ 他每天都听音乐,只要有时间。

(一) 班里的同学打算星期五一起去吃饭,每个同学都想去,不过都有一个条件,根据他们的回答,用"只要……就……"完成下面的对话

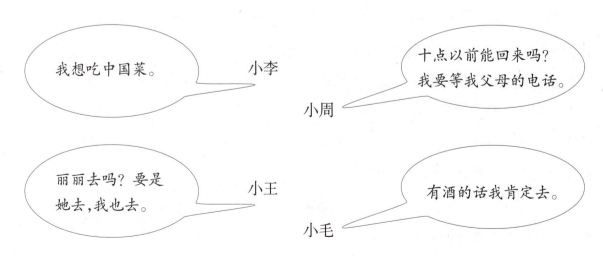

我想吃中国菜。 小李

十点以前能回来吗?我要等我父母的电话。 小周

丽丽去吗?要是她去,我也去。 小王

有酒的话我肯定去。 小毛

吃在中国

丽丽: 我吃素,有蔬菜我就去。

小孙: 咱去的地方不太远吧?

小张: 咱们吃什么?我不能吃辣的。

小钱: 星期五我可能有事,没事的话我一定去。

班长: 小李,你去不去?
小李: 只要吃中国菜,我就去。
班长: 小王,你去不去?
小王: _____。
班长: 那丽丽你去不去?
丽丽: _____。
班长: 小张,你去不去?
小张: _____。
班长: 小周,你去不去?
小周: _____。
班长: 小毛,你去不去?
小毛: _____。
班长: 小孙,你去不去?
小孙: _____。
班长: 小钱,你去不去?
小钱: _____。

(二) 完成下面的句子或对话

1. 小王不会喝酒,他只要喝一点儿酒,_____。
2. 只要有时间,_____。
3. 只要我有钱,_____。
4. 只要天气好,_____。
5. _____,就马上回国。
6. _____,我就给你钱。
7. _____,就能成功。

8. A：明年你还在中国吗？
   B：＿＿＿＿＿＿＿＿＿＿＿＿＿＿＿＿＿＿＿＿＿＿＿。

9. A：怎样才能减肥？
   B：＿＿＿＿＿＿＿＿＿＿＿＿＿＿＿＿＿＿＿＿＿＿＿。

10. 小王：你愿意跟我一起出国吗？
    丽丽：＿＿＿＿＿＿＿＿＿＿＿＿＿＿＿＿＿＿＿＿＿＿。

5 不得不

看看到了半夜大街上还有那么多男女老少在吃东西，你就不得不承认广州人好吃。

由于某种情况而必须做某事，后边不再接否定形式。例如：

① 要想学好外语，你不得不记生词。
② 由于银行的问题越来越多，政府不得不进行改革。
③ 因为一起去的朋友生病了，我不得不结束了这次旅行。
④ "你爱我吗？"是丈夫们常常不得不回答的问题。
⑤ A：你这么早就要去机场？
   B：现在安全检查很麻烦，所以不得不早点儿（去）。

◎ 用"不得不"完成下面的句子：

1. 邻居放的音乐声音太大了，＿＿＿＿＿＿＿＿＿＿＿＿＿＿＿＿＿＿＿＿。
2. 回家的时候已经没有公共汽车了，＿＿＿＿＿＿＿＿＿＿＿＿＿＿＿＿＿＿。
3. 妻子生病了，＿＿＿＿＿＿＿＿＿＿＿＿＿＿＿＿＿＿＿＿＿＿＿＿＿＿。
4. 因为工作的地方离家太远，＿＿＿＿＿＿＿＿＿＿＿＿＿＿＿＿＿＿＿＿。
5. 有了孩子以后，＿＿＿＿＿＿＿＿＿＿＿＿＿＿＿＿＿＿＿＿＿＿＿＿。
6. 家里一点儿吃的东西也没有了，＿＿＿＿＿＿＿＿＿＿＿＿＿＿＿＿＿＿。
7. 我的钱都花完了，＿＿＿＿＿＿＿＿＿＿＿＿＿＿＿＿＿＿＿＿＿＿＿。

6 以……为主

冬天的时候，东北的天气特别寒冷，人们吃的蔬菜以土豆、白菜为主。

常用格式：A以B为主，表示在A的范围内，主要是B。B可以是名词、形容词或动词短语。例如：

① 在网上买东西的人以年轻人为主。

② 我们校服的颜色以蓝色和红色为主。
③ 下周的天气以晴为主。
④ 他练习口语的方法以跟中国人聊天儿为主。

◎ 模仿下面的例子，先填表，然后用"以……为主"说说你们自己国家的情况：

方　面	中　国	我们国家
民族	汉族人最多	
当领导的人	男的多	
经济	主要是工业、农业和服务业	
学校	主要是国家办的学校	
城市公共交通	主要是地铁、公共汽车和出租车	
主食	南方：米饭 北方：面食	

中国的情况：

中国的人口以汉族为主，当领导的以男的为主。中国的经济以工业、农业和服务业为主，学校以国家办的学校为主，城市公共交通以地铁、公共汽车和出租车为主。在吃的方面，南方人的主食以米饭为主，北方人以面食为主。

我们国家的情况：

拓展学习

一 阅读下边的句子，说说画线词语的意思

1. 美食有<u>酸甜苦辣</u>，人生也有<u>酸甜苦辣</u>。
2. 大家学中文的时间不短了，说一说你们学习中文过程中的<u>酸甜苦辣</u>。
3. 在北京知道<u>东南西北</u>很容易。
4. 老王喝了酒以后不知道<u>东南西北</u>，连自己家都找不到了。
5. 这件事很重要，务必通知到村里的<u>男女老少</u>。
6. 春节的时候，家里<u>男女老少</u>聚在一起吃喝玩乐。
7. 看了这部电影你可以了解清朝普通人的<u>衣食住行</u>。
8. 中国改革开放以后，人们的<u>衣食住行</u>都发生了很多变化。
9. 我们每个人都会经历<u>生老病死</u>。
10. 月有阴晴圆缺，人有<u>生老病死</u>。

二 选择合适的词语填空

| 酸甜苦辣 | 吃喝玩乐 | 生老病死 |
| 衣食住行 | 东南西北 | 男女老少 |

1. 这项运动很简单，_____都可以参加。
2. 中国南北方的_____都很不同。
3. 我在医院工作，_____看得太多了。
4. 中国古代人的_____，你了解多少？
5. 科技改变人的_____、_____。
6. 这本书写了海外华人生活的_____。
7. 最近两年人们用于_____的费用比以前高了很多。
8. 很多城里的人不知道_____，只知道前后左右。
9. 我拍了一个视频，是我四年大学生活的_____。
10. 我老家有一条小河。夏天，吃完晚饭以后，_____都在河边散步。

12 请客吃饭

词语表

| 1 | 请客 | qǐng kè | | 请人吃饭、看电影等 to stand treat; to give a dinner party |

① 今天我找到工作了，咱们一起去饭馆儿吃饭，我~。/ ② 今天晚上老板请大家的客，一起去看电影。

| 2 | 讲究 | jiǎngjiu | （名） | 需要注意的地方 meticulous study; something needs to be stressed |

① 喝茶有很多~，比如什么茶叶用什么杯子，用多热的水都有~。/ ② 烤鸭的做法很有~。

| 3 | 座位 | zuòwèi | （名） | seat |

| 4 | 先后 | xiānhòu | （名） | 先和后 order; priority |

① 事情很多，我得根据~顺序干。/ ② 请大家按~顺序排好队。

| 5 | 传统 | chuántǒng | （名） | tradition |

① 春节吃饺子是一种~。/ ② 你们国家过新年有什么~？

| 6 | 方 | fāng | （形） | square |

◎ ~桌/~脸
◎ 以前中国人认为天是圆的，地是~的。

| 7 | 主人 | zhǔrén | （名） | host; hostess |

① 你来这儿玩儿，你是客人，我是~，当然应该我请客。/ ② 女~还在忙什么？快一起来吃吧。

| 8 | 邀请 | yāoqǐng | （动） | to invite |

◎ ~朋友来家里玩儿/~信
① 我刚认识他，他就热情地~我去他家。/ ② 中国国家领导人~我们国家的总统访问中国。

9	入座	rù zuò		to be seated
10	往往※	wǎngwǎng	（副）	usually; more often than not
11	年长	nián zhǎng		older in age; senior
12	……的话※	……dehuà	（助）	if (used after a phrase or subordinate clause, indicating an assumption)
13	招呼	zhāohu	（动）	to call; to look after

① 我来做饭，你去~客人。/ ② 吃完饭以后，丈夫洗碗，妻子~孩子们洗澡。

14	或	huò	（连）	or (not used in a question)

① 我明天~后天去中国朋友家。/ ② 你给我打电话~发E-mail都行。

15	过程	guòchéng	（名）	process; course

① 心理学家一直在研究孩子们学习语言的~。/ ② 我知道他们俩为什么吵架，因为我看到了他们吵架的全~。

16	夹	jiā	（动）	to press from both sides; to pick up (with chopsticks)

◎ ~菜 / 手里~着一根香烟

① 衣服被门~住了。/ ② 他左边~着伞，右边~着包。

17	随便	suíbiàn	（形）	casual; as one pleases

◎ ~吃 / ~写

① 他穿衣服很~。/ ② 现在许多公园不要门票，人们可以~参观。

18	特殊	tèshū	（形）	跟"普通"意思相反 special; particular

◎ ~情况 / ~爱好

19	意义	yìyi	（名）	meaning; sense

◎ 重要~ / ~重大

20	做客	zuò kè		to be a guest

◎ 到某人家~

① 欢迎你来~。/ ② 我没去老师家做过客。

21	光	guāng	（形）	used up; with nothing left

◎ 吃~ / 用~ / 花~

| 22 | 多少 | duōshǎo | （副） | more or less; somewhat |

① 孩子离开他去了外地，他~有点儿不习惯。/ ② 明天有考试，今天我~得复习一会儿。

| 23 | 剩 | shèng | （动） | to be left over; to remain |

① 周末宿舍楼里就~了几个学生。/ ② 旅行以后，我的钱包里只~了两块钱。

| 24 | 丰盛 | fēngshèng | （形） | sumptuous |

◎ ~的晚宴
◎ 主人为我们准备了~的饭菜。

| 25 | 劝 | quàn | （动） | to advise; to persuade |

① 那个地方很危险，我们都~小王不要去。/ ② 他的病刚好，你要~他多休息。/ ③ 我们都~过他了，可是他不听。

| 26 | 特点 | tèdiǎn | （名） | characteristic; distinguishing feature |

① 那个人的~是笑的时候眼睛变得很小。/ ② 很多南方小城市的~是河多、桥多。/ ③ 每个国家的人都有一些~。

| 27 | 干杯 | gān bēi | | to drink a toast; cheers |

① 为大家的健康~！/ ② 他已经干了三杯了。

| 28 | 地区 | dìqū | （名） | area; region |

◎ 西北~/经济发展最快的~
◎ 今天中国大部分~天气都不错。

| 29 | 风俗 | fēngsú | （名） | (social) custom |

① 我对不同国家的~很感兴趣。/ ② 过中秋节吃月饼是中国的传统~。

| 30 | 醉 | zuì | （动） | 酒喝得太多 to get drunk |

① A：你已经喝~了，不能再喝了。B：我没~，我还要喝。/ ② 他~得都不知道自己家在哪儿了。

| 31 | 陪 | péi | （动） | to accompany; to keep sb. company |

◎ ~某人（做某事）
① 这里我一个人就行了，你去~~客人吧。/ ② 老师，昨天我~朋友去医院了，所以没来上课。/ ③ 下个星期我要~父母去旅行，所以请三天假。

| 32 | 酒足饭饱 | jiǔzú-fànbǎo | | to have dined and wined to satiety |

| 33 | 闹笑话 | nào xiàohua | | to make a fool of oneself |

试一试，在下面的句子中填上合适的词：

讲究　邀请　过程　随便　多少　丰盛

1. 有些人喝茶很有_____，夏天和冬天会喝不同的茶，用什么杯子、什么水泡茶也不是那么_____。
2. 上个周末一个中国朋友_____我们到他家做客。他给我们准备了非常_____的饭菜。我们吃饭的_____中，他不停地劝我们多吃点儿。有的菜虽然不那么合我的口味，可我_____还是吃了一点儿，不然好像没有礼貌。

劝　特点　地区　干杯　醉　陪　闹笑话

3. 中国西北有的_____比较穷。
4. 昨天晚上小王跟朋友们一起吃饭，他老跟别人_____，结果喝_____了。
5. 售货员_____我买那双贵的鞋，我觉得她希望我多花钱。
6. 古代汉字的_____是从许多字的形状就可以猜到它们的意思。
7. 昨天我_____朋友去商店买东西，因为我们的汉语听力都不好，结果售货员说"凉快"，我以为是"两块"，_____了。

课文

请客吃饭

一　和你的搭档一起猜猜：下面关于中国人请客吃饭的习惯，哪些说法是真的(请在真的说法后画"√")

	真	假
1. 女主人右边的座位常常留给最重要的客人。	☐	☐
2. 吃饭的过程中，主人应该给最重要的客人夹菜。	☐	☐
3. 中国人请客吃饭的时候，菜上来后客人不是马上就能随便吃。	☐	☐
4. 客人一定要吃完主人做的菜，这样才说明主人做的菜好吃。	☐	☐
5. 主人喜欢劝客人喝酒，客人之间也常常劝酒。	☐	☐
6. 在中国人家里做客，喝酒喝醉了是很不好的事情。	☐	☐

二 阅读课文，看看你和搭档前面猜的是不是正确

三 根据课文内容填空

（如果中国人请你和其他一些客人吃饭）

1. 入座的时候，应该_____ _____。

2. 开始吃菜的时候，应该_____ _____。

3. 吃菜的时候，不要_____ _____。

【1】　以前中国人请客吃饭的讲究很多。从座位的安排到上菜的先后顺序，从谁第一个开始吃到什么时候可以离开，都很有讲究。

【2】　在安排座位时，根据过去的传统，方桌朝南的两个座位，特别是左边的那个，要给最重要的客人坐。主人邀请客人们入座时，客人们往往先坐不重要的座位，而把重要的座位留给别人。有时候，最重要或者最年长的客人没有坐下的话，别的客人往往不肯坐下。

【3】　上菜的时候，一般先上凉菜，然后上热菜。每道菜上来以后，主人都会招呼大家吃。这时，一般要等最重要或最年长的客人开始吃，其他人才会跟着吃。吃饭过程中，主人常常会说"多吃点儿""慢慢吃"，有时候还会替客人夹菜。桌上的菜，有时候并不都可以随便吃，比如，过春节或者主人家因为结婚请客，餐桌上的鱼客人们往往不吃，因为这道菜有特殊的意义。去别人家做客，中国人一般不会把主人准备的菜都吃光，多少会剩一点儿，不然的话，主人会很不好意思，觉得自己准备的菜不够丰盛。

【4】　请客吃饭常常少不了酒，劝酒是中国人吃饭最有特点的地方。主人喜欢劝酒，总是劝客人多喝点儿，常常和客人干杯。客人之间往往也互相劝酒。在北方一些地区，还有这样的风俗：人们认为客人喝醉了，才是主人真正的好朋友。要是客人不肯多喝的话，主人就会不高兴。所以，在中餐桌上，你总能看到人们劝酒、劝菜，

男女老少高声谈笑，非常热闹。

【5】　在餐桌上，先吃完的人应该跟别人打招呼："各位慢慢吃""慢用"。主人应该是最后一个吃完的——他必须陪着客人。酒足饭饱后，客人们并不是马上就离开，往往还要聊一会儿天儿。等最重要的客人打算走了，大家才能离开。

【6】　当然，在家里请客的人现在越来越少了，餐桌上的讲究也没以前那么多了。不过，如果你对这方面的知识一点儿也不了解的话，就很可能会闹笑话。

4. 吃完以后，应该_____，不要_____。

四　根据课文，下面哪个座位给最重要的客人坐

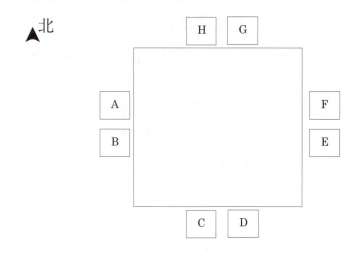

五　下面是对一些问题的回答，请你写出问题是什么

例：问题：中国人请客吃饭有什么讲究？
　　回答：座位的安排、上菜的顺序、什么时候离开等都有讲究。

1. 问题：_____。
   回答：方桌朝南的两个座位给重要的客人坐。

2. 问题：_____。
   回答：上菜时先上凉菜，然后上热菜。

3. 问题：_____。
   回答：如果客人把菜都吃完了，主人会不好意思，觉得自己准备的菜不够。

4. 问题：_____。
   回答：在北方一些地区，人们认为喝醉酒的客人才是主人真正的好朋友。

5. 问题：_____。
   回答：因为主人应该陪着客人，所以他应该最后一个吃完。

6. 问题：_____。
   回答：吃完饭以后，应该等最重要的客人打算走了，大家才能离开。

语言点

1 往往

主人邀请客人们入座时，客人们往往先坐不重要的座位，而把重要的座位留给别人。

表示根据经验，在特定的条件下，某种行为或状态常常会出现。也就是说，"往往"修饰某种规律性的或者习惯性的行为或状态。例如：

① 最重要或者最年长的客人没有坐下的话，别的客人往往不肯坐下。
② 过春节或者主人家因为结婚请客，餐桌上的鱼客人们往往不吃。
③ 客人之间往往也互相劝酒。
④ 酒足饭饱后，客人们并不是马上就离开，往往还要聊一会儿天儿。
⑤ 说自己醉了不能再喝的人往往没有醉，而说自己没醉的人往往是喝醉了。
⑥ 人们冬天往往比夏天吃得多。
⑦ 男人过生日的时候往往喜欢考虑自己的过去和将来。

"往往"和"常常"在意义和用法上有些不同。

在意义上，"常常"只表示行为或状态出现的次数多或者频率高；而"往往"则强调某种规律性，并且一般句子中会出现特定的条件信息。在用法上，"常常"可以用于过去、现在或者将来的事情；而"往往"只能用于过去或者现在的事情。

能用"往往"的句子一般都能用"常常"，而能用"常常"的句子不一定能用"往往"。例如：

⑧ 他常常跑步。（×他往往跑步。）
⑨ 周末的时候，他往往跑步。（周末的时候，他常常跑步。）
⑩ 以后，我要常常跟中国人聊天儿。（×以后，我要往往跟中国人聊天儿。）

（一）用"往往"完成下面的句子

1. 到了周末＿＿＿＿＿＿＿＿＿＿＿＿＿＿＿＿＿＿＿＿＿＿＿＿＿＿＿＿。
2. 考试以前＿＿＿＿＿＿＿＿＿＿＿＿＿＿＿＿＿＿＿＿＿＿＿＿＿＿＿＿。
3. 儿童学习母语＿＿＿＿＿＿＿＿＿＿＿＿＿＿＿＿＿＿＿＿＿＿＿＿＿＿。
4. 年轻人开车＿＿＿＿＿＿＿＿＿＿＿＿＿＿＿＿＿＿＿＿＿＿＿＿＿＿。
5. 喜欢看电视的孩子＿＿＿＿＿＿＿＿＿＿＿＿＿＿＿＿＿＿＿＿＿＿＿。
6. 公司的老板们＿＿＿＿＿＿＿＿＿＿＿＿＿＿＿＿＿＿＿＿＿＿＿＿＿。

（二）下面哪些句子中的"常常"不能改成"往往"

1. 老人常常不喜欢最新的流行音乐。

2. 以后你常常来我家玩儿吧！

3. 来中国以前你常常不吃早饭吗？

4. 我弟弟常常笑。

5. 读书的时候，看到不认识的汉字，我常常喜欢查字典。

（三）请你的搭档谈谈：他（她）发现中国人（中国的老人／中国学生……）有哪些特点（注意用上"往往"）

2 ……的话

最重要或者最年长的客人没有坐下的话，别的客人往往不肯坐下。

用在假设小句的末尾。假设小句的句首可以有"如果、要是、假如"等表假设的连词与它呼应。例如：

① 中国人一般不会把主人准备的菜都吃光，多少会剩一点儿，不然的话，主人会很不好意思，觉得自己准备的菜不够丰盛。
② 要是客人不肯多喝的话，主人就会不高兴。
③ 如果有时间的话，我要去看海。
④ 要是来的话，你来之前先给我打个电话。不来的话，也打个电话告诉我一下。
⑤ 假如学习中有问题的话，可以问老师，也可以问中国同学。

◎ 完成下面的句子：

1. 我是小孩子的老师的话，＿＿＿＿＿＿＿＿＿＿。
2. 我现在有1000万元人民币的话，＿＿＿＿＿＿＿＿＿＿。
3. 如果我是男的（女的）的话，＿＿＿＿＿＿＿＿＿＿。
4. 要是我只能活三天的话，＿＿＿＿＿＿＿＿＿＿。
5. ＿＿＿＿＿＿＿＿＿＿，我会很生气。（……的话）
6. ＿＿＿＿＿＿＿＿＿＿，你就能成功。（……的话）
7. ＿＿＿＿＿＿＿＿＿＿，我就换工作。（……的话）
8. ＿＿＿＿＿＿＿＿＿＿，我就去喝酒，一直喝到醉。（……的话）

3 并不 + 动词/形容词　　并没（有）+ 动词

桌上的菜，有时候并不都可以随便吃。

强调否定语气，常用于表示转折的句子中，或者是否定听话人可能已经接受的某种看法或情况，或者是反驳对方所说的，并说明真实的情况。例如：

① 酒足饭饱后，客人们并不是马上就离开，往往还要聊一会儿天儿。
② 虽然他年轻的时候学习医学，也当过医生，可是他的理想并不是当医生。
③ A：中国人都会骑自行车吧？
　　B：中国人并不都会骑自行车。
④ 我的同屋说他上午没上课是去医院看病了，其实他并没去医院。

◎ 用"并不 + 动词 / 形容词"或"并没（有）+ 动词"完成下面的对话：

例如：A：你是中国人，为什么不喜欢吃饺子？
　　　B：中国人并不都喜欢吃饺子。（并不是所有中国人都喜欢吃饺子。）

1. A：听说红头发的人常常容易生气。
   B：

2. A：北京人说的都是普通话。
   B：

3. A：你是年轻人，为什么不喜欢现代音乐？
   B：

4. A：中国以前的皇帝都是男的吧？
   B：

5. A：努力学习的人成绩肯定很好。
   B：

6. A：丽丽家那么有钱，她多幸福啊！
   B：

一　阅读下边的句子，说说画线词语的意思

1. 我昨天看的新电影还是罗密欧与朱丽叶那样的爱情故事，<u>新瓶装旧酒</u>。
2. 公司最近的改革没有新内容，<u>新瓶装旧酒</u>。
3. 我爷爷<u>酒足饭饱</u>后就爱唱京剧。
4. <u>酒足饭饱</u>之后马上洗澡、睡觉都对身体不太好。
5. 小王从老王那儿弄来了几千块钱，请几个<u>酒肉朋友</u>吃了几次饭，几千块钱很快就花完了。
6. 我爸爸从来不<u>发酒疯</u>，他喝多了酒就睡觉。
7. 我有一个朋友喝了酒<u>发酒疯</u>，给他手机里的每个人打电话。

二 回答下列问题

1. 你觉得下面这些是"酒肉朋友"的特点吗?"酒肉朋友"还有什么特点?
   - 跟你一起吃喝玩乐,但不会帮你。
   - 你帮助他们,但他们不会帮助你。
   - 向你借钱,但不会借钱给你。
   - 只有在一块儿像喝酒吃肉那样享受的时候对你特别热情。
   - 总是夸(kuā,to praise)你,说你爱听的话,从来不批评你。
   - 不管你能不能喝酒,总是不停地劝你喝酒,认为你不喝就是不给他面子。
   - 他们只关心两件事:你有没有钱?你愿意不愿意为他们花钱?
2. 举例说明一个新瓶装旧酒的设计。
3. 如果你的朋友、家人发酒疯,你怎么办?

第7单元 热身活动

◎ 采访你的搭档：

1. 在你们国家，人们见了面怎么打招呼？

2. 在中国，如果你在路上看到老师，你会和他（她）打招呼吗？

3. 如果中国人夸你汉语说得好，你一般怎么回答？

4. 如果中国人邀请你去他（她）家玩儿，你会带礼物吗？如果带的话，你会带什么？

5. 你跟中国朋友一起在饭馆儿吃过饭吗？谁付的钱？

6. 上课的时候，如果饿了你会吃东西吗？

7. 在中国，有人问你多大、有没有结婚，你会生气吗？

应该怎么做？

词语表

1	入乡随俗	rùxiāng-suísú		when in Rome, do as the Romans do

① 肯德基进入中国以后也~了。/ ② 星巴克~，为中国市场改了菜单。

2	遵守	zūnshǒu	（动）	to observe; to abide by

◎ ~时间/~法律/~规定

3	任何※	rènhé	（代）	any; whichever

◎ ~国家/~人/~事情

4	差异	chāyì	（名）	difference; discrepancy

◎ 文化~/明显~/巨大的~

5	否则※	fǒuzé	（连）	otherwise; or else

6	问候	wènhòu	（动）	to greet; to extend greetings to

◎ ~某人/向某人表示~

7	方式	fāngshì	（名）	manner; way (of doing sth.)

◎ 问候别人的~/说话~/求婚~/付款~

8	相互	xiānghù	（副）	mutually

◎ ~关心/~影响

9	拥抱	yōngbào	（动）	to embrace; to hug

① 老王热情地~了30年没见的老朋友。/ ② 他~了一下妻子，然后走进了机场。/ ③ 孩子们都喜欢母亲的~。

10	鞠躬	jū gōng		to bow

① 日本人见面的时候常常互相~。/ ② 他向大家深深地鞠了一躬表示感谢。/ ③ 在婚礼上，新郎新娘要向他们的父母~。

11	主动	zhǔdòng	（形）	active; on one's own initiative

① 你喜欢丽丽，就应该~请她吃饭、看电影。/ ② 点菜的时候，服务员~给我们介绍菜的特点。/ ③ 有的孩子学习不~，老师让做什么才做，老师不说，他就不做。

| 12 合 | hé | （动） | to combine; to join |

① 两个班的学生都不多，~成一个班吧。/ ② 他们俩~办了一个公司。/ ③ 我和朋友在学校外边~租了一套房子。

| 13 而※ | ér | （连） | whereas; while |

| 14 千万※ | qiānwàn | （副） | must; be sure to |

| 15 厕所 | cèsuǒ | （名） | toilet; lavatory; WC |

| 16 食品 | shípǐn | （名） | 吃的东西　food |

| 17 礼貌 | lǐmào | （形） | polite |

◎ 不~的态度（tàidù, attitude）/ 不~的行为（xíngwéi, behavior）
① 对老人这样说话不~。/ ② 这个明星穿衣服很普通，说话很~。

| | | （名） | courtesy; politeness |

◎ 这样做没有~。

| 18 宗教 | zōngjiào | （名） | religion |

| 19 佛像 | fóxiàng | （名） | figure of the Buddha |

| 20 神圣 | shénshèng | （形） | sacred; holy |

◎ ~的工作/~的爱

| 21 重视 | zhòngshì | （动） | to attach importance to |

① 现在父母都很~孩子的学习，对其他方面不太~。/ ② 我们公司比较~服务，不太~做广告。

| 22 尊敬 | zūnjìng | （动） | to respect; to esteem |

① 在中国，孩子不可以随便叫父母和老师的名字，因为那样是不~父母和老师。/ ② 他很~父母，从来不和他们吵架。

| 23 摇 | yáo | （动） | to shake; to rock |

① 在我们国家，~头表示不同意。/ ② 孩子哭的话，你轻轻地~几下，他就会安静下来。/ ③ 狗一看见主人回来了就~尾巴（wěiba, tail）。

| 24 叉（子） | chā(zi) | （名） | fork |

◎ 一把~

25 抓	zhuā	（动）	to grab; to seize

① 用筷子吃，别用手~。/ ② 孩子左手~了两块糖，右手~了一块巧克力。

26 圈	quān	（名）	circle

◎ 上课的时候，同学们坐成一个~。

27 按	àn	（动）	to press

① 你~一下这个地方，盒子就打开了。/ ② 你为什么~着肚子？肚子疼吗？

28 盆	pén	（名）	basin; tub

29 手指	shǒuzhǐ	（名）	finger

30 胸	xiōng	（名）	chest

31 脖子	bózi	（名）	头和身体之间的部分　neck

① 哪种动物的~最长？/ ② 用电脑的时间太长了，~有点儿疼。

32 胃	wèi	（名）	stomach

◎ ~疼 / ~病

33 亲爱	qīn'ài	（形）	dear; beloved

◎ ~的爸爸妈妈，你们好吗？

专名

1 巴基斯坦	Bājīsītǎn	Pakistan
2 东南亚	Dōngnán Yà	Southeast Asia
3 佛教	Fójiào	Buddhism
4 印度	Yìndù	India
5 中东	Zhōngdōng	Middle East
6 俄罗斯	Éluósī	Russia
7 泰国	Tàiguó	Thailand
8 保加利亚	Bǎojiālìyà	Bulgaria
9 非洲	Fēizhōu	Africa
10 马里	Mǎlǐ	Mali
11 博茨瓦纳	Bócíwǎnà	Botswana

用刚学过的词语回答下面的问题：

1. 你觉得自己是个遵守时间的人吗？
2. 中国人问候人的方式和你们国家的人一样吗？
3. 什么是健康的生活方式？什么是危险的生活方式？
4. 什么人常常鞠躬？
5. 在你们国家，女孩子可以主动跟男孩子约会吗？
6. 在你们国家，吃饭发出声音是不礼貌的行为吗？
7. 在你们国家，什么地方比较神圣？
8. 在你小的时候，你父母最重视你的哪些方面？
9. 用叉子吃什么比较方便？筷子呢？
10. 吃什么东西可以直接用手抓？

应该怎么做？

■ 猜一猜下面的说法对不对

	对	错
1. 在巴基斯坦，男人们见面的时候互相拥抱或握手，男人和女人只握手，不拥抱。	☐	☐
2. 在泰国，不能用左手摸孩子的头，只能用右手。	☐	☐
3. 世界上所有的国家都一样：点头表示同意，摇头表示反对。	☐	☐
4. 在有的非洲国家，孩子只能吃鸡的头、脚和翅膀。	☐	☐

13 应该怎么做？

二 阅读课文，看看在前面的练习中你猜得对不对

三 根据课文内容回答下面的问题

1. 在不同的国家，人们见面时的问候方式有哪些不同？在你们国家，人们见面时怎么问候？

2. 为什么在有的国家吃饭和拿东西只能用右手，不能用左手？

3. 为什么在泰国不能随便给佛像照相？

4. 在泰国，年轻人做什么老人可能会生气？

【1】 在中国，人们常说要"入乡随俗"，意思是：到了一个地方就要遵守那个地方的风俗习惯。在世界其他国家也一样。你去任何国家，都应该了解当地的风俗习惯，尤其是和自己国家文化方面的差异，否则就会闹笑话，还可能遇到麻烦。

【2】 不同的国家，人们见面时问候的方式往往不同，有的互相握手，有的相互拥抱。比如在巴基斯坦，好久没见面的朋友见了面总要热情拥抱，而且要拥抱三次以上。不过，女人不和男客人握手或拥抱，她们只会微笑、鞠躬。男客人也不能主动与女主人握手。东南亚的一些佛教国家，人们见面时双手合十，而日本人见面时一般是互相鞠躬。

【3】 如果去印度或中东旅行，你吃饭或者拿东西的时候千万不能用左手。因为在这些国家人们洗澡、上厕所一般是用左手，他们认为左手不干净，所以用左手拿食品是最不礼貌的事情。在俄罗斯，人们握手或拿东西也用右手，而不用左手，因为他们认为用左手的话，会有不好的事情发生。

【4】 不同的国家还有很多不同的宗教习惯。例如泰国是一个佛教国家，所有的佛像都是神圣的，参观的人不能随便照相。在日本和印度，进庙里去以前，应该先脱鞋，戴着帽子进庙里也是不礼貌的。

【5】 泰国人非常重视人的头，认为头也是神圣的。所以在泰国千万不要随便摸别人的头，小孩儿的头也不能摸。和年纪大的人坐在一起的时候，年轻人应该坐在地上，他不能比年纪大的人的头高，否则就是不

尊敬他们。

【6】　　大部分国家都是点头表示同意，摇头表示反对，而在印度、保加利亚等国家，人们常常一边摇头，一边微笑着表示同意。

【7】　　在非洲很多地方，吃饭不用刀叉，也不用筷子，而是用手抓饭。吃饭时，大家坐成一圈，饭和菜放在中间。每个人用左手按住饭盆或菜盆的边儿，用右手手指抓自己面前的饭和菜，放入口中。在非洲的不少地方，什么人吃什么往往是有讲究的。比如在马里，鸡大腿给年纪大的男人吃，鸡胸肉给年纪大的女人吃；主人吃鸡的脖子、胃和肝；鸡的头、脚和翅膀给孩子们吃。再比如博茨瓦纳人请客的时候，客人和家里的男人吃牛肉，女人吃下水，两种东西分开做，分开吃。

【8】　　亲爱的同学，你们国家有什么特别的风俗习惯呢？

5. 在马里，吃鸡有什么讲究？

四 下面各种做法是哪个国家或地方的？请把相应的字母填入方框内

A. 巴基斯坦　　B. 保加利亚　　C. 博茨瓦纳　　D. 非洲一些地方
E. 马里　　　　F. 日本　　　　G. 泰国　　　　H. 印度
I. 中东　　　　J. 俄罗斯

	A	B	C	D	E	F	G	H	I	J
例如：见面的时候热情拥抱三次以上。										✓
1. 见面的时候双手合十。										
2. 见面的时候互相鞠躬。										
3. 握手和拿东西只能用右手，不能用左手。										
4. 不能随便摸别人的头。										
5. 进庙的时候，要脱鞋，也不能戴帽子。										
6. 一起坐的时候，年轻人不能比年纪大的人的头高。										

	A	B	C	D	E	F	G	H	I	J

7. 吃饭的时候不用刀叉，也不用筷子，而是用手抓饭。 ☐☐☐☐☐☐☐☐☐☐

8. 请客的时候，客人和男人吃牛肉，女人吃下水。 ☐☐☐☐☐☐☐☐☐☐

9. 摇头表示同意。 ☐☐☐☐☐☐☐☐☐☐

五 根据你们国家的情况回答下面的问题

1. 在你们国家，人们信什么宗教？信佛教的人多吗？

2. 在你们国家，年轻人跟老人在一起的时候需要注意什么？

3. 在你们国家，男人和女人交往需要注意什么？

语言点

1 任何

> 你去任何国家，都应该了解当地的风俗习惯。
>
> 修饰名词，一般不带"的"，意思是不论哪一个。常有"都"或"也"与它呼应。
>
> 例如：
>
> ① 除了父母，他不相信任何人。
> ② 最近他对任何事都不感兴趣。
> ③ 小李马上就要考大学了，爸爸妈妈任何活动也不让他参加。

◎ 你同意下面这些说法吗？你觉得不同的人、不同的国家有什么相同的地方？把你的看法写在后面的横线上：

1. 世界上任何人都会犯错误。_____。
2. 任何人都希望自己长得漂亮。_____。

3. 任何人都想不工作就有钱，_____。
4. 任何人都怕死，_____。
5. 任何国家都有穷人和富人，_____。
6. 任何国家都有好吃的菜，_____。
7. _____。
8. _____。
9. _____。

2 否则

你去任何国家，都应该了解当地的风俗习惯，尤其是和自己国家文化方面的差异，**否则**就会闹笑话，还可能遇到麻烦。

用于后一分句的开头，有时与"的话"一起用，表示"如果不是这样"。即对前一分句作出假设的否定，并给出由此得出的结论。例如：

① 在泰国，年轻人坐的时候不能比年纪大的人的头高，**否则**就是不尊敬他们。
② 小王肯定是有很重要的事情，**否则**不会半夜给你打电话。
③ 在中国，客人一般不会把主人准备的菜吃光，**否则**主人会觉得不好意思。
④ 现在工作的人常常需要学习，**否则**的话就跟不上社会的发展了。

◎ 用"否则"完成下面的句子：

1. 到了中国，最好买一个中国的SIM卡，_____。
2. 在动物园里玩儿，最好不要扔东西给动物吃，_____。
3. 夏天房间里不能一直开着空调，_____。
4. 自己一个人在海里游泳一定要小心，_____。
5. 去旅游的时候一定要放好你的钱包，_____。
6. 飞机起飞的时候不能打手机，_____。
7. 我们要注意保护环境，_____。

3 而

东南亚的一些佛教国家，人们见面时双手合十，**而**日本人见面时一般是互相鞠躬。

连词，表示转折。连接小句，表示相对或相反的两件事。"而"只能用在后一句句首。多用于书面。例如：

① 大部分国家都是点头表示同意，摇头表示反对，而在印度、保加利亚等国家，人们常常一边摇头，一边微笑着表示同意。
② 在中国，北方人喜欢吃面食，而南方人喜欢吃米饭。
③ 最早的电脑有30吨（dūn，ton）重，而现在的电脑人们可以拿在手上。

（一）用"而"比较一下莫扎特和普通人，把比较的结果写在横线上

2001年1月，美国一家心理研究所对莫扎特和现代美国普通人的生活进行了比较。根据这个研究可以看出，普通人和莫扎特这样的天才（tiāncái，talented or gifted person）之间的距离有多远。

莫扎特		普通人
对钢琴感兴趣。	3岁	开始上厕所的练习。
写第一首音乐。	5岁	开始上幼儿园。
为法国国王①表演。	7岁	小学二年级，在班里演一棵树。
在欧洲旅行，创作②音乐。	17岁	进入职业学校，在喝啤酒比赛中胜利。
开始又一次欧洲旅行。	21岁	毕业后开始工作。
和康斯坦茨·韦伯结婚，创作交响乐、歌剧③等。	26岁	与某人结婚，买了一台洗衣机。
创作歌剧《费加罗的婚礼》④。	29岁	开始掉⑤头发。
创作歌剧《魔笛》⑥，去世。	35岁	常常因为一点儿小事和妻子吵架。

（根据《三联生活周刊》2001年第18、19期文章改写）

_____
_____
_____
_____
_____
_____

注：① 国王　　　　　guówáng　　　　　　king
　　② 创作　　　　　chuàngzuò　　　　　to create (*works*)
　　③ 歌剧　　　　　gējù　　　　　　　　opera
　　④ 费加罗的婚礼　Fèijiāluó de Hūnlǐ　*the Marriage of Figaro*
　　⑤ 掉　　　　　　diào　　　　　　　　to lose
　　⑥ 魔笛　　　　　Módí　　　　　　　　*Magic Flute*

（二）用"而"比较你们国家不同地方的特点（天气、人、饮食……）

例如：中国的北方冬天天气寒冷、干燥（gānzào, dry），而南方比较温暖、湿润（shīrùn, humid）。北方人主食喜欢吃面食，而南方人喜欢米饭。北方人口味比较重，而南方人口味比较清淡。北方人性格很豪爽（háoshuǎng, unrestrained and frank），而南方人性格比较细腻（xìnì, meticulous）。

4 千万

> 如果去印度或中东旅行，你吃饭或者拿东西的时候**千万**不能用左手。
> 务必，表示恳切的要求。用于祈使句，常和"要、不能、别"搭配使用。例如：
> ① 在泰国**千万**不要随便摸别人的头。
> ② 公共汽车上人很多的时候**千万**要小心你的包。
> ③ 明天考试别迟到，**千万**要记住。（**千万**别忘了。）
> ④ 过马路的时候**千万**要注意。

（一）完成下面的句子

1. 千万别＿＿＿＿＿＿＿＿＿＿＿＿＿＿＿＿＿＿＿＿＿＿，对身体不好。
2. 吃饭的时候，千万＿＿＿＿＿＿＿＿＿＿＿＿＿＿＿＿＿＿＿＿＿＿。
3. 上课的时候，千万＿＿＿＿＿＿＿＿＿＿＿＿＿＿＿＿＿＿＿＿＿＿。
4. 结婚以前千万＿＿＿＿＿＿＿＿＿＿＿＿＿＿＿＿＿＿＿＿＿＿＿。
5. 结婚以后千万＿＿＿＿＿＿＿＿＿＿＿＿＿＿＿＿＿＿＿＿＿＿＿。
6. 晚上开车千万＿＿＿＿＿＿＿＿＿＿＿＿＿＿＿＿＿＿＿＿＿＿＿。

（二）用"千万""否则"完成下面的练习

1. 来中国以前，你的爸爸妈妈对你说：
   (1) 你千万不要晚上一个人出去，否则不安全。
   (2) _____。
   (3) _____。
   (4) _____。

2. 你的朋友要来中国，你对他说：
   (1) 你千万别直接喝自来水（zìláishuǐ, tap water），否则会拉肚子。
   (2) _____。
   (3) _____。
   (4) _____。

拓展学习

一 猜一猜下列词语的意思

头顶　头发　头皮　头脑　头疼　头大
山头　笔头　烟头　小头　大头　孩子头
里头　后头　上头　木头　石头　馒头

二 阅读下边的句子，说说画线词语的意思

1. 点头之交的人说"你好"，好朋友见面也说"你好"吗？
2. Facebook用户平均会有229个好友，其中22%是高中同学，12%是同事，9%是大学同学，3%是只见过一面的点头之交。
3. 春节的时候，中国人餐桌上常常有一整条鱼，意思是新的一年有头有尾。
4. 认真的人做事总是有头有尾。
5. 很多作家、音乐家都有一些有头无尾的作品。
6. 不管做什么事我都不喜欢有头无尾，所以即使是无聊的电影，我也会从头看到尾。
7. 生气的时候，说话没头没脑，可能会让你的朋友、家人非常伤心。
8. 孩子给妈妈发微信："妈妈，人为什么要活着？"妈妈听到孩子这个没头没脑的问题很吃惊，也很着急，不知道孩子发生了什么事。

三 选择合适的成语填空

| 头重脚轻 | 入乡随俗 | 点头之交 | 有头有尾 | 有头无尾 | 没头没脑 |

1. 你戴的帽子太大了，看起来_____。
2. 我妈妈从小就教育我们哥儿俩做事要_____。
3. 孩子集中注意力的时间不长，所以做事常常_____。
4. 运动要_____，运动之前要热身，运动之后要放松。
5. 今天我的一个同事向我借一万块钱，可我跟他只是_____。
6. "我要跟你离婚！"妻子_____地说完这句话就离开了家，丈夫完全不知道为什么。
7. 小王在工作上有很多想法，但是做事常常_____。
8. 我的微信好友中很多只是_____，真正的朋友可能没几个。
9. 我们到一个新的地方以后，需要特别注意_____。

14 各国迷信

◎ 试一试把下面的词语、拼音和句子连起来：

1. 保留　　　xiāoshī　　　A. 坐了十几个小时的飞机以后，我们_____地到了中国。

2. 平安　　　píng'ān　　　B. 飞机好像有点儿问题，不过我们最后还是_____到达了。

3. 发音　　　shùnlì　　　C. 许多传统的东西正慢慢_____。

4. 个子　　　xíngxiàng　　D. 领导们一般都很注意自己的_____。

5. 倒霉　　　fāyīn　　　E. 这封信很重要，必须_____。

6. 顺利　　　bǎoliú　　　F. 我认识的汉字比他多，不过我的_____不如他好。

7. 生意　　　shēngyi　　　G. 他的_____最近不太好，来买东西的人很少。

8. 消失　　　gèzi　　　H. 因为刚刚大学毕业，所以小王_____工作经验。

9. 形象　　　quēfá　　　I. 他的_____不太高。

10. 缺乏　　　dǎo méi　　　J. 真_____！昨天刚买的自行车，今天就丢了。

词语表

1	迷信	míxìn	（动）	to have superstition; to have blind faith
	◎ 老人常常有不少~。			
2	室内	shìnèi	（名）	indoor; interior
	◎ ~运动/~音乐/~游泳池/~温度			
3	扫	sǎo	（动）	to sweep; to clear away
	◎ ~地/~雪			
	◎ 我们学校的路~得很干净。			
4	失去	shīqù	（动）	原来有，现在没有了　to lose
	◎ ~朋友/~机会			
5	钱财	qiáncái	（名）	money; wealth
6	运气	yùnqi	（名）	fortune; luck
	① 最近我的~太差了，先是自行车丢了，然后电脑又坏了。/② 你~真好！你迟到了，老板也迟到了。			
7	离婚	lí hūn		和丈夫或妻子结束夫妻关系　to divorce
8	手绢	shǒujuàn	（名）	handkerchief
	◎ 一块~			
9	眼泪	yǎnlèi	（名）	哭的时候眼睛里出来的水　tear
10	生意	shēngyi	（名）	business
	◎ 做~/谈~/~很好/~不错/~人			
	◎ 下雨天出租车~非常好。			
11	数字	shùzì	（名）	numeral; figure
12	相近	xiāngjìn	（形）	差不多一样　similar
	◎ 发音~/意思~的词			
13	梯子	tīzi	（名）	ladder

14 各国迷信

| 14 | 穿 | chuān | （动） | to cross; to pass through |

① ~过马路你就能看见那家商店。/ ② 从这儿~过去比走外边的马路近一点儿。

| 15 | 倒霉 | dǎo méi | | 运气不好　having a bad luck; unfortunate |

① 真~，一出来就下雨了。/ ② 最近~的事真不少。

| 16 | 镜子 | jìngzi | （名） | mirror |

◎ 一面~ / 一块~

| 17 | 保留 | bǎoliú | （动） | to keep; to reserve |

① 故宫~了很多皇帝用过的东西。/ ② 这张照片我一直~着。

| 18 | 形象 | xíngxiàng | （名） | image |

① 明星都很注意自己的~。/ ② A：你怎么把头发剪了？B：是啊，换了个新工作，我想有个新~。

| 19 | 消失 | xiāoshī | （动） | to disappear; to fade away |

① 那个同学只来上了一次课，然后就~了。/ ② 他们两个人结婚已经七年了，热情慢慢地~了。

| 20 | 踩 | cǎi | （动） | to step on; to tread |

① 刚才那个人~了我的脚也没说对不起。/ ② 你的鞋真脏，把房间里的地都~脏了。

| 21 | 屎 | shǐ | （名） | excrement |

| 22 | 顺利 | shùnlì | （形） | smooth-going; smooth |

◎ 工作~ / 路上很~

| 23 | 吉利 | jílì | （形） | 会带来好运气的　auspicious; lucky |

① 中国人觉得红色代表~。/ ② 过春节的时候，人们互相说一些~话。

| 24 | 预示 | yùshì | （动） | to presage; to indicate |

◎ 找工作越来越难~着经济情况在变坏。

| 25 | 死亡 | sǐwáng | （动） | 死　to die; to pass away |

◎ 高个子的运动员更容易因为心脏病~。

| 26 | 避 | bì | （动） | to avoid; to take shelter |

◎ ~风 / ~雨

① 大人吵架的时候最好~开孩子。/ ② 中国人过春节的时候，要~开"死""刀"等不吉利的词。

| 27 | 静 | jìng | （形） | 没有声音　quiet; silent |

① 这里比我原来住的地方~多了。/ ② 我想~~地想一想。

| 28 | 角 | jiǎo | （名） | corner |

① 如果你家里有孩子，要小心桌子~。/ ② 墙~放着一把椅子。

| 29 | 一路平安 | yílù píng'ān | | safe journey |

◎ 祝你~！

| | 平安 | píng'ān | （形） | 顺利、安全 safe and sound; without mishap |

◎ 这个国家的人民都想过平平安安的生活。

| 30 | 木头 | mùtou | （名） | wood; log |

◎ ~桌子/~椅子/~房子

| 31 | 口水 | kǒushuǐ | （名） | 嘴里的水 saliva; slobber |

| 32 | 来自 | láizì | （动） | to come from; to originate from |

① 我们学院有~世界各国的学生。/ ② 成功~努力。

| 33 | 错误 | cuòwù | （形） | 不对的 wrong; mistaken |

◎ ~的想法
◎ 他这样做是~的。

| 34 | 缺乏 | quēfá | （动） | to lack; to be short of |

① 这个公司现在~人手。/ ② 有的老师对学生~耐心。

| 35 | 靠 | kào | （动） | to rely on; to depend on |

① 中国人常说，"在家~父母，出门~朋友"。/ ② 他到中国留学主要~他父母的经济支持。

| 36 | 证明 | zhèngmíng | （动） | to prove |

① 为了~1+1=2，那位数学家花了几十年的时间。/ ② 一个人很有钱并不能~他很有能力。/ ③ 时间会~一切。

| 37 | 存在 | cúnzài | （动） | to exist |

① 这个世界上不~不犯错误的人。/ ② 这种新汽车~很多质量问题。

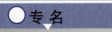 专名

| 林肯 | Línkěn | Abraham Lincoln |

用刚学过的词语回答下面的问题:

1. 你觉得什么样的事是迷信?
2. 什么数字/颜色会给你带来好运气?
3. 什么生意冬天比较好?
4. 你知道"米"和"迷"有什么关系吗?(相近)
5. 最近你遇到过倒霉的事情吗?
6. 怎么吃蔬菜能保留更多的维生素(wéishēngsù, vitamin)?
7. 你还保留着小时候的东西吗?你保留着什么东西?保留多长时间了?
8. 什么时候人们想改变自己的形象?
9. 哪些职业(zhíyè, occupation)已经消失了?
10. 你第一次来中国的时候顺利吗?
11. 在你们国家,什么数字是吉利数字?什么颜色是吉利的颜色?
12. 什么地方不能太吵,需要静一点儿?
13. 你认为自己做过的最错误的事是什么?
14. 你们国家现在缺乏什么?

课 文

各国迷信

一 根据课文内容回答下面的问题

1. 为什么中国人认为不能在房间里打伞?

【1】　世界上任何国家都有迷信,不同国家、不同文化中迷信的表现方式往往不同。

中　国

【2】　在室内不能打伞,否则个子长不高。

【3】　新年第一天可不能扫地,否则在新的

一年里会失去钱财和好运气。

【4】　如果左眼跳，就会有好的事情发生；而如果右眼跳的话，就会有坏的事情发生。

【5】　过去在中国，结婚那天，新娘离开父母家的时候不哭不行，而且不可以和父母说再见。否则以后她会离婚再回到父母家。

【6】　在中国，送礼物给别人的时候，千万不能送手绢，因为手绢是用来擦眼泪的，它会带来伤心的事情。送礼物给做生意的人，可千万不能送书。因为"书"和"输"发音相同，做生意的人当然都不希望自己的钱输掉。

【7】　在数字方面，很多中国人不喜欢"4"，因为"4"和"死"的发音相近。如果一个人的电话号码、房间号码或汽车号码有"4"的话，他心里会很不舒服。

法　国

【8】　走路时千万不能从梯子下面穿过，否则就会倒霉。

【9】　家里的镜子可一定要放好，如果打破了，家里的人就会倒霉。法国人认为，镜子保留了人的形象，如果镜子破了，那么人的精神就会消失。

【10】　走路时不小心踩到了狗屎上，如果是左脚踩的，就会一天都顺利；如果是右脚踩的，就会一天都倒霉，这一天最好什么事都不要做。

美　国

【11】　手表突然停了可不是件吉利的事情，因为它可能预示着死亡。据说这一说法是

2. 在中国，结婚的时候新娘应该做什么？不能做什么？

3. 为什么在中国送礼物不能送手绢？

4. 为什么法国人认为打破镜子是件倒霉的事？

5. 为什么美国人认为手表突然停了不吉利？

6. 在美国，电影院里什么号码的座位可能比较便宜？为什么？

7. 在俄罗斯，太阳下山以后不能做什么？为什么？

8. 在俄罗斯，如果遇到不吉利的事可以怎么办？

9. 在泰国，头朝西边睡、用红笔写人的名字为什么不好？

10. 在你们国家，人们喜欢什么数字？不喜欢什么数字？为什么？

11. 在你们国家，送礼物给人的时候要注意什么？

12. 你们国家有什么迷信？现在的迷信和以前相比，有什么不同？

从1865年4月15日开始的，那天美国总统林肯被人开枪打死了，当时很多人都说他们的手表忽然停了。

【12】　美国人不喜欢数字"13"，人们想方设法避开"13"。楼里没有13层，房间也没有13号。有的电影院里13号座位卖半价。

俄罗斯

【13】　出门去很远的地方以前，全家应该静坐1分钟，然后每人抓一抓桌子的角，千万不要扫地，这样才能一路平安。

【14】　太阳下山以后，不能借钱给别人，否则钱就要不回来了。

【15】　如果在梦里得到了一笔钱，就很吉利，这表示将来会得到更多的钱。

【16】　如果遇到不吉利的事，可以找块木头敲三下，并且向左边吐三次口水。

泰　国

【17】　睡觉时头不能朝西边，因为太阳从西边下山，这常常代表死亡；也不能用红笔写人的名字，因为泰国人死后的名字是用红笔写的。

【18】　不同的地方有不同的迷信，不过，这些迷信一般都来自人们对人、对自然的错误认识，尤其是以前人们缺乏必要的科学知识，对人和自然的理解常常靠自己的想象，其中有些想象很有道理，而有些经过科学研究，证明是错误的。不过，因为科学并不能解决所有的问题，所以，迷信肯定还会继续存在。

二 根据课文把下面的事分成"吉利"和"倒霉"两类

	吉利	倒霉
A. 左眼跳	√	☐
B. 镜子破了	☐	☐
C. 从梯子下走	☐	☐
D. 睡觉时头朝西边	☐	☐
E. 梦里得到一笔钱	☐	☐
F. 新年第一天扫地	☐	☐
G. 送书给做生意的朋友	☐	☐
H. 右眼跳	☐	☐
I. 手表停了	☐	☐
J. 左脚踩上狗屎	☐	☐
K. 用红笔写人的名字	☐	☐
L. 电话号码有"4"	☐	☐
M. 出远门前抓桌子的角	☐	☐
N. 结婚那天，新娘和父母说再见	☐	☐

三 采访三个不同国家的同学（或三个中国人），了解他们国家或老家有什么迷信，把采访的结果填在下面的表中

姓 名	国家(地区)	迷 信	
		吉利的事情	倒霉的事情

各国迷信

1 可

新年第一天**可**不能扫地，否则在新的一年里会失去钱财和好运气。

口语词，用于陈述句或祈使句中，起强调作用，强调肯定怎么样或者必须怎么样。在祈使句中，后面有时有"要、能、应该"等词配合使用。例如：

① 送礼物给做生意的人，**可**千万不能送书。
② 家里的镜子**可**一定要放好，如果打破了，家里的人就会倒霉。
③ 手表突然停了**可**不是件吉利的事情，因为它可能预示着死亡。

◎ 看看课文里还有哪些句子可以用上"可"，至少写出三个：

例如：在房间里不能打伞，否则个子长不高。
　　　→在房间里可不能打伞，否则个子长不高。

1. ＿＿＿＿＿＿＿＿＿＿＿＿＿＿＿＿＿＿＿＿＿＿＿＿＿＿＿＿＿＿＿＿。
　→
2. ＿＿＿＿＿＿＿＿＿＿＿＿＿＿＿＿＿＿＿＿＿＿＿＿＿＿＿＿＿＿＿＿。
　→
3. ＿＿＿＿＿＿＿＿＿＿＿＿＿＿＿＿＿＿＿＿＿＿＿＿＿＿＿＿＿＿＿＿。
　→

2 不……不……

新娘离开父母家的时候**不**哭**不**行。

常用格式是"不A不B"，意思相当于"如果不A，就不B""如果不A是不B的"。例如：

① 事情**不**重要我就**不**这么着急了。（＝如果事情不重要，我就不会这么着急了。）
② 在有些国家的机场，你**不**脱鞋检查**不**能上飞机。（＝如果**不**脱鞋检查，就**不**能上飞机。）
③ A：他不来参加我们的聚会吗？
　 B：你**不**请他他**不**来。（＝如果你**不**请他，他就**不**会来。）

◎ 用"不……不……"完成下面的句子：

1. 今天的考试非常重要，_____。
2. 时间已经很少了，_____。
3. 外面雨很大，_____。
4. 朋友们不停地劝我喝酒，_____。
5. 他的病越来越厉害了，_____。
6. 卖水果的人说："我的苹果很甜，_____。"

3 长不高、要不回来

> 在室内不能打伞，否则个子长不高。
> 太阳下山以后，不能借钱给别人，否则钱就要不回来了。
> "动词/形容词+不+补语"表示不可能怎么样或没有能力怎么样。例如"长不高"意思是"不可能长高"，"要不回来"意思是"不可能要回来"，"我说不好"意思是"我没有能力说好"，口语里用得较多。

（一）把下面的回答和问题连起来

1. 在室内不能打伞，否则个子长不高。　　　A. 刚来中国的时候，中国人说话你听得懂听不懂？
2. 太阳下山以后，不能借钱给别人，否则钱就要不回来了。　　　B. 这个问题你回答得出来吗？
3. 学习外语要多听多说，否则就学不好。　　　C. 为什么不能在室内打伞？
4. 弄不明白的问题应该马上问老师。　　　D. 学习外语要注意什么？
5. 这个问题我回答不出来。　　　E. 太阳下山后不能做什么？
6. 刚来的时候，中国人说话我听不懂。　　　F. 如果我有不明白的问题怎么办？

（二）根据例子填表，然后在每行里选一个造句

	快	远	完	干净	到	过去
跑	跑得快 跑不快	跑得远 跑不远	跑得完 跑不完	—	跑得到 跑不到	跑得过去 跑不过去
吃						
洗						
看						
复习						
收拾						

句子1：今天我穿的鞋不合适，跑不快。

句子2：

句子3：

句子4：

句子5：

句子6：

拓展学习

一 猜一猜下列这些镜是做什么用的

眼镜　泳镜　风镜　老花镜　门镜　后视镜　放大镜　哈哈镜　望远镜

二 阅读下边的句子，说说画线词语的意思

1. 有的国家的法律有离婚冷静期，希望夫妻双方在冷静期内能<u>破镜重圆</u>。
2. 改革开放以前，私家车对中国的普通老百姓来说，还是<u>镜中花，水中月</u>。
3. 对咱们的足球队来说，得世界杯冠军可能是<u>镜中花，水中月</u>。
4. 曾经，人们认为人飞上天是<u>镜花水月</u>。
5. 人都有生老病死，所以金钱、名声（míngshēng，reputation）都是<u>镜花水月</u>，健康才是最重要的。

三 选择合适的词语填空

| 白头偕老　　一路平安　　恭喜发财　　身体健康　　福如东海 |
| 破镜重圆　　寿比南山　　镜花水月（镜中花，水中月） |

1. 明天你就要回老家了吧？祝你_____！
2. 新年好！新年好！_____！_____！
3. 丽丽知道小王跟前女友不可能_____，所以才跟他在一起的。
4. 今天是你们大喜的日子，祝你们_____、新婚快乐！
5. 奶奶，祝你生日快乐！_____、_____！活到120岁！
6. 有一些夫妻离婚后还可能复婚，_____。
7. 小王很喜欢老板的女儿丽丽，可是对小王来说，丽丽就像是_____。
8. 去年我的公司破产（pò chǎn，to go broke）了，我所有的理想都变成了_____。

四 回答下列问题

1. 有人说：爱情是镜中花，水中月。你同意吗？举例说明你的观点。
2. 你觉得破镜能重圆吗？举例说明你的看法。

第 8 单元　热身活动

◎ 和你的搭档一起完成下面的心理（xīnlǐ，mental）测验（cèyàn，test）：

你带着老虎（lǎohǔ，tiger）、猴子、孔雀（kǒngquè，peacock）、大象和狗（gǒu，dog）五种动物来到一个森林（sēnlín，forest），因为周围非常危险，你不可能一直带着它们，你不得不放弃它们，你会先放弃什么动物？最后放弃什么动物？

你和你的搭档有什么不同？

（做完以后请看第178页关于这个测验的说明）

15 爱情玫瑰

词语表

| 1 | 爱情 | àiqíng | （名） | love; affection |

◎ ~故事/~片
◎ 我觉得~、亲情和友情都很重要。

| 2 | 玫瑰 | méigui | （名） | 一种常常用来表示爱情的花　rose |

◎ 一枝~/红~/白~/黄~/蓝~

| 3 | 失恋 | shī liàn | | 失去男（女）朋友，你爱的人不爱你了　to be crossed in love |

① 我的男朋友离开了我，这已经是我第三次~了。/② 小王失过一次恋以后就不愿意和女孩子出去玩儿了。

| 4 | 不停 | bù tíng | | 一直（做某事）　continuously; without stop |

① 雨~地下。/② 孩子从早上起床到晚上睡觉~地问我各种问题。/③ 大学毕业以后，他~地换工作、换女朋友。

| 5 | 仰 | yǎng | （动） | 脸向上　to face upward |

① 小猫~着头看着天上的鸟。/② "干杯！"老板~起脖子喝完了杯子里的酒。

| 6 | 感觉 | gǎnjué | （动） | to feel; to perceive |

① 我能~到这学期我的汉语水平提高了。/② 怎么打球，你需要自己~一下。

| | | | （名） | sense; perception |

◎ 我还没有找到唱歌的~。

| 7 | 睁 | zhēng | （动） | to open (eyes) |

① 现在可以~开眼睛了，生日快乐！/② 风太大了，别~眼。

| 8 | 眼前 | yǎnqián | （名） | 眼睛前面　before one's eyes |

① 我的~又出现了我们俩第一次见面时的情景。/② ~的风景真是太美了。/③ ~的一切使他不敢相信他真的赢了500万块钱。

15 爱情玫瑰

| 9 因此※ | yīncǐ | （连） | therefore; thus |

◎ 一个人的生活没有意思，~我们需要朋友。

| 10 安慰 | ānwèi | （动） | to comfort |

① 小王失恋了，你快去~~他吧。/② 我的护照（hùzhào, passport）丢了，朋友~我，让我不要着急。

| 11 帮 | bāng | （动） | to help |

① 快来~~我。/② 你能~我修一下电脑吗？

| 12 献 | xiàn | （动） | to present; to dedicate |

◎ ~花 / ~给大家一首歌

| 13 限制 | xiànzhì | （动） | 规定　to limit; to restrict |

◎ 这次汉语比赛不~人数，学校鼓励大家积极参加。

| | | （名） | 规定　restriction |

① 由于人数的~，每个班只有两个同学能参加这次汉语比赛。/② 由于时间的~，我只能说到这儿，其他问题以后有时间再谈。

| 14 一生 | yìshēng | （名） | 从出生到死亡之间的时间　lifetime; all one's life |

① 好人~平安。/② 孙中山先生的~都献给了中国革命。/③ 留学改变了我的~。

| 15 维持 | wéichí | （动） | to maintain |

◎ ~原来的样子

| 16 伸 | shēn | （动） | to stretch; to extend |

◎ ~舌头（shétou, tongue）/ ~手

① 坐车时，不要把头、手~出车窗外。/② 他不好意思地~了~舌头。

| 17 沉默 | chénmò | （形） | 不说话　silent |

① 小王是一个~的人。/② 大家都~地坐着，谁都不说话。/③ 对这件事，你最好保持~。

| 18 显然 | xiǎnrán | （形） | obvious |

① 主人老看手表，~是希望客人离开。/② 姐姐双眼皮，妹妹单眼皮；姐姐热情，妹妹冷静。两人的样子、性格~都不同。

| 19 永远 | yǒngyuǎn | （副） | forever; in perpetuity |

| 20 依靠 | yīkào | （动） | to rely on; to depend on |

① 很多年轻人大学毕业以后就不再~父母，而是自己独立生活了。/② ~自己才能成功。/③ 小王~朋友找到了一份工作。

| 21 | 闪电 | shǎndiàn | （名） | lightning |

| 22 | 惊天动地 | jīngtiān-dòngdì | | earthshaking |

① 最近几十年中国发生了~的变化。/② 大部分人的爱情都不像电影里那样~。

| 23 | 心里 | xīnli | （名） | 思想里，头脑里 in the heart; in the mind |

① 你~不高兴，嘴上又不说，我怎么知道呢？/② 我跟小王说话，他总是点头，不知道他~在想什么。/③ 我一定把你的话记在~。

| 24 | 立即 | lìjí | （副） | immediately |

① 放假以后我~回国。/② 小王听到老师说下课，~跑了出去。

| 25 | 失望 | shīwàng | （动） | to lose hope; to be disappointed |

◎ 大家工作那么努力，可是老板还是不满意，大家都对他~了。

| | | | （形） | disappointed |

① 孩子没考上大学，父母很~。/② 现在的电视节目真让我~。

| 26 | 所※ | suǒ | （助） | used before the verb within a subject-predicate structure to turn this structure into a nominal phrase |

| 27 | 感情 | gǎnqíng | （名） | feeling; emotion |

◎ 有~/没有~/丰富的~/~很深
◎ 有的夫妻虽然没有~了，但为了孩子他们不离婚。

| 28 | 作用 | zuòyòng | （名） | effect; function |

◎ 起~/有~/~很大/~很小
① 茶有很多~。/② 这种药对感冒没有~。

| 29 | 将 | jiāng | （副） | 将要，将会 be about to; will |

① 如果不吃药，他的病~继续发展。/② 如果孩子12岁以前不学习说话的话，以后~很难学会。

| 30 | 如何 | rúhé | （代） | 〈书〉怎么 how |

① 这个问题贵公司打算~解决？/② 明年的经济~才能快速发展？

| 31 | 对待 | duìdài | （动） | to treat; to handle |

① 他~客人非常热情。/② 他~朋友像~自己的兄弟姐妹一样。/③ 小王和小张~工作的态度不太一样。

| 32 | 朵 | duǒ | （量） | measure word for flower, cloud, etc. |

◎ 一~花/一~玫瑰/一~云

33 满足　　　mǎnzú　　　（动）　　to satisfy; to meet (*one's need, request, etc.*)

① 对不起，您的要求我们不能~。/ ② 小王不是一个浪漫的人，不能~丽丽感情的需要。

用刚学过的词语回答下面的问题：

1. 你最喜欢的爱情片是什么？
2. 你能感觉到自己的汉语水平提高了吗？
3. 什么时候你睁不开眼睛？
4. 电影里，失恋的人常常做什么？
5. 如果你的朋友失恋了，你会怎么安慰他（她）？
6. 在你们国家，买酒有年龄限制吗？
7. 怎么才能和朋友维持好的关系？
8. 在你们国家，大学毕业生找工作会依靠父母吗？
9. 做什么事情才会惊天动地？
10. 什么时候你心里想的和嘴上说的不一样？
11. 运动以后不要立即做什么？
12. 你对中国什么地方很有感情？
13. 你觉得手机广告的作用大不大？
14. 电子书越来越多，你认为纸质书以后还会继续存在吗？（将）
15. 科技正在如何改变整个世界？
16. 你觉得父母应该满足孩子的哪些要求？

爱情玫瑰

【1】 有一天,一个失恋的男孩儿坐在海边。他手里拿着酒瓶,不停地仰起脖子,大口大口地喝酒。夜越来越深,空酒瓶也越来越多。终于,男孩儿醉了。他倒在一张长椅上,睡梦中感觉到有人向他走近。他睁开双眼,眼前站着一个美丽的女孩儿,手里拿着各种颜色的玫瑰花,甜甜地向他微笑。男孩儿告诉她自己失恋了,因此很伤心。

【2】 女孩儿便安慰他:"我有办法帮你。"

【3】 "你怎么帮我呢?"男孩儿问道。

【4】 女孩儿拿出一枝白玫瑰:"你把这枝玫瑰献给你喜欢的人,她就会爱上你。但是,你得注意一点,这枝玫瑰对你们俩都有一个限制:女孩儿以后会一生都爱你,可你也要爱她一生才行!"

【5】 男孩儿听了,觉得要一生爱一个人,很难做到,再浪漫的爱情也很难维持几十年。他一言不发,也没有伸手去接女孩儿手中的花。

【6】 女孩儿见他沉默,知道他显然不想要白玫瑰,于是又拿出一枝黄玫瑰:"这枝黄玫瑰跟白玫瑰不同,它不需要你一生都爱一个人。"

【7】 男孩儿听了以后很高兴,可是女孩儿接着又说:"但是黄玫瑰对女孩儿的限制也不同,它也不会让女孩儿永远爱你,依靠它得到的爱情像闪电一样惊天动地,同样也会像闪电一样很快消失。"

【8】 男孩儿心里想,美丽的爱情怎么能立即消失呢?他有点儿失望。

【9】 最后,女孩儿拿出一枝红玫瑰,大声地说道:"你可能会喜欢这枝红玫瑰,它跟前面两枝都不同,它只会让你所爱的人也爱上你,以后对你们的感情便完全失去作用。你们努力的话,爱情便能保持很长时间;不努力的话,爱情将会很快消失。一切只看你们如何对待感情。"女孩儿笑着说,"这朵玫瑰不错吧,满足你的需要了!"

【10】　男孩儿只是失望地摇了摇头："这样不是太累了吗？"
【11】　你呢？我的朋友，你喜欢哪枝玫瑰呢？

（根据网络文章《魔法玫瑰》改写）

■ 一　根据课文内容填写下面的表格

玫　瑰	男孩儿喜欢的方面	男孩儿不喜欢的方面
白玫瑰		
黄玫瑰		
红玫瑰		

■ 二　你觉得下面这些人需要课文中的什么玫瑰

1. 她的男朋友过一段时间总会找一个新的女朋友，每次和别的人分手以后，又总会再来找她，请她原谅（yuánliàng, to forgive）。她非常痛苦。
2. 男的爱女的，但是女的不爱男的。
3. 她觉得人一生只谈一次恋爱太没意思了，只有和不同的人谈恋爱才能了解什么是爱情。但是和她谈恋爱的人都要跟她结婚。唉，怎么办呢？

■ 三　如果课文中的女孩儿要送给你玫瑰，你最想要什么玫瑰

四 课文中的男孩儿需要什么样的玫瑰？再设计几朵爱情玫瑰

　　　　　　玫瑰：
　　　　　　玫瑰：

1 终于

> 夜越来越深，空酒瓶也越来越多。终于，男孩儿醉了。
> 表示经过较长过程或较大的努力，最后出现某种结果。较多用于出现了希望达到的结果。例如：

① 他们在谈了10年的恋爱以后终于结婚了。
② 看了半天以后，她终于决定买她看到的第一双鞋，可是那双鞋已经被别人买走了。
③ 复习了5年，我的朋友终于考上了研究生。
④ 虽然遇到了不少问题，但是我们终于成功了。

◎ 完成下面的句子：

1. 经过3年的努力，_____。
2. 下了一个星期的雨，_____。
3. 前几年我们国家的经济一直不好，_____。
4. 失败了很多次之后，_____。
5. _____，终于可以回家了。
6. _____，终于买到了合适的礼物。
7. _____，他的病终于好了。
8. _____，父母终于同意了。
9. _____，终于找到了一份满意的工作。

2 因此

男孩儿告诉她自己失恋了，因此很伤心。

用于表示结果或结论的分句，前一分句有时可以用"由于"呼应（一般不与"因为"呼应）。可以用在后一分句的主语后，也可以连接两个分句。例如：

① 我的朋友刚到中国时不会用筷子，因此出去吃饭遇到了不少麻烦。
② 城市里的人越来越多，路上的汽车也因此越来越多。
③ 这两天空气很不好，因此去医院看病的人也多了。
④ 由于中国人喜欢数字8，因此，每个月8号、18号、28号结婚的人很多。

◎ 用"因此"完成下面的句子：

1. 这个地方现在缺电，＿＿＿＿＿＿＿＿＿＿。
2. 城市的环境越来越不好，＿＿＿＿＿＿＿＿＿＿。
3. 小王知道学外语不努力就学不好，＿＿＿＿＿＿＿＿＿＿。
4. 他非常喜欢了解不同地方的风俗，＿＿＿＿＿＿＿＿＿＿。
5. 老人和年轻人的想法往往不同，＿＿＿＿＿＿＿＿＿＿。
6. 他们俩的性格、年龄都差不多，＿＿＿＿＿＿＿＿＿＿。

3 再＋形容词

再浪漫的爱情也很难维持几十年。

表示对极端情况的假设，相当于"无论多么……"。用于让步的假设。常用格式为"再A也/都B，"A一般是形容词。例如：

① 再聪明的动物也没有人聪明。
② 再便宜的汽车我也买不起。
③ 电视节目再好看也不能从早看到晚。
④ 精神再好的人也需要睡觉。
⑤ 我穿得很多，天再冷都没问题。

◎ 用"再＋形容词"完成下面的对话：

1. A：小王非常聪明，考试没问题。
   B：＿＿＿＿＿＿＿＿＿＿

2. A：他很有钱，所以买这么贵的东西没关系。
   B：

3. A：我身体很好，不用常常锻炼。
   B：

4. A：我开车开得非常快，所以走错了路也没关系。
   B：

5. A：爸爸，我困了，不想做作业了。
   B：

6. A：对不起，警察先生，我有急事，所以闯（chuǎng, to rush）了红灯。
   B：

4 于是

女孩儿见他沉默，知道他显然不想要白玫瑰，于是又拿出一枝黄玫瑰。

连接分句或句子，表示后一事与前一事密切相关或是前一事的自然结果。一般前后两事都已经发生。"于是"一般出现在后一分句的开头，后边有停顿，也可以出现在主语后。例如：

① 我等了他很长时间他都没来，于是我一个人走了。
② 钱都花完了，于是他又开始找工作了。
③ 我担心考试迟到，于是很早就从家里出来了。
④ 孩子常常丢钥匙，爸爸于是让他把钥匙挂在脖子上。

◎ 用"于是"完成下面的句子：

1. 他想去国外旅行，_____。
2. 我在校园里散步，突然下雨了，_____。
3. 老板想让大家都知道我们的公司，_____。
4. 听说他吃素，_____。
5. 老师说那本书很好，_____。
6. 本来想做饭，可是冰箱里什么也没有了，_____。

5 所

它只会让你所爱的人也爱上你。

助词，用于及物动词前，一起修饰后面的名词，强调名词所代表的受事，如例句①②；也可直接加"的"，形成"的"字结构相当于"……的东西（人、情况等）"，多用于书面，如例句③④。例如：

① 很多时候我们所了解的情况都是从网络上来的。
② 上次考试所考的内容这次就不用复习了吧？
③ 现在，我们所缺少的不是钱，而是时间。
④ 父母所担心的是我在中国吃不好。

◎ 用"所"和下面的动词填空（每个词只能用一次）：

| 问　　相信　　研究　　关心　　邀请　　使用　　制定 |

例如：小王所问的问题大家都回答不了。

1. 我们　　　　　　的人不可能全部来参加今天的会议。
2. 老人　　　　　　的问题和年轻人　　　　　　的问题常常不一样。
3. 大家开始时　　　　　　的方法现在看来有问题。
4. 最让我生气的事情是我　　　　　　的人最后骗了我。
5. 以前　　　　　　的许多法律现在都需要改变了。
6. 许多科学家　　　　　　的问题现在看起来好像没用，但以后我们会发现它们的价值。

拓展学习

一 阅读下边的句子，说说画线词语的意思

1. 昨天晚上的雷（léi, thunder）声惊天动地。
2. 很多孩子上幼儿园第一天都哭得惊天动地。丽丽上幼儿园第一天没哭，还干了一件惊天动地的事，带着两个小孩儿一起悄悄离开了幼儿园。老师发现少了三个孩子，急得哭了起来。
3. 我的老家冬天冰天雪地，所以冬天的体育课都是冰上运动。
4. 北极和南极都是冰天雪地，为什么北极没有企鹅（qǐ'é, penguin）？

5. 1枝玫瑰：你是我的唯一；2枝玫瑰：这世界只有我俩；3枝玫瑰：我爱你；……99枝玫瑰：天长地久；100枝玫瑰：百分之百的爱！
6. Auld Lang Syne 这首歌的中文名字是"友谊（yǒuyì，friendship）地久天长"。
7. 广东人有吃早茶的习惯，和家人、朋友一起在茶楼里吃着早茶谈天说地。
8. 小王和丽丽是邻居，也是高中同学。他们每天上学和回家的路上谈天说地，后来就开始谈情说爱。
9. 谢天谢地，40度的高温天气终于结束了。
10. 高三的时候，我常常睡不着。晚上12点上床，1点睡着是谢天谢地，2点睡着是幸福，有时候刚睡着，闹钟就响了。

二 选择合适的词语填空

| 惊天动地 | 天长地久 | 冰天雪地 | 谈天说地 | 谢天谢地 |

1. 放假了，_____，终于不用早起了。
2. 白玫瑰能让爱情_____，黄玫瑰不能让爱情_____。
3. 1911年中国发生了_____的革命，清朝政府的统治结束了。
4. 张桂梅做的不是_____的事，但是她做的事能改变很多人的命运。
5. 我独自一人在_____里走了三天，第四天终于看见了一个房子，_____。
6. 午休时，同事们常常聚在一起，一边吃午饭，一边_____。

第167页心理测验说明

孔雀代表你的伴侣、爱人，老虎代表你对金钱和权力的欲望，大象代表你的父母，狗代表你的朋友，猴子代表你的子女。这个问题的答案代表你在很困难的情况下会首先放弃什么。

16 你丈夫真好

词语表

1	灵活	línghuó	（形）	nimble; agile
	◎ 头脑很~/动作非常~			
2	疲劳	píláo	（形）	很累 tired
	◎ 身体很~/感到非常~/~的样子			
3	出门	chū mén		离开自己的家去外面 to go out
	◎ ~办事/很少~			
	① 今天有雨，~得带伞。/② 妈妈要出一趟门，让哥哥照顾好弟弟。			
4	自从※	zìcóng	（介）	从（表示时间）since
5	尽量※	jǐnliàng	（副）	to the best of one's ability
6	乘	chéng	（动）	to ride in (on) a train (bus / ship / plane)
	◎ ~车/~船/~飞机			
7	临	lín	（副）	很快要…… be about to; on the point of (*used before a verb or a verbal phrase*)
	◎ ~……前/~……时/~……的时候/~走以前/~考试			
8	肩	jiān	（名）	shoulder
9	转	zhuǎn	（动）	to turn
	◎ ~身/~过头（去）/向左~/向后~			
10	大姐	dàjiě	（名）	对比自己大一点儿的女子的称呼 elder sister (*used to address a female who is slightly elder than the speaker*)

11 道谢	dào xiè		说谢谢	to express one's thanks

◎ 向……~/道个谢

12 歇	xiē	（动）	休息	to have a rest

◎ ~一~/~一会儿

13 距离	jùlí	（名）		distance

① ~太远，看不清楚。/② 从宿舍到东门和到南门的~差不多。/③ 开车时，要注意汽车和汽车之间的~。/④ 虽然现在人们有手机、电脑，可人与人之间的~好像越来越远了。

14 步	bù	（名）	走路时两脚之间的距离	step

① 从我家往东走几~就是一个大商店，买东西非常方便。/② 孩子不能离开妈妈一~。

15 要命※	yào mìng			extremely; awfully

◎ 贵得~/冷得~/紧张得~/怕得~

16 汗	hàn	（名）	皮肤中出来的水	sweat

◎ 出~/流~/擦~

17 意外	yìwài	（形）	没想到	unexpected

① 对这次的比赛结果，大家都感到很~。/② 小王去旅行的时候，认识了他后来的妻子，真是~的收获。

		（名）	没想到的事情	unexpected incident

◎ 发生~/出现~

18 理解	lǐjiě	（动）		to understand; to comprehend

① 我爸爸说他不~现在的年轻人为什么老换工作。/② 小张~错了丽丽的意思，丽丽并不爱他。/③ 我这样做是没办法，希望大家能~我。

19 夸	kuā	（动）		to praise

◎ 过去中国的父母很少~自己的孩子。

20 围	wéi	（动）		to surround; to encircle

① 他脖子上~了一条红围巾（wéijīn, scarf）。/② 学生们~着老师问问题。/③ 孩子们~着圣诞老人要礼物。

21 却	què	（副）	但是，可是	but; yet

① 年轻的时候想旅行~没钱，老了以后有钱了~又不想旅行了。/② 大家都反对这样做，小王~非常积极。/③ 虽然南京是我的老家，可我~从没去过。

| 22 | 自动 | zìdòng | （形） | automatic |

◎ ~门 / ~开关

| | | | （副） | automatically; of one's own accord |

◎ ~处理

① 看到一个老人上了车，大家都~地给他让座。/ ② 主人进来以后，大家都~站了起来。

| 23 | 铺 | pū | （动） | to pave; to extend |

① 学校前面在~路，不能走。/ ② 新的铁路明年才能~完。/ ③ 把地图~在桌子上。

| 24 | 感动 | gǎndòng | （形） | moved; touched |

① 这个爱情故事让我~得要命。② 看到父母为自己做的一切，丽丽~得哭了。

| | | | （动） | to move; to touch |

◎ 生病的时候男主角（zhǔjué, leading role）照顾她，陪她，最后男主角~了女主角，他们俩结婚了。

| 25 | 心情 | xīnqíng | （名） | mood |

① ~的好坏跟天气有关系。/ ② 我能理解你的~，但我帮不了你。/ ③ 听到孩子得了第一名的消息，父母~非常激动。

| 26 | 美好 | měihǎo | （形） | lovely; beautiful |

◎ ~的生活 / ~的感情 / ~的愿望 / ~的未来

① 世界真~！/ ② 大家一起努力，把我们的城市建设得更加~。

| 27 | 糊涂 | hútu | （形） | 脑子不清楚　muddled; confused |

① 我爷爷90岁了，脑子一点儿也不~。/ ② 他真~，记错了上课的时间。

| 28 | 先后※ | xiānhòu | （副） | one after another; successively |

| 29 | 称赞 | chēngzàn | （动） | to praise; to commend |

① 我的朋友们都~中国的绿茶好喝。/ ② 大家都~小王是个好丈夫。

| 30 | 拥挤 | yōngjǐ | （形） | 很多人或车在一起　crowded |

① 上班时间的公共汽车里非常~。/ ② 买汽车的人越来越多，交通也越来越~。/ ③ 孩子在~的人群中走丢了。

| 31 | 扶 | fú | （动） | to help sb. up; to support with one's hands |

① 护士~着病人。/ ② 小王~着爷爷散步。/ ③ 你~住桌子，我上去修一下电灯。

| 32 面 | miàn | （名） | 脸（一般不单用） face (generally not used alone) |

◎ ~带笑容

| 33 细心 | xìxīn | （形） | careful; attentive |

① 姐姐和妹妹长得一模一样，~的人才能发现她们的眼睛有点儿不同。/② 考试的时候要~一点儿。/③ 老张做事特别~。

| 34 挥 | huī | （动） | to wave; to wield |

◎ ~手

◎ 导游~着小旗（qí, flag）招呼我们。

| 35 告别 | gàobié | （动） | 说再见 to bid farewell to; to part from |

① 小王~了父母和朋友，离开了老家。/② 总统和大家挥手~。

| 36 嚷 | rǎng | （动） | 大声地喊 to shout; to yell |

① 别~了，旁边的班在考试。/② 丽丽大声~着告诉所有人自己要结婚的消息。/③ 他们俩~了一晚上，吵得邻居都睡不了觉。

| 37 背 | bèi | （名） | back of body |

◎ ~疼

| 38 粘 | zhān | （动） | to paste; to glue |

◎ 我的书有点儿破了，要~一下。

| 39 撕 | sī | （动） | to tear |

◎ ~了一张纸/~破/~碎/~开信封/~邮票

◎ 爬山的时候，他的衣服~破了。

| 40 姐夫 | jiěfu | （名） | 姐姐的丈夫 elder sister's husband; brother-in-law |

用刚学过的词语回答下面的问题：

1. 星期一到星期五，哪一天你最疲劳？

2. 周末你常常出门吗？

3. 朋友有困难的时候你会帮忙吗？（尽量）

4. 你家到你以前的中学距离远吗？你怎么去？（乘）

5. 你什么时候最忙？（临）

6. 来中国以后，什么事情让你觉得意外？

7. 你觉得世界上不同国家和地区的人能互相理解吗？

8. 你觉得父母常常夸孩子好吗？

9. 什么事情让你感动过?
10. 心情不好的时候你会做什么?
11. 你做过糊涂事吗?
12. 老师怎样才能让学生更有信心?(称赞)
13. 你们家人谁最细心?
14. 你来中国留学以前向哪些人告别了?
15. 你在中国遇到过中国人对你嚷嚷吗?

课文

◎ 作为一个好丈夫或好妻子,你认为他(她)应该有什么样的条件,选出最重要的三个条件,并排出它们的顺序:

例如:好看、聪明、有钱、性格好、爱自己的妻子(丈夫)、工作好、跟丈夫(妻子)有相同的爱好、会做家务、浪漫等

好丈夫

好妻子

你丈夫真好

一 读课文第1—6段,回答下面的问题

1. 奇奇平时出门多吗?为什么?
2. 今天奇奇要出门干什么?她怎么去?

【1】 奇奇怀孕已经九个月了,动作越来越不灵活,而且很容易感到疲劳,因此出门也越来越不方便。自从怀孕以后,丈夫就尽量不让奇奇出门,需要买东西时,丈夫都会替她想好、买好。今天是奇奇妈妈的生日,丈夫要上班,所以奇奇自己一个人乘公共汽车回她父母家。临出门前,丈夫让奇奇坐车的时

候小心一点儿。

【2】　奇奇去车站等公共汽车。刚走到车站，后面就有人轻轻拍她的肩。奇奇转过身，一个漂亮的姑娘指着车站上的长椅说："大姐，你坐吧。"

【3】　奇奇连忙道谢坐下。她真的很想坐下来歇一会儿，虽然从家到车站的距离不远，才几十步路，可已经累得要命了，还出了好多汗。

【4】　"你丈夫真好！"漂亮姑娘笑着说。

【5】　奇奇有些意外，她不理解这姑娘为什么夸自己的丈夫。

【6】　公共汽车来了，围住车门的人却都不上，自动让出一条路，这条路一直铺到奇奇脚下。奇奇的脸红了，她不停地说着："谢谢！谢谢！"

【7】　奇奇上了车，很快，一个小伙子站了起来，让出了自己的座位。奇奇坐了下来，心里非常感动。今天是妈妈的生日，今天太阳特别好，心情也好，生活真美好！

【8】　"你丈夫真好！祝你们幸福！"小伙子下车时突然说。

【9】　奇奇说："谢谢！"心里却更糊涂了，先后听到好几个人说自己的丈夫好，他们怎么知道的呢？不过听人称赞自己的丈夫，奇奇当然非常高兴。

【10】　到了站，奇奇站起来，拥挤的汽车里又让出一条路。一位大姐扶着奇奇下了车。周围的人们都面带微笑，羡慕地看着她下车。

【11】　"你爱人真细心！"下车以后，那位大姐说道，"好人一生平安！"

3. 到车站的时候，发生了什么事情？奇奇为什么感到意外？

4. 汽车到了车站，又发生了什么事情？

5. 在你们国家，老人、孩子和怀孕的妇女坐公共汽车方便吗？他们可以得到特别的照顾吗？

二 读课文第7—15段，回答下面的问题

1. 奇奇上车后发生了什么事情？

2. 车上很多人称赞奇奇，对吗？

3. 请你说说奇奇在车上的心情。

4. 车到站后，人们是怎么帮助奇奇的？

16 你丈夫真好

5. 奇奇的妹妹为什么大声嚷？

6. 猜一猜这张纸条上写的是什么，把答案写在下面：
_____
_____

【12】　"谢谢！"奇奇心里高兴极了，车上的人都向她挥手告别。

【13】　奇奇到了家。这时，小妹大嚷了一声，大家都跑了过来，原来奇奇背后粘着一张纸条，小妹小心地撕了下来，小声地念：

？？？？？？？？？？？？？？

【14】　"姐夫真好！"小妹一脸的羡慕。

【15】　奇奇感动得流下了眼泪。

（根据一冰《你丈夫真好》改写，《读者》2001年第4期）

三 晚上丈夫回来后，奇奇告诉他白天发生的事，下面是奇奇对丈夫说的一段话，排出正确的顺序

☐ 刚到车站，就有一个漂亮姑娘让我坐到长椅上。
☐ 他下车时还夸你，说祝我们俩幸福。
☐ 她还跟我说："你丈夫真好。"我当时吃了一惊，因为我没见过这个姑娘。
☐ 早上你走了一会儿，我就出门了。
☐ 到了妈那儿，小妹看到我就嚷了起来，还给我撕下了背上的纸条。
☐ 从咱家走到车站，这点儿路我就累得要命，身上都出汗了。
☐ 车来了以后，大家都主动让我先上。我一上车，就有个小伙子给我让座。
☐ 我才明白了为什么大家都知道我有个好丈夫。
☐ 那个女的又夸你真细心。弄得我越来越糊涂，说了很多"谢谢"，可是不知道为什么大家都知道你好。
☐ 到了站后，车上的人都给我让路，一起下车的一个女的还扶着我。

四 在你的国家，女的从怀孕到生孩子，可以得到什么特别的照顾（如工作的人可以休一段时间假等）

五 有人说"婚姻是爱情的坟墓（fénmù，tomb）"，你同意这样的说法吗？为什么

语言点

1 自从

> 自从怀孕以后，丈夫就尽量不让奇奇出门。
>
> 相当于"从"，表示时间的起点，一般只用于过去。后边多跟动词性短语或表示时间的短语。例如：
>
> ① 自从去年9月起，我一直没有游过泳。
> ② 王老师自从10年前就一直在教汉语。
> ③ 自从大学毕业以后，我只回过一次母校。
> ④ 小王自从结了婚就再也没喝过酒。
> ⑤ 自从有了互联网（hùliánwǎng，internet），人们的生活发生了很大的改变。

◎ 完成下面的句子：

1. 自从高中毕业后，＿＿＿＿＿＿＿＿＿＿＿＿＿＿＿＿＿＿＿＿。
2. 自从来了中国，＿＿＿＿＿＿＿＿＿＿＿＿＿＿＿＿＿＿＿＿＿。
3. 自从认识了他（她），＿＿＿＿＿＿＿＿＿＿＿＿＿＿＿＿＿。
4. ＿＿＿＿＿＿＿＿＿＿＿＿＿＿＿＿，我就没有去过那儿。
5. ＿＿＿＿＿＿＿＿＿＿＿＿＿＿＿＿，我就没见到过这位朋友。
6. ＿＿＿＿＿＿＿＿＿＿＿＿，我一直在努力＿＿＿＿＿＿＿＿。

2 尽量

> 自从怀孕以后，丈夫就尽量不让奇奇出门。
>
> 表示在一定的范围之内力求达到最大的限度。例如：
>
> ① 我明天尽量早点儿来。
> ② 阅读汉语文章的时候，尽量不要查字典。
> ③ 不论你有什么困难，我们都会尽量帮你。
> ④ 这件事会让爸爸很生气，所以我尽量不让他知道。
> ⑤ 现代社会，如果希望找到一份好工作，你就要尽量提高自己的能力。

（一）用"尽量"给你（未来）的孩子写几条建议

1.
2.
3.

（二）一个朋友要去你的老家玩儿，你给他提几条建议

1.
2.
3.

3 ……得要命

才几十步路，可已经累得要命了。

常用在形容词或者表心理活动的动词后面，表示程度达到极点。例如：

困得要命　　　　饿得要命　　　　吵得要命
贵得要命　　　　挤得要命　　　　脏得要命
难听得要命　　　紧张得要命

① 奇奇心里感动得要命。
② 一个多星期都没有孩子的消息，妈妈担心得要命。

形容词/动词 + 得 + 要命

◎ 选用上面例子里的短语完成下面的句子：

1. 昨天我只睡了三个小时，所以上课的时候　　　　　　。
2. 小王昨天早饭、午饭都没吃，下午　　　　　　。
3. 这个星期有两个大的考试，　　　　　　。
4. 我住的地方对着一条大马路，每天　　　　　　。
5. 上下班的时候，公共汽车和地铁都　　　　　　。
6. 那个饭馆儿的菜价　　　　　　。

4 却

> 公共汽车来了,围住车门的人却都不上。
>
> 加强转折语气,常和"虽然……但是/不过/可是……"搭配使用。例如:
>
> ① 奇奇说:"谢谢!"心里却更糊涂了。
> ② 女孩儿觉得男孩儿会喜欢红玫瑰,可是男孩儿却失望地说:"那不是太累了吗?"
> ③ 他让我别迟到,但他自己却迟到了。
> ④ A:什么是爱?
>   B:爱就是她把你气得要命,你却不对她嚷嚷。因为你怕她伤心。
>
> ▲ 注意:"却"必须放在动词短语或形容词短语前边,不能放在名词性成分前边,例如,不能说"他让我别迟到,却他自己迟到了"。

◎ 完成下面的句子:

1. 大家都喜欢晚上喝酒,＿＿＿＿＿＿＿＿＿＿＿＿＿＿＿＿＿＿＿＿。
2. 他来中国的时间虽然不长,＿＿＿＿＿＿＿＿＿＿＿＿＿＿＿＿＿＿＿＿。
3. 爷爷的病很严重,大家都很担心,＿＿＿＿＿＿＿＿＿＿＿＿＿＿＿＿。
4. 北方人喜欢先吃饭,再喝汤,＿＿＿＿＿＿＿＿＿＿＿＿＿＿＿＿＿＿。
5. 年轻的时候想旅行却没钱,＿＿＿＿＿＿＿＿＿＿＿＿＿＿＿＿＿＿。
6. 我们常常让孩子不要这样,不要那样,＿＿＿＿＿＿＿＿＿＿＿＿＿＿。

5 先后

> 奇奇先后听到好几个人说自己的丈夫好。
>
> 动作、行为或事件在一段时间内前后相继发生或出现。句中常有数量结构。"先后"可以用于同一主语,如例句①③④;也可以用于不同主语,如例句②。例如:
>
> ① 我的朋友先后换过五次工作,他对现在的工作比较满意。
> ② 知道我们学校打算买新电脑以后,三家电脑公司的人先后来学校访问。
> ③ 他先后向我借了一万块钱,到现在也没还给我。
> ④ 我的同屋先后丢了三部新手机,所以他现在用一个旧的。

(一) 回答下面的问题,需要时请使用"先后"

1. 除了中国,你还去过哪些国家?
＿＿＿＿＿＿＿＿＿＿＿＿＿＿＿＿＿＿＿＿＿＿＿＿＿＿＿＿＿＿＿＿＿＿＿＿
＿＿＿＿＿＿＿＿＿＿＿＿＿＿＿＿＿＿＿＿＿＿＿＿＿＿＿＿＿＿＿＿＿＿＿＿

2. 来中国以后你去过哪些地方？

3. 你去得最多的饭馆儿是哪家？你去过多少次？

4. 你去得最多的商店是哪家？你去过多少次？

5. 你去得最多的酒吧是哪家？你去过多少次？

6. 你去得最多的银行是哪家银行？你去过多少次？

7. 你看过中国电影吗？看过哪些？

8. 最近十年你有什么收获？

9. 你们班的同学，有人去你房间玩儿过吗？

10. 你有很努力做但是没有成功的事情吗？

（二）下面是王大伟的简历，用"先后"介绍一下他的经历

王大伟

2002—2006	在美国上大学
2006—2009	在英国读研究生
2009—2011	在中国学汉语
2011—2013	美国IBM公司工程师
2013—2016	香港IBM公司经理
2016—2020	上海大学教授
2020—现在	北京大学教授

例如：他先后学过汉语和日语。

拓展学习

一 阅读下边的句子，说说画线词语的意思

1. 爷爷奶奶是<u>青梅竹马</u>，他们俩一生<u>相亲相爱</u>、<u>白头偕老</u>。
2. 罗密欧与朱丽叶<u>一见钟情</u>，但两人没能<u>白头偕老</u>。
3. 《全世界最好的你》这首歌唱出了<u>青梅竹马</u>的双向暗恋（ànliàn, unrequited love）。
4. 两家公司已"<u>同床异梦</u>"多年，最近停止了合作（hézuò, cooperation）。
5. 小王：丽丽，好久不见，我想你了。
   丽丽：咱们不是昨天才见过吗？
   小王：<u>一日不见，如隔三秋</u>。

二 回答下列问题

1. 每个人都有自己的青梅竹马，你同意吗？
2. 你觉得一见钟情的爱情能天长地久吗？
3. 谈谈你对以下情况的看法。
   ——单恋、暗恋、婚外恋
   ——在办公室谈情说爱
   ——在网上谈情说爱
   ——只谈情说爱、不结婚
4. 用上述跟婚恋有关的词语介绍一个著名的爱情故事，不要说出主人公的名字，让你的搭档猜一猜你的故事来自哪部文学作品或电影。

词语索引 Index of Words

	A		
1	爱好	àihào	7
2	爱情	àiqíng	15
3	安慰	ānwèi	15
4	按	àn	13

	B		
5	白菜	báicài	11
6	百万	bǎiwàn	10
7	半夜	bànyè	11
8	帮	bāng	15
9	帮忙	bāng máng	3
10	保留	bǎoliú	14
11	背	bèi	16
12	鼻子	bízi	1
13	比如	bǐrú	4
14	必要	bìyào	2
15	毕业	bì yè	1
16	避	bì	14
17	便	biàn	8
18	辫子	biànzi	9
19	标准	biāozhǔn	3
20	菠萝	bōluó	9
21	脖子	bózi	13
22	不好意思※	bù hǎoyìsi	8
23	不仅※	bùjǐn	1
24	不少	bù shǎo	2
25	不停	bù tíng	15
26	不一定※	bù yídìng	4
27	步	bù	16

	C		
28	猜	cāi	1
29	踩	cǎi	14
30	厕所	cèsuǒ	13
31	曾经※	céngjīng	3
32	叉(子)	chā(zi)	13
33	差异	chāyì	13
34	尝试	chángshì	6
35	唱片	chàngpiàn	7
36	吵	chǎo	8
37	吵架	chǎo jià	1
38	炒	chǎo	3
39	沉默	chénmò	15
40	称	chēng	10
41	称赞	chēngzàn	16
42	成功	chénggōng	6
43	成立	chénglì	9
44	成熟	chéngshú	6
45	成为	chéngwéi	9
46	承认	chéngrèn	6
47	城市	chéngshì	3
48	乘	chéng	16
49	吃惊	chī jīng	4
50	吃素	chīsù	1
51	翅膀	chìbǎng	11

52	重复	chóngfù	3		81	道路	dàolù	10
53	筹	chóu	10		82	道谢	dào xiè	16
54	臭	chòu	11		83	……的话※	……dehuà	12
55	出路	chūlù	10		84	灯	dēng	10
56	出门	chū mén	16		85	地方※	dìfang	4
57	出生	chūshēng	5		86	地区	dìqū	12
58	出现	chūxiàn	4		87	地图	dìtú	9
59	穿	chuān	14		88	地址	dìzhǐ	5
60	传统	chuántǒng	12		89	电脑	diànnǎo	1
61	创造	chuàngzào	10		90	调	diào	10
62	聪明	cōngming	9		91	调查	diàochá	11
63	从此	cóngcǐ	9		92	盯	dīng	7
64	从来※	cónglái	6		93	东奔西走	dōngbēn-xīzǒu	10
65	醋	cù	11		94	懂得	dǒngde	8
66	存在	cúnzài	14		95	动词	dòngcí	4
67	错误	cuòwù	14		96	动作	dòngzuò	3
		D			97	斗争	dòuzhēng	6
68	大胆	dàdǎn	8		98	豆腐	dòufu	11
69	大姐	dàjiě	16		99	独立	dúlì	6
70	大排档	dàpáidàng	11		100	肚	dǔ	3
71	代	dài	10		101	锻炼	duànliàn	2
72	代表	dàibiǎo	6		102	对	duì	5
73	担心	dān xīn	1		103	对待	duìdài	15
74	单	dān	5		104	对话	duìhuà	3
75	但	dàn	4		105	炖	dùn	11
76	当地	dāngdì	10		106	多少	duōshǎo	12
77	当年※	dāngnián	9		107	朵	duǒ	15
78	当时	dāngshí	5				**E**	
79	倒	dǎo	10		108	儿童	értóng	4
80	倒霉	dǎo méi	14		109	而※	ér	13

F

110	发	fā	1
111	发亮	fāliàng	7
112	发烧	fā shāo	10
113	法律	fǎlǜ	9
114	方	fāng	12
115	方式	fāngshì	13
116	方言	fāngyán	3
117	放	fàng	8
118	放弃	fàngqì	6
119	费用	fèiyòng	11
120	份	fèn	1
121	丰盛	fēngshèng	12
122	风俗	fēngsú	12
123	疯	fēng	8
124	佛像	fóxiàng	13
125	否则※	fǒuzé	13
126	夫妻	fūqī	5
127	扶	fú	16
128	符合	fúhé	11
129	富强	fùqiáng	9

G

130	改革	gǎigé	9
131	干杯	gān bēi	12
132	肝	gān	3
133	感动	gǎndòng	16
134	感激	gǎnjī	3
135	感觉	gǎnjué	15
136	感情	gǎnqíng	15
137	高级	gāojí	6
138	告别	gàobié	16
139	告诉	gàosu	3
140	革命	gémìng	9
141	各自	gèzì	5
142	根本※	gēnběn	7
143	根据※	gēnjù	10
144	公里	gōnglǐ	10
145	公司	gōngsī	1
146	共同	gòngtóng	7
147	古典	gǔdiǎn	7
148	古老肉	gǔlǎoròu	3
149	鼓励	gǔlì	8
150	故意※	gùyì	10
151	官	guān	11
152	光	guāng	12
153	逛	guàng	2
154	规定	guīdìng	9
155	过程	guòchéng	12

H

156	寒冷	hánlěng	11
157	汗	hàn	16
158	好景不长	hǎojǐng bù cháng	10
159	好久	hǎojiǔ	8
160	好	hào	3
161	合	hé	13
162	盒子	hézi	7
163	猴(子)	hóu(zi)	1
164	糊涂	hútu	16
165	护士	hùshi	5
166	环境	huánjìng	2

167	皇帝	huángdì	9
168	挥	huī	16
169	恢复	huīfù	1
170	回复	huífù	1
171	或	huò	12

J

172	几乎	jīhū	3
173	积极	jījí	6
174	激动	jīdòng	5
175	吉利	jílì	14
176	即使	jíshǐ	8
177	急	jí	3
178	急忙	jímáng	7
179	集中	jízhōng	11
180	记得	jìde	1
181	纪念	jìniàn	9
182	既……又……※	jì……yòu……	4
183	夹	jiā	12
184	家访	jiāfǎng	10
185	坚强	jiānqiáng	6
186	肩	jiān	16
187	剪	jiǎn	9
188	建立	jiànlì	10
189	将	jiāng	15
190	讲究	jiǎngjiu	12
191	交换	jiāohuàn	5
192	交流	jiāoliú	2
193	交通	jiāotōng	2
194	交响乐	jiāoxiǎngyuè	7
195	角	jiǎo	14
196	结婚	jié hūn	1
197	姐夫	jiěfu	16
198	解释	jiěshì	3
199	金	jīn	5
200	仅	jǐn	10
201	尽管※	jǐnguǎn	5,8
202	尽量※	jǐnliàng	16
203	禁止	jìnzhǐ	9
204	惊天动地	jīngtiān-dòngdì	15
205	惊喜	jīngxǐ	8
206	竞争	jìngzhēng	6
207	静	jìng	14
208	镜子	jìngzi	14
209	酒家	jiǔjiā	11
210	酒足饭饱	jiǔzú-fànbǎo	12
211	鞠躬	jū gōng	13
212	据说	jùshuō	11
213	距离	jùlí	16
214	卷	juǎn	5

K

215	开水	kāishuǐ	11
216	砍价	kǎn jià	2
217	烤	kǎo	11
218	烤鸭	kǎoyā	11
219	靠	kào	14
220	克隆	kèlóng	7
221	课堂	kètáng	3
222	肯※	kěn	11
223	肯定	kěndìng	1
224	空儿	kòngr	1

225	控制	kòngzhì	6		254	领导	lǐngdǎo	6
226	口水	kǒushuǐ	14		255	另	lìng	4
227	口味	kǒuwèi	11		256	流利	liúlì	3
228	口音	kǒuyīn	3		257	录音机	lùyīnjī	8
229	夸	kuā	16			**M**		
230	困难	kùnnan	10		258	满足	mǎnzú	15
	L				259	玫瑰	méigui	15
231	辣	là	9		260	美好	měihǎo	16
232	来自	láizì	14		261	美丽	měilì	8
233	懒	lǎn	6		262	梦	mèng	8
234	浪漫	làngmàn	8		263	梦想	mèngxiǎng	6
235	老(是)※	lǎo (shì)	2		264	迷	mí	8
236	老百姓	lǎobǎixìng	9		265	迷信	míxìn	14
237	老板	lǎobǎn	1		266	面	miàn	16
238	乐观	lèguān	6		267	名	míng	10
239	冷静	lěngjìng	6		268	名词	míngcí	4
240	离婚	lí hūn	14		269	明白	míngbai	2
241	礼貌	lǐmào	13		270	明亮	míngliàng	5
242	理解	lǐjiě	16		271	命运	mìngyùn	6
243	理想	lǐxiǎng	6		272	摸	mō	3
244	立即	lìjí	15		273	母语	mǔyǔ	4
245	例如	lìrú	2		274	木头	mùtou	14
246	俩	liǎ	7		275	目不转睛	mùbùzhuǎnjīng	5
247	连忙※	liánmáng	8			**N**		
248	亮	liàng	10		276	耐心	nàixīn	11
249	聊天儿	liáo tiānr	3		277	难道※	nándào	7
250	邻居	línjū	8		278	难民	nànmín	6
251	临	lín	16		279	脑子	nǎozi	7
252	临时	línshí	9		280	闹笑话	nào xiàohua	12
253	灵活	línghuó	16		281	内向	nèixiàng	6

282	年龄	niánlíng	6
283	年轻	niánqīng	9
284	年长	nián zhǎng	12

P

285	陪	péi	12
286	盆	pén	13
287	皮肤	pífū	5
288	疲劳	píláo	16
289	贫穷	pínqióng	10
290	品尝	pǐncháng	11
291	平安	píng'ān	14
292	平等	píngděng	9
293	平时	píngshí	9
294	铺	pū	16
295	普通	pǔtōng	10
296	普通话	pǔtōnghuà	3

Q

297	妻子	qīzi	10
298	期间	qījiān	10
299	其中	qízhōng	11
300	奇迹	qíjì	10
301	千万※	qiānwàn	13
302	钱财	qiáncái	14
303	巧	qiǎo	7
304	茄子	qiézi	1
305	亲	qīn	5
306	亲爱	qīn'ài	13
307	亲戚	qīnqi	5
308	轻松	qīngsōng	6
309	请客	qǐng kè	12
310	去世	qùshì	10
311	圈	quān	13
312	全	quán	10
313	劝	quàn	12
314	缺乏	quēfá	14
315	却	què	16
316	确定	quèdìng	4

R

317	燃	rán	10
318	嚷	rǎng	16
319	热爱	rè'ài	8
320	人民	rénmín	9
321	任何※	rènhé	13
322	扔	rēng	7
323	如果	rúguǒ	3
324	如何	rúhé	15
325	入乡随俗	rùxiāng-suísú	13
326	入学	rù xué	2
327	入座	rù zuò	12

S

328	扫	sǎo	14
329	山路	shānlù	10
330	闪电	shǎndiàn	15
331	伤心	shāng xīn	5
332	商场	shāngchǎng	1
333	烧	shāo	7
334	蛇	shé	11
335	设计	shèjì	1
336	伸	shēn	15
337	神	shén	9

338	神圣	shénshèng	13
339	生气	shēng qì	1
340	生意	shēngyi	14
341	剩	shèng	12
342	失恋	shī liàn	15
343	失去	shīqù	14
344	失望	shīwàng	15
345	十分	shífēn	10
346	食品	shípǐn	13
347	屎	shǐ	14
348	适应	shìyìng	2
349	室内	shìnèi	14
350	收获	shōuhuò	2
351	手工	shǒugōng	7
352	手绢	shǒujuàn	14
353	手续	shǒuxù	2
354	手指	shǒuzhǐ	13
355	首先	shǒuxiān	2
356	瘦	shòu	1
357	蔬菜	shūcài	9
358	熟悉	shúxi	2
359	数字	shùzì	14
360	摔跤	shuāi jiāo	10
361	涮	shuàn	11
362	双	shuāng	5
363	水深火热	shuǐshēn-huǒrè	9
364	顺利	shùnlì	14
365	顺序	shùnxù	4
366	说明	shuōmíng	6
367	撕	sī	16
368	死亡	sǐwáng	14
369	素菜	sùcài	1
370	随便	suíbiàn	12
371	碎	suì	7
372	所※	suǒ	15

T

373	特点	tèdiǎn	12
374	特殊	tèshū	12
375	梯子	tīzi	14
376	题	tí	2
377	替※	tì	3
378	填	tián	2
379	调料	tiáoliào	11
380	……通	……tōng	2
381	通常	tōngcháng	4
382	通过	tōngguò	4
383	同时	tóngshí	2
384	统治	tǒngzhì	9
385	痛苦	tòngkǔ	2
386	头	tóu	2
387	土豆	tǔdòu	11

W

388	外地	wàidì	11
389	外向	wàixiàng	6
390	玩具	wánjù	5
391	网	wǎng	2
392	往往※	wǎngwǎng	12
393	微笑	wēixiào	5
394	围	wéi	16
395	唯一	wéiyī	5

#	词	拼音	课
396	维持	wéichí	15
397	伟大	wěidà	7
398	为	wèi	10
399	胃	wèi	13
400	问候	wènhòu	13

X

#	词	拼音	课
401	西红柿炒鸡蛋	xīhóngshì chǎo jīdàn	3
402	细心	xìxīn	16
403	下水	xiàshui	3
404	先后(※)	xiānhòu	12, 16
405	显然	xiǎnrán	15
406	县	xiàn	9
407	限制	xiànzhì	15
408	羡慕	xiànmù	8
409	献	xiàn	15
410	相当※	xiāngdāng	7
411	相互	xiānghù	13
412	相近	xiāngjìn	14
413	相同	xiāngtóng	4
414	享受	xiǎngshòu	6
415	想法	xiǎngfǎ	10
416	想象	xiǎngxiàng	2
417	消失	xiāoshī	14
418	小吃	xiǎochī	11
419	小说	xiǎoshuō	9
420	校长	xiàozhǎng	10
421	歇	xiē	16
422	心不在焉	xīnbúzàiyān	7
423	心里	xīnli	15
424	心理	xīnlǐ	4
425	心情	xīnqíng	16
426	新鲜	xīnxiān	11
427	兴奋	xīngfèn	7
428	形象	xíngxiàng	14
429	形状	xíngzhuàng	7
430	胸	xiōng	13
431	修	xiū	7
432	修理	xiūlǐ	7
433	许多	xǔduō	10
434	……学	……xué	4
435	雪白	xuěbái	5
436	血压	xuèyā	1

Y

#	词	拼音	课
437	严肃	yánsù	3
438	眼泪	yǎnlèi	14
439	眼皮	yǎnpí	5
440	眼前	yǎnqián	15
441	仰	yǎng	15
442	要求	yāoqiú	6
443	邀请	yāoqǐng	12
444	摇	yáo	13
445	要命※	yào mìng	16
446	业余	yèyú	7
447	一连	yìlián	1
448	一路平安	yílù píng'ān	14
449	一模一样	yìmú-yíyàng	7
450	一生	yìshēng	15
451	一心	yìxīn	10
452	医学	yīxué	9
453	依靠	yīkào	15

#	词	拼音	页
454	以来	yǐlái	10
455	意外	yìwài	16
456	意义	yìyì	12
457	因	yīn	10
458	因此※	yīncǐ	15
459	印象	yìnxiàng	6
460	拥抱	yōngbào	13
461	拥挤	yōngjǐ	16
462	永远	yǒngyuǎn	15
463	优美	yōuměi	8
464	尤其※	yóuqí	2
465	由于※	yóuyú	3
466	有用	yǒuyòng	3
467	预示	yùshì	14
468	预习	yùxí	2
469	原因	yuányīn	1
470	愿望	yuànwàng	9
471	阅读	yuèdú	2
472	晕	yūn	10
473	运气	yùnqi	14

Z

#	词	拼音	页
474	噪音	zàoyīn	8
475	粘	zhān	16
476	蘸	zhàn	11
477	长相	zhǎngxiàng	5
478	丈夫	zhàngfu	5
479	招呼	zhāohu	12
480	照	zhào	10
481	哲学	zhéxué	9
482	睁	zhēng	15
483	证明	zhèngmíng	14
484	之后※	zhīhòu	7
485	之间※	zhījiān	7
486	之类	zhīlèi	4
487	之前※	zhīqián	7
488	直	zhí	3,5
489	制定	zhìdìng	9
490	治	zhì	9
491	终于	zhōngyú	7
492	重视	zhòngshì	13
493	主持	zhǔchí	3
494	主动	zhǔdòng	13
495	主人	zhǔrén	12
496	煮	zhǔ	7
497	抓	zhuā	13
498	专家	zhuānjiā	4
499	转	zhuǎn	16
500	状况	zhuàngkuàng	6
501	准确	zhǔnquè	2
502	紫	zǐ	4
503	自从※	zìcóng	16
504	自动	zìdòng	16
505	自由	zìyóu	8
506	宗教	zōngjiào	13
507	棕	zōng	4
508	总而言之	zǒng'éryánzhī	4
509	总统	zǒngtǒng	9
510	租	zū	8
511	足够	zúgòu	3
512	醉	zuì	12

513	尊敬	zūnjìng	13	517	作用	zuòyòng	15
514	遵守	zūnshǒu	13	518	座位	zuòwèi	12
515	左右※	zuǒyòu	4	519	做法	zuòfǎ	1
516	作为※	zuòwéi	10	520	做客	zuò kè	12

专名 Proper Nouns

A
1	澳门	Àomén	9

B
2	巴基斯坦	Bājīsītǎn	13
3	保加利亚	Bǎojiālìyà	13
4	北京	Běijīng	1
5	贝多芬	Bèiduōfēn	7
6	博茨瓦纳	Bócíwǎnà	13

C
7	长城	Chángchéng	1

D
8	德国	Déguó	4
9	东北	Dōngběi	3
10	东南亚	Dōngnán Yà	13

E
11	俄罗斯	Éluósī	13

F
12	非洲	Fēizhōu	13
13	佛教	Fójiào	13

G
14	故宫	Gùgōng	1
15	广东	Guǎngdōng	9
16	广州	Guǎngzhōu	9

H
17	哈尔滨	Hā'ěrbīn	1
18	杭州	Hángzhōu	11
19	黑龙江	Hēilóngjiāng	10

L
20	林肯	Línkěn	14
21	柳州	Liǔzhōu	11

M
22	马里	Mǎlǐ	13
23	莫扎特	Mòzhātè	7

Q
24	秦始皇兵马俑	Qínshǐhuáng Bīngmǎyǒng	1
25	清朝	Qīngcháo	9

R
26	日本	Rìběn	4

S
27	山西	Shānxī	11
28	圣诞节	Shèngdàn Jié	1
29	四川	Sìchuān	11
30	苏州	Sūzhōu	11
31	孙中山（孙文、孙逸仙）	Sūn Zhōngshān (Sūn Wén, Sūn Yìxiān)	9

T
32	泰国	Tàiguó	13

		W	
33	无锡	Wúxī	11
		X	
34	西安	Xī'ān	1
35	香山	Xiāngshān	9
		Y	
36	意大利	Yìdàlì	4

37	印度	Yìndù	13
38	云南	Yúnnán	10
		Z	
39	张桂梅	Zhāng Guìméi	10
40	中东	Zhōngdōng	13
41	中华民国	Zhōnghuá Mínguó	9

语言点索引 Index of Language Points

B	
比较	6
并不+动词/形容词 并没（有）+动词	12
不……不……	14
不得不	11
不过	1
不好意思	8
不仅……而且……	1
……不了	5
不如	3
不一定	4
不一会儿	7
C	
曾经	3
从来	6
D	
当时、当年	9
的、地、得	3
……的话	12
……得要命	16
地方	4
动词+得起/不起	11
动词+起来	11
动词+上	9
E	
而	13

F	
……方面	9
否则	13
G	
根本	7
根据	10
H	
好好儿	2
J	
即使……也……	8
既……又……	4
尽管	8
尽管……可（是）……	5
尽量	16
K	
可	14
肯	11
L	
老（是）	2
离合词	1
连忙	8
N	
难道	7
Q	
起来	5
千万	13

语言点索引

却	16
R	
任何	13
S	
时段表达法	1
所	15
T	
替	3
W	
往往	12
为	10
为了	6
X	
先后	16
相当	7
Y	
一……也不/没……	2

以来	10
以……为主	11
因此	15
尤其	2
由于	3
于是	15
Z	
再+形容词	15
长不高、要不回来	14
长得/长着……	5
之后、之前、之间	7
只要……就……	11
终于	15
自从	16
左右	4
作为	10

普通高等教育"十一五"国家级规划教材　　国际中文教育精品教材"1+2"工程　　博雅国际汉语精品教材

博雅汉语·准中级加速篇 I

Boya Chinese
Quasi-Intermediate

Third Edition ｜ 第三版

workbook 练习册

李晓琪　主编
黄　立　钱旭菁　编著

目录 CONTENTS

第1单元　单元练习 …………………………………………………………… 1

第2单元　单元练习 …………………………………………………………… 9

第3单元　单元练习 …………………………………………………………… 19

第4单元　单元练习 …………………………………………………………… 28

第5单元　单元练习 …………………………………………………………… 37

第6单元　单元练习 …………………………………………………………… 45

第7单元　单元练习 …………………………………………………………… 53

第8单元　单元练习 …………………………………………………………… 64

期中考试试题 ………………………………………………………………… 74

期末考试试题 ………………………………………………………………… 80

参考答案 ……………………………………………………………………… 86

第 1 单元　单元练习

一、说说下面的字有什么相同的部分，再写出几个这样的字

　　例如：说、谢：都有___讠___，这样的字还有：汉<u>语</u>、应<u>该</u>、圣<u>诞</u>、考<u>试</u>、认<u>识</u>、计<u>划</u>

　　　　忙、惯：都有_____，这样的字还有：_____

　　　　没、汽：都有_____，这样的字还有：_____

　　　　近、过：都有_____，这样的字还有：_____

　　　　茄、获：都有_____，这样的字还有：_____

二、组词

例如：

语	→	语言	汉语	母语	英语
电	→				
气	→				
要	→				
学	→				
习	→				

三、写短语

　　例如：　　　逛 <u>公园 / 商店 / 校园</u>　　　　　<u>写 / 一篇</u> 日记

　　　　明白 _____　　　　_____ 环境

　　　　适应 _____　　　　_____ 空儿

　　　　交流 _____　　　　_____ 手续

　　　　准确的 _____　　　　_____ 公司

四 填写合适的汉字

七___八___　　七___八___　　___七___八　　滴水___

春___秋___　　冬___夏___　　四季如___　　风___日___

五 根据意思写出四字短语

1. （房间、生活、心情……）很乱。（　　　　　）
2. 冬天不冷，夏天不热。（　　　　　）
3. 很多人同时说话。（　　　　　）
4. 每个季节都好像春天。（　　　　　）
5. 怕出现的情况或结果不好，心里很担心。（　　　　　）
6. 太阳很好，没有风。（　　　　　）
7. 天气非常冷，水到了空气中很快变成冰。（　　　　　）
8. 一年四季。（　　　　　）

六 选择合适的动词填空（有的词可以用多次）

| 帮忙 | 毕业 | 猜 | 吵 | 担心 | 逛 |
| 恢复 | 记得 | 结婚 | 生气 | 熟悉 | 想象 |

他和妻子是大学同学，大学___1___以后，他们很快就___2___了。___3___以后两个人好像没有___4___过一次架。___5___他们的人都说他们是最幸福的一对。但是最近妻子看了一部叫《手机》的电影以后，常常检查他的手机，他很___6___，两个人已经___7___了几次架了。

昨天是妻子的生日，他说好下班以后陪她一起去___8___一家新开的商场，然后请她吃饭。快要下班的时候，公司的女老板请他___9___修一下她的电脑。他不好意思说没空儿，只好帮她修。让这台电脑___10___工作花了他很长时间。修电脑的时候，他去了一次洗手间，手机放在老板的桌子上，老板帮他接了一个电话，但是电话里的人还没有说话，手机就没电了。他___11___那个电话是妻子来的，___12___妻子会生气，所以修好电脑马上坐出租车回家了。但是妻子没在家。他马上去找那家新开的商场，可是他不___13___商场准确的名字，等他找到那儿已经很晚了，商场已经关门了。

没办法，他只好回家。他一边走，一边____14____着妻子生气的样子。到了家，他发现家里乱七八糟的，妻子和一堆啤酒瓶在等着他。妻子的样子不是生气，而是痛苦。她一边喝酒，一边问他："你为什么不开手机？那个女人是谁？"

七 阅读短文，并完成后面的练习

很多人说汉字像画儿一样，实际上早期的很多汉字就是从画儿变来的，如"亻"（人）、"⊙"（日）、"木"（木）和"网"（网），这些字开始的时候就是最简单的画儿。人们一看就能明白它们的意思。

几千年过去了，汉字的形状已经有了很大变化。大部分汉字已经和原来完全不一样了。比如，"步"已经变成了"步"，"心"变成了"心"。所以，现在人们看到一个不认识的字时，已经很难根据它的形状想到它的意思了。

不过在学过一些汉字以后，现在你还有可能根据学过的这些字，猜到不少别的字的意思，比如，你学过"木"，就大概能猜到"森"的意思；学过"目"和"氵"，就能明白"泪"的意思；学过"木"和"人"，就容易明白"休"字。

很多汉字有两个部分，一个部分表示意义，一个部分表示声音，所以有些字除了能看出它的意思和什么有关系，你还能猜到它怎么读。如"钟"字，"钅"和它的意思有关，"中"是它的读音；再如"理"字，"王"和它的意思有关系，"里"是它的读音。不过，现在不少汉字的读音已经和原来不同了，如果你还根据字的一半读的话，就很可能读错。

汉字不仅样子、读音和以前不同了，而且数量也有了很大的发展。现在的汉字大约有七八万，不过最常用的差不多只有3000多个，掌握了这3000多个字，阅读一般的汉语书和文章就没有太大的问题了。

学习汉字应该掌握正确的方法。有些字不仅要知道现在怎么写，最好还要知道它们是怎么来的，每个部分是什么意思，这样才容易记住它怎么读、怎么写。

学习汉字能帮助你了解中国的历史和文化。如，学习了"杯"，你可以了解中国古代的杯子是木头的；学习了"想"，你可以知道中国古代人觉得自己是用心想问题的。汉字里的文化知识很多很多，所以学习汉字的同时，你还学习了许多别的知识。

在世界上，不仅中国人用汉字，日本人、韩国人和新加坡人等也使用汉字。

刚有电脑的时候，汉字的使用遇到了不少问题，但是，这些问题现在都已经解决了。

（一）根据文章回答下面的问题

1. 现在汉字的样子跟以前一样吗？

2. 现在人们已经不可能根据字的形状去猜字的意思了，对吗？

3. 举两个汉字的例子，它们的一边表示声音，一边表示意思。

4. 现在的汉字大约有多少？其中最常用的有多少？

5. 学习汉字要注意什么？

6. 学习汉字有什么好处？你觉得还有别的好处吗？

7. 除了中国，还有哪些国家使用汉字？

（二）猜一猜下面的汉字是什么意思

川　炎　焚　掰　闯　囚　鲥　淼

（三）分别写出下列汉字中代表字的读音和意义的部分

汉字	读音	意义	汉字	读音	意义
油			吵		
婚			瘦		
境			想		

八 写作：给你的家人或朋友发一个E-mail，谈谈你这两个星期的学习和生活

九 文化点滴

◎ 钟丽文今年快30岁了,她在一家公司工作。下面的表格中是不同的人对她的称呼,你觉得每种称呼可能有哪些人会用?

> A. 妈妈　　B. 老师　　C. 老板　　D. 好朋友　　E. 同事(岁数较大)
> F. 同事(岁数较小)　　G. 小学女同学　　H. 小学男同学　　I. 男朋友

称　呼	可能用这种称呼的人
钟丽文	A、B、C、E、G、H
丽文	
文文	
小文	
小钟	
老钟	
丽文姐	
蚊子	
文	

十 HSK专项练习

第1—7题:选词填空

> A. 份　　　　B. 网　　　　C. 逛　　　　D. 适应　　　　E. 交流
> F. 担心　　G. 乱七八糟　　H. 七上八下　　I. 七嘴八舌

1. 几个客人进了店里以后,_____ 地开始砍价。
2. 设计交给老板以后,我的心里_____ 的,_____ 老板不满意。
3. 奶奶说方言,孩子说英语,可是他们互相_____ 一点儿问题也没有。
4. 我现在住的地方不仅交通不方便,而且周围环境_____。
5. 我最好的朋友要结婚了,我打算送给他一_____ 特别的礼物。
6. 很多人现在去商场只_____ 不买,看上喜欢的东西回家在_____ 上买。
7. 新公司和我以前的公司很不一样,我需要尽快_____ 新的工作环境。

第8—12题：排列顺序

例如：A. 可是今天起晚了

　　　B. 平时我骑自行车上下班

　　　C. 所以就打车来公司　　　　　　　　　　　　　　　B A C

8. A. 尤其是孩子出生以后

　 B. 结婚以后，两人常常吵架

　 C. 除了孩子的事，两人很少交流　　　　　　　　　　_____

9. A. 也不会在网上跟人砍价

　 B. 例如他们不会用手机打车、看病

　 C. 年轻人很难想象现在老人生活的不方便　　　　　　_____

10. A. 她很瘦

　　B. 可是她的血压很高

　　C. 我奶奶从年轻的时候就开始吃素　　　　　　　　　_____

11. A. 不仅可以了解当地的生活

　　B. 而且可以买到当地好吃的东西

　　C. 我到一个地方很喜欢逛当地的菜市场　　　　　　　_____

12. A. 他们一分钟也不想等

　　B. 所以如果你两三个小时以后回复，可能就得先说对不起了

　　C. 很多人希望给你发了微信以后你马上回复他　　　　_____

第13—17题：完成句子

例如：那座桥　800年的　历史　有　了

　　　那座桥有800年的历史了。

13. 也　　在网上　　买东西　　砍价　　可以

　　_____

14. 冬天　早上　锻炼　起床　太痛苦了

　　_____

15. 老 他 发 给我 E-mail

16. 还 我们 高中毕业 常见面 头两年

17. 熟悉的 老人 环境 离开 不愿意 大多数

第18题：请结合下列词语，写一个80字左右的段落

收获 首先 尤其 不仅 例如

第 2 单元　单元练习

一　说说下面的字有什么相同的部分，再写出几个这样的字

例如：肚、脏：都有 __月__ ，这样的字还有：<u>肝、脸、腿、脚</u>

晚、明：都有_____，这样的字还有：_____

经、结：都有_____，这样的字还有：_____

如、好：都有_____，这样的字还有：_____

机、杯：都有_____，这样的字还有：_____

二　组词

解	→	☐	☐	☐	☐
感	→	☐	☐	☐	☐
流	→	☐	☐	☐	☐
词	→	☐	☐	☐	☐
课	→	☐	☐	☐	☐
通	→	☐	☐	☐	☐

三　填写合适的量词

一____公司　　　一____电脑　　　一____照片

一____饭馆儿　　一____动作　　　一____专家

一____方法　　　一____课　　　　一____话

四　填写合适的名词

例如：　正式的 <u>服装 / 会议</u>

　　　有用的 _____　　　严肃的 _____

　　　流利的 _____　　　标准的 _____

　　　足够的 _____　　　相同的 _____

五 从下列词语中分别选出后边可以加"学"和"家"的词，并写在相应的位置上

| 心理 | 音乐 | 家庭 | 教育 | 语言 | 历史 | 小说 | 社会 |
| 画 | 物理 | 新闻 | 经济 | 药 | 电脑 | 政治 | 生活 |

（一）可以加"学"的词

例如：心理学、语言学

_____

_____

（二）可以加"家"的词

例如：音乐家、画家

_____

_____

六 选择合适的动词填空

| 摸 | 好 | 告诉 | 重复 | 解释 | 感激 | 对话 | 确定 | 吃惊 |

1. 他们俩打算结婚，但什么时候结还没_____。

2. 我刚来中国的时候不敢和中国人_____。

3. 下面这些词语是什么意思？请你_____一下。

4. 每个生词老师先读一遍，老师读完以后，我们再_____一遍。

5. 明明的脸红红的，好像感冒了。妈妈_____了一下他的头，原来是发烧了。

6. 小王虽然是个年轻人，但是_____静不_____动，就喜欢待在房间里看书，不喜欢运动。

7. 昨天坐出租车的时候，我把包忘在车上了，出租车司机很快跟我联系，给我送来了包。我非常_____这位司机师傅。

8. 听说中国的中学生很辛苦，最让我_____的是有的地方晚上学生也有课。

9. 一个中国朋友_____我，在中国小学里就有英语课。

七 填写合适的汉字

自____自____　　　一言不____　　　大同小____　　　与____不同

三言____　　　　　不相____　　　　相比____　　　　总而____

八 选择练习七中合适的词语替换下边句子中画线的部分

1. 现在网上的小说都<u>差不多</u>。（　　　　）

2. 有的人开车的时候喜欢<u>自己跟自己说话</u>。（　　　　）

3. 我们公司的设计跟大多数公司的设计都<u>不一样</u>。（　　　　）

4. 我跟毛毛的HSK都是四级，我俩的汉语水平<u>差不多一样</u>。（　　　　）

5. 汉语的声调和汉字都很难，<u>跟声调、汉字相比</u>，汉语的语法不太难。（　　　　）

6. 微博（wēibó，Micro-blog）和推特（tuītè，Twitter）都不长，一般都是<u>用几句话说说</u>自己的生活、想法什么的。（　　　　）

7. 今天是小王第三次考驾照，考官告诉他没通过。现在他坐在车里<u>一句话也不说</u>。（　　　　）

8. 开学头两周收获挺多的：首先，我对自己的汉语水平有了更准确的了解；其次，我熟悉了周围环境，基本适应了这儿的生活；最后，我还认识了两个中国朋友。<u>用一句话说</u>，这是个不错的开始。（　　　　）

九 判断下列句子是否正确，如果不对，请改正

	对	错
例　如：请帮忙我一下。	☐	√

应该说：请帮我一下。/ 请帮我个忙。

1. 我请他帮忙修电脑。	☐	☐

2. 帮忙我拿一下行李好吗？	☐	☐

3. 你帮了我一个大忙，太感谢你了。	☐	☐

4. 帮帮忙，给我点儿钱吧，我已经三天没吃东西了。	☐	☐

	对	错
5. 他既是我的老板，又他是我的朋友。	☐	☐
6. 我不曾经去过中国东北。	☐	☐
7. 我的汉语不如他。	☐	☐
8. 老师的字写的很漂亮。	☐	☐

阅读短文，并完成后面的练习

（一）将下面的词语填入适当的空格处

词语	普通话	方言	标准	流利	口音
母语	听	说	动词	名词	

买东西也能学汉语

【A】 我是一名日本留学生，去年来武汉大学留学。我要学的专业是社会学，但是先得把汉语学好，学好汉语以后才能和中国学生一起学习专业。我已经在武汉大学学了四个多月的汉语了。

武汉 Wǔhàn: capital of Hubei Province
专业 zhuānyè: specialty; major

【B】 新年前一天，我听说超市大部分东西都打折，就和两个朋友一起去了。我们是坐公共汽车去的。车上的人说话，有的我听得懂，有的听不懂。如果他们讲_____，虽然不太_____，不过大概的内容都可以理解；如果他们讲_____，我就听不懂了。

打折 dǎ zhé: to sell at a discount

【C】 那天超市的人特别多，一进超市，门口的两位工作人员就热情地对我们说："您好，欢迎光临！"

光临 guānglín: to be present (of a guest)

我们一边看，一边拿我们要的东西。有的售货员还给我们介绍商品有什么用、怎么用等。开始的时候，他们讲的是_____，说得又快又不清楚。我们一点儿也听不懂，我告诉他们："请讲_____。"他们知道我们是外国人，就慢慢地用_____跟我们讲。那一天我们买了很多东西。

【D】 很多日本人都觉得汉语很好学，因为我们的_____——日语也使用汉字。汉字确实帮了我们日本人很大的忙，很多_____一看就知道是什么意思。不过，日语和汉语也有很多不同的地方。语法方面，日语是名词在前边，动词在后边，比如，私はご飯を食べる（我饭吃）。汉语是"_____+_____"，所以是"我吃饭"。日语的发音也比汉语简单，所以我觉得读和写比较容易，_____和_____比较难。我认为，要学好汉语，除了上课认真听以外，交中国朋友、看电视、买东西等也是学汉语的好机会。

【E】 女孩子都喜欢买东西，我也是这样。每个星期我最少要去买两次东西。在买东西的过程中，我的口语越来越_____。不过，我的普通话有点儿武汉_____。

（据〔日〕滨中叶子《学汉语》改写）

发音 fāyīn: pronunciation

过程 guòchéng: process

（二）找出文章中放错地方的一句话，并指出应该放在什么地方

（三）根据文章内容回答下面的问题

1. "我"到武汉大学学习什么？

2. 公共汽车上的人说的汉语,"我"都能明白吗?

3. 到了超市,开始的时候"我"遇到了什么问题?

4. 为什么很多日本学生觉得汉语好学?

5. 日语和汉语有什么不一样?

6. "我"觉得哪些办法可以帮助人们学好汉语?

7. "我"喜欢买东西吗?多长时间去一次?

8. "我"的汉语有进步吗?有没有问题?

十一 写作:用下面的词语写一写你学汉语的情况(最少用10个)

听	说	读	写

标准　流利　口音　母语　普通话　方言
语法　发音　汉字　词语　动词　名词
相比之下　一言不发　总而言之

十二 文化点滴

汉语和世界上其他很多语言一样,有书面语和口语的不同,同时,汉语的方言很多,不同的方言不仅有发音上的不同,而且有的词和语法也不一样。例如,"妻子"在口语和书面语中有不同的表达,在不同的方言中也有不同的词语。

◎ 选出下面词语中可以表达"妻子"意思的,并说说它们有什么不同。

| 太太 | 夫人 | 爱人 | 内人 | 媳妇 |
| 老婆 | 女人 | 那口子 | 孩儿他(她)妈 | 老伴儿 |

十三 HSK专项练习

第1—4题：选词填空

> A. 重复　　B. 感激　　C. 确定　　D. 顺序　　E. 专家　　F. 大同小异

1. 有些汉语的词语我不_____是名词还是动词。
2. 心理_____解决了我弟弟的问题，我们全家都很_____她。
3. 我的一个朋友跟人对话时老是_____对方说的最后几个字。
4. 这个舞（wǔ, dance）一共只有5个动作，而且这5个动作_____，你只需要记住动作的_____。

第5—10题：排列顺序

例如：A. 可是今天起晚了
　　　B. 平时我骑自行车上下班
　　　C. 所以就打车来公司　　　　　　　　　　　　　　B A C

5. A. 孩子一言不发
　 B. 心理医生问孩子问题的时候
　 C. 所有问题都是妈妈替他回答的　　　　　　　　　_____

6. A. 又有不同的地方
　 B. 多交流才能了解各自的文化
　 C. 不同国家的文化既有相同的地方　　　　　　　_____

7. A. 很多东北人离开了自己的老家
　 B. 经济曾经很发达的东北现在不如南方了
　 C. 这是为什么在中国各个地方都能听到东北话　　_____

8. A. 每次中文课开始的时候
　 B. 老师都会和我们聊一会儿天儿
　 C. 大家三言两语地说一说自己最近的生活　　　　_____

9. A. 中国的大学生通常四年毕业

   B. 不过，很少有人三年就毕业了

   C. 但也不一定，有的人可能五年毕业

10. A. 你千万不要吃惊

    B. 我的爷爷80多岁了

    C. 还跟孩子一样，好跟人开玩笑

    D. 如果他给你喝的咖啡是咸（xián, salty）的

第11—15题：完成句子

例如：那座桥　800年的　历史　有　了

　　　那座桥有800年的历史了。

11. 哭　直　饿得　孩子

___

12. 摸　主人　狗狗　它的肚子　喜欢

___

13. 做　替孩子　有的父母　所有的事　几乎

___

14. 是　最不适应的　去南方　地方　天气　很多人

___

15. 你　给我　的　能　吗　词语　意思　这几个　解释一下

___

第16题：请结合下列词语，写一个80字左右的段落

母语　地方　由于　大同小异　相比之下　总而言之

___

___

___

___

第17题：请结合下列词语，写一个80字左右的段落

儿童   心理   由于   大同小异   相比之下   总而言之

第 3 单元　单元练习

一 说说下面的字有什么相同的部分，再写出几个这样的字

例如：地、址：都有 __土__ ，这样的字还有：填空、环境、块、坚强、坐

担、找：都有_____，这样的字还有：_____

次、冷：都有_____，这样的字还有：_____

对、双：都有_____，这样的字还有：_____

热、点：都有_____，这样的字还有：_____

二 组词

况 → ☐ ☐ ☐ ☐

心 → ☐ ☐ ☐ ☐

想 → ☐ ☐ ☐ ☐

定 → ☐ ☐ ☐ ☐

成 → ☐ ☐ ☐ ☐

三 学习和练习表示"样子""性格"的词语

（一）找出第5课中描写人的样子的词语或句子（至少4个词语和4个句子）

词　语	句　子

（二）找出第6课中描写人的性格的词语或句子（至少4个词语和4个句子）

词　语	句　子

（三）用上面（一）（二）中所学的词语，说说班里某个同学的样子、性格，请你的搭档猜一猜你说的是谁

四　学习和练习表示颜色的词语

（一）根据例子，解释下面词语的意思

例如：　金色：像黄金一样的颜色　　　咖啡色：像咖啡一样的颜色

茶色：_____　　　米色：_____

肉色：_____　　　草色：_____

（二）根据例子，选择合适的词语填空

| 雪　月　草　海　金　米　苹果 |
| 天　血　银（yín, silver）　漆（qī, lacquer） |

例如：　__雪__白（=像雪一样白）　　　__漆__黑（=像漆一样黑）

____黄　　　____绿　　　____红

____蓝　　　____白　　　____灰

五 从第5课和第6课中找出跟下面词语意思相反的词

例如： 外向：<u>内向</u>

   双：_____   直：_____

   深：_____   懒：_____

  伤心：_____   轻松：_____

  冷静：_____   肯定：_____

六 填写合适的量词

一_____眼睛   一_____夫妻   一_____黑发   一_____医院

七 填写合适的名词

例如： 炒 <u>鸡蛋/茄子</u>

  控制_____   交换_____   承认_____

  享受_____   放弃_____   掌握_____

 唯一的_____   可爱的_____   明亮的_____

八 填写合适的汉字

花___柳___   灯___酒___   ___男___女   万___千___

大___大___   ___得发___   目不_____

九 选择练习八中合适的词语替换下边句子中画线的部分

1. 每年10月1号，广场上<u>鲜花各种颜色</u>。（_____）

2. 她因为出演《哈利·波特》而<u>非常受欢迎</u>。（_____）

3. 那位<u>特别受欢迎</u>的女明星结婚以后就不演戏了。（_____）

4. 我喜欢春雨，喜欢春雨中<u>各种颜色的树、草、花</u>。（_____）

5. 一走进酒吧，音乐声中<u>穿着漂亮衣服的男男女女</u>跳着舞。（_____）

6. 很多城市都有夜市，到了晚上这些夜市<u>很多灯、很多店</u>，<u>很多年轻人</u>都喜欢来这儿。（_____）

7. 那时候我们家刚买了电视机，每天晚上全家人<u>坐在电视机前注意力非常集中地</u>看电视。现在我们不再看电视了，全家人都注意力非常集中地看手机。（_____）

➕ 阅读短文，并完成后面的练习

（一）将下面的词语填入适当的空格处（有的词语可以用多次）

| 为了 | 比较 | 从来 |
| 不仅……而且…… | 先……然后…… | 尽管……可是…… |

穿凉鞋打球的中国人

装备 zhuāngbèi: equipment

【1】 我父亲最近有了一个新爱好——旅行。_____ _____旅行，他给自己买了很多装备，如旅行用的鞋、衣服、杯子等，像旅行家一样。在美国，人们如果对一件事有了兴趣，可能会_____准备好全套装备，_____才开始做。我想，人们喜欢装备的一个原因可能是：它能很快地改变一个人的身份，使人们有一个新"面具"，去适应新的环境。

身份 shēnfèn: social or legal status; identity
面具 miànjù: mask
深圳 Shēnzhèn: *a city in southern China, near Hong Kong*

表现 biǎoxiàn: to manifest

【2】 我是美国加州大学的学生，今年暑假在中国深圳打了两个月工。在这段时间里，我注意研究身边的每个中国人，给我印象最深的是他们那种"我就是这个样子"的态度和_____不改变自我的表现。_____我了解的中国人还不够多，_____我见到的中国人确实都这样。

裙子 qúnzi: skirt
高跟鞋 gāogēnxié: high-heeled shoes
衬衫 chènshān: shirt

【3】 在我们公司的第一次集体旅行中，我看到女同事们_____穿着裙子，_____还穿着高跟鞋；男同事们就穿着他们平时上班穿的衬衫，玩儿的时候还在不停地吸烟。开始我觉得很奇怪，他们为什么跟在公司上班一样呢？后来我慢慢地发现，中国人一般不会因为环境的改变而改变自己，他们表现得更多的是自己真实的一面：吸烟的人就是要吸烟，穿高跟鞋的人就是要穿高跟鞋。他们好像认为，平时在工作中是什么样的人，在旅行中、在玩儿的时

真实 zhēnshí: true; real

候也还是这样的人，不需要特别表现自己，不需要换一副新"面具"。

【4】　不论工作时是医院的大夫还是公司老板，一到球场上美国人就会完全变成另外一个人。他们会身上穿着公牛队的队服，脚上穿着耐克运动鞋，把自己当作一个篮球运动员，完全和他们本来的身份不同。在中国，我看到的却是另一种情况：大家穿着各式各样的衣服，有的穿着牛仔裤，有的穿着凉鞋。他们没把自己当作一个球员，他们只是想玩儿玩儿球，并且大家玩儿得也都＿＿＿＿开心。他们玩儿球不是＿＿＿＿表现给别人看。

（据《环球时报》文章改写）

公牛队 Gōngniú Duì: the Bulls
耐克 Nàikè: Nike

牛仔裤 niúzǎikù: jeans

（二）根据文章内容说说中国人和美国人有什么不同，并填写下表

场　合	中国人	美国人
旅行时		
球场上		

（三）你觉得人需要根据新的环境改变自己的身份吗？谈谈你的看法

十一 写作：用本单元学习的词语写一个人，主要介绍这个人的样子和性格（题目可以是：我的朋友 / 哥哥 / 姐姐 / 同屋 / 老师……）

十二 文化点滴

中国人常常将生活中常见的动物和人的性格、特征联系起来，比如说一个人很懒，会说他（她）是个大懒猫。

◎ 请你试试回答，下面这样的情况中国人常常用什么动物来打比方？

> 牛　　老虎　　小绵羊　　公鸡　　猴子　　狗　　猪　　小鸟

1. 像_____一样聪明
2. 像_____一样温柔（wēnróu，mild）
3. 像_____一样固执（gùzhí，stubborn）
4. 像_____一样好斗（hào dòu，to be bellicose）
5. 像_____一样忠诚（zhōngchéng，loyal）
6. 像_____一样自由
7. 像_____一样凶猛（xiōngměng，ferocious）
8. 像_____一样好吃（hào chī，to be fond of eating）

十三 HSK专项练习

第1—5题：选词填空

> A. 单　　B. 尝试　　C. 成熟　　D. 放弃　　E. 交换　　F. 目不转睛

1. 我哥哥长得很_____，高中的时候就像是三十多岁的人。
2. 我们公司每周工作5.5天，双周休息两天，_____周只休息一天。
3. 我爸爸有很多梦想，但每个梦想他_____了一两次以后就_____了。
4. 现在人们吃饭的时候、走路的时候、坐地铁的时候都_____地看着自己的手机。
5. 现在人们第一次见面的时候不再_____名片（míngpiàn，business card），而是互相加微信。

第6—10题：排列顺序

例如：A. 可是今天起晚了
　　　B. 平时我骑自行车上下班
　　　C. 所以就打车来公司　　　　　　　　　　　　　　　　　　　　**B A C**

6. A. 妈妈却很冷静
　 B. 婚礼（hūnlǐ, wedding）的时候
　 C. 爸爸激动地说不出话　　　　　　　　　　　　　　　　　　　　_____

7. A. 也不能控制孩子的生活
　 B. 父母既不能替孩子生活
　 C. 父母需要承认孩子是独立的人　　　　　　　　　　　　　　　　_____

8. A. 一见面就激动地说起方言来
　 B. 两个上海人尽管是第一次见面
　 C. 但在国外见到了就像见到了亲人一样　　　　　　　　　　　　　_____

9. A. 大家都觉得他不会成功
　 B. 谁能想到他后来会大红大紫呢
　 C. 马斯克（Mǎsīkè, Elon Musk）刚开始设计电动汽车的时候　　　_____

10. A. 两人的命运就交换了
　　B. 下雨天的时候男孩儿亲了女孩儿
　　C. 而女孩儿变成了一个公司的老板
　　D. 男孩儿变成了大学四年级的女生　　　　　　　　　　　　　　_____

第11—15题：完成句子

例如：那座桥　800年的　历史　有　了
　　　那座桥有800年的历史了。

11. 人　不是　的　我父亲　冷静　从来　一个

_____

12. 健康状况　的　皮肤　代表着　好坏　一个人

_____

13. 看着   教室里   眼睛   老师   明亮的   学生们

_____

14. 是   对   有些父母   孩子   唯一的要求   学习好

_____

15. 回   过年   父母家   夫妻两人   各自   自己

_____

第16题：请结合下列词语，写一个80字左右的段落

梦想   命运   尝试   成功   放弃

_____
_____
_____
_____
_____

第 4 单元　单元练习

一 说说下面的字有什么相同的部分，再写出几个这样的字

例如：相、看：都有 __目__ ，这样的字还有：__眼__睛、__睁__眼、__盼__望、__泪__水、听__着__

唱、听：都有＿＿＿＿，这样的字还有：＿＿＿＿＿＿＿＿＿＿＿＿＿＿＿＿

家、完：都有＿＿＿＿，这样的字还有：＿＿＿＿＿＿＿＿＿＿＿＿＿＿＿＿

想、怎：都有＿＿＿＿，这样的字还有：＿＿＿＿＿＿＿＿＿＿＿＿＿＿＿＿

破、碎：都有＿＿＿＿，这样的字还有：＿＿＿＿＿＿＿＿＿＿＿＿＿＿＿＿

别、到：都有＿＿＿＿，这样的字还有：＿＿＿＿＿＿＿＿＿＿＿＿＿＿＿＿

二 组词

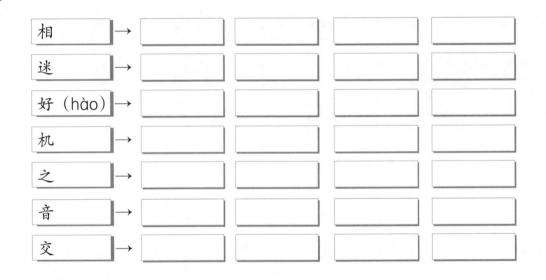

三 填写合适的量词

1. 我的邻居是一＿＿＿＿漂亮的姑娘，她有一＿＿＿＿长长的黑发，一＿＿＿＿会说话的大眼睛。

2. 这是我最喜欢的一＿＿＿＿唱片，我已经听了几十＿＿＿＿了。

3. 故宫一共有9000多＿＿＿＿房子。

4. 我每天早晨起床之后的第一＿＿＿＿事便是喝咖啡。

5. 这＿＿＿＿话语法没问题，可是中国人不这样说。

6. 那＿＿＿＿公司新买的10＿＿＿＿电脑都坏了。

7. 很多中国人都能听懂几_____方言。

8. 吃饭的时候，小王给女朋友放了一_____浪漫的音乐。

四 填写合适的名词

例如：　　听 音乐_____　　　漂亮的 姑娘_____

　　　　　　修_____　　　　　　　煮_____

　　　　　　租_____　　　　　　　热爱_____

　　　　　　业余_____　　　　　伟大的_____

　　　　　美丽的_____　　　　　优美的_____

五 下面词语或句子中的"乐"读"lè"还是"yuè"

带"乐"的词语或句子	读 音
乐队　乐器　民乐　哀乐　交响乐　古典乐　爵士乐　摇滚乐	☐ yuè　☐ lè
快乐　乐观　吃喝玩乐　可口可乐	☐ yuè　☐ lè
乐山乐水　闷闷不乐　喜闻乐见	☐ yuè　☐ lè
有朋自远方来，不亦乐乎？	☐ yuè　☐ lè

六 选择合适的词语填空

　　心不在焉　　心灵手巧　　笨手笨脚　　情同手足　　手忙脚乱
　　大手大脚　　轻手轻脚　　吃喝玩乐　　闷闷不乐　　乐在其中

1. 小王上班的时候上网买东西，老板进来的时候，他_____地马上开始工作。

2. 有钱人花钱不一定_____。

3. 爸爸妈妈给我们兄妹四个人起的名字是古意情、古意同、古意守、古意竹，四个人名字最后一个字连起来的寓意就是"_____"。

4. 小明在玩儿手机，妈妈_____地走了进来，他一点儿也不知道妈妈在他身后。

5. 上大学的时候，我们几个同屋经常一起_____。工作以后就没时间聚在一起了。

6. 明明从学校回来后就_____、_____，妈妈问他："你是不是考试考得不好啊？"

7. 小狗每天都要出去散步,夏天最热的时候,冬天最冷的时候,下大雨的时候,小狗都要出去,小狗的主人也_____。

七 阅读短文,并完成后面的练习

(一)将下面的词语填入适当的空格处(有的词语可以用多次)

| 激动 | 伤心 | 吃惊 | 快乐 | 轻松 | 冷静 | 兴奋 | 不好意思 | 相当 | 根本 |
| 难道 | 连忙 | 尽管 | 之前/之后/之间 | 感兴趣 | 不一会儿 | 七上八下 |

做了一天差生

差 chà: 不好 bad
野 yě: wild
狼 láng: wolf
亮红灯 liàng hóngdēng: to fail in an exam
兔 tù: hare
班长 bānzhǎng: class monitor
榜样 bǎngyàng: model

原因 yuányīn: reason

【1】 野狼是我的同桌,我们俩一点儿共同点都没有。他是全班最差的学生。上课迟到,作业不做,考试亮红灯。可是他一点儿也不为自己担心,每天都过得_____、_____。我,雪兔,是全班最好的学生,被老师称为"好班长",同学称为"学习的好榜样",父母的好孩子。可是我觉得很累,_____不快乐。

【2】 有一天,我和野狼比赛,如果我输了,我就得做一天像野狼一样的坏学生;如果他输了,他就得做一天好学生。结果我输了。"唉,怎么办!明天还有英语考试呢,我也要开个红灯吗?"野狼_____说:"要,当然要。你还得迟到,让你这个好学生也受一受老师的批评。"

【3】 第二天早晨,第一节课开始_____,我才轻手轻脚地走进教室。正在上课的老师和所有的同学(除了野狼)都_____地看着我,希望我解释迟到的原因。可我什么都没说,低着头,脸发红。天哪,我这个每天早上第一个到教室的班长今天迟到了半个小时。老师走过来问我:"怎么了?你是不

是不舒服？如果不舒服得厉害，你_____回家休息。"这让我大吃一惊。天哪！平时野狼只迟到5分钟，老师就让他在门外站一节课，还要写检查，可对我……我轻轻地说："我起床起晚了，没有不舒服。""哦，一定是晚上复习得太晚了，以后早点儿睡。"这又让我吃了一惊，老师怎么会这么想？我_____地看了一下野狼，野狼生气地看着我。

写检查 xiě jiǎnchá: to write self-criticism

【4】 数学课上，我和野狼都没有做作业，老师批评了野狼一顿，还让他重做10遍，可对我没做作业却一点儿都没提，_____老师忘了？_____下课了，野狼不满地让我去找老师，让老师别忘了还有我也没做作业。不知道老师会怎么批评我，我心里_____。没想到我一进办公室，老师就对我说："我知道你没做作业，其实我_____就不想让你做这些简单的作业。很快就要数学竞赛了，你还是多做一些难题，好好儿准备竞赛吧。"那一刻我什么也说不出。刚要离开，数学老师又对我说："以后作业来不及做，就不用做了。"天哪，_____好学生和坏学生就这么不一样吗？我和野狼都没做作业，但老师对我们的态度完全不同，我是应该高兴还是应该难过？

竞赛 jìngsài: to contest

【5】 我做差生却_____没有受到老师的批评，老师还为我的各种错误找原因。真不知道野狼会有多么_____。他可能会想，即使他做了好学生，老师对他也不会和对我一样吧。而我，虽然有老师的关心和照顾，应该什么都不用担心，什么都不用怕，但我怕——怕失去自我，失去朋友，更怕野狼生气的眼睛。

难过 nánguò: 伤心 sad

（据徐孜《做了一天差生》改写，《青年文摘》2001年第1期）

（二）根据文章内容回答下面的问题

1. "我"的学习怎么样？野狼呢？

2. "我"和野狼比赛输了以后，"我"应该做什么事情？

3. 第二天"我"上课为什么会迟到？老师觉得"我"为什么迟到？

4. "我"没有做数学作业，老师的态度怎么样？

5. "我"自己对现在的情况感到高兴吗？为什么？

（三）根据文章中"我"和野狼有了错误以后的不同经历（jīnglì，experience），填写下表

犯的错误	"我"	野 狼
上课迟到		
不做作业		

八 写作：如果你是文章中的"野狼"，请你写一篇小短文《野狼和雪兔》，介绍一下你和雪兔不同的方面，并谈谈你对自己的看法（尽量用上以下词语，最少用10个）

之前/之后	根本	共同	相当	终于
即使	连忙	羡慕	不好意思	七上八下
相比之下	与众不同	一言不发	总而言之	心不在焉
闷闷不乐				

九 文化点滴

中国古人很少有机会出远门旅行，所以，如果自己在离家很远的地方遇到朋友是非常高兴的事情。孔子说："有朋自远方来，不亦乐乎？"

◎ 你觉得还有什么是让我们很多人高兴的事？请说一说。

_____，不亦乐乎？

_____，不亦乐乎？

_____，不亦乐乎？

HSK专项练习

第1—4题：选词填空

| A. 发亮 | B. 放 | C. 尽管 | D. 连忙 |
| E. 迷 | F. 难道 | G. 业余 | H. 修理 |

1. 我弟弟是一个汽车_____，他只要一看见汽车就眼睛_____。

2. 我爸爸是大学老师，他的_____爱好是帮朋友_____手表。

3. 我去很多国家旅行的时候发现饭馆儿、旅馆都没有喝的热水，_____只有中国人喝热水吗？

4. 父母在客厅看电视，孩子在自己房间里学习，_____电视的声音_____到最小，可是一听到孩子说"太吵"，父母_____关了电视。

第5—9题：排列顺序

例如：A. 可是今天起晚了

　　　B. 平时我骑自行车上下班

　　　C. 所以就打车来公司　　　　　　　　　　　　　　B A C

5. A. 老师也有不少工作

　 B. 他们不知道即使寒暑假

　 C. 很多人都羡慕老师有寒暑假　　　　　　　　　　_____

6. A. 躺在床上根本睡不着

　 B. 昨天吃了晚饭我喝了一杯咖啡

　 C. 晚上12点多我的脑子还相当兴奋　　　　　　　　_____

7. A. 过了一个自由的暑假之后
   B. 开学之前急急忙忙地补作业
   C. 他终于想起来暑假作业还没做呢   _____

8. A. 小王这两天工作的时候心不在焉
   B. 难道他上班的时候在玩儿游戏
   C. 有人走到他旁边他就手忙脚乱地关电脑   _____

9. A. 每天跟朋友在不同的地方吃喝玩乐
   B. 高三毕业的那个暑假，我跟朋友玩儿疯了
   C. 这一天如果在家吃晚饭，对我妈来说都是一个惊喜 _____

第10—14题：完成句子

例如：那座桥   800年的   历史   有   了
<u>那座桥有800年的历史了。</u>

10. 我父母   尝试   鼓励我   各种事   大胆

_____

11. 人   的   没有   两个   世界上   一模一样

_____，除非（chúfēi, unless）是克隆人。

12. 的   孩子   形状   盯着   美丽   巧克力   目不转睛地

_____

13. 我的   把   修好了   就   自行车   王师傅   不一会儿

_____

14. 放   很大   声音   有些人   手机   在火车上   得，人   根本   旁边的
    休息   不能   或   阅读

_____，_____

第15题：请结合下列词语，写一个80字左右的段落

急忙　根本　终于　心不在焉　手忙脚乱

第16题：请结合下列词语，写一个80字左右的段落

热爱　兴奋　相当　之后　乐在其中

第 5 单元　单元练习

一　说说下面的字有什么相同的部分，再写出几个这样的字

　　例如：仅、传：都有 __亻__ ，这样的字还有：__什么、代替、他们、住__

　　　　图、园：都有_____，这样的字还有：_____

　　　　政、教：都有_____，这样的字还有：_____

　　　　神、礼：都有_____，这样的字还有：_____

　　　　弄、理：都有_____，这样的字还有：_____

二　组词

强	→				
时	→				
立	→				
力	→				
意	→				
改	→				
年	→				
为	→				

三　填写合适的名词

　　例如：　实际 情况 / 问题 / 能力　　　　　普通 人 / 工作

　　　　　剪 _____　　　　　　　制定 _____

　　　　　成立 _____　　　　　　成为 _____

　　　　　整个 _____　　　　　　临时 _____

四 填写合适的汉字

国___民___　　水___火___　　___奔___走　　___方___法

天下大___　　多事之___　　望子成___　　_____满天下

三人行必有我___　　　　学而时___之

五 选择练习四中合适的词语填空

1. 要想_____，教育很重要。

2. 学校正在_____解决食堂人多吃饭难的问题。

3. 孔子的学生很多，可以说是"_____"。

4. 学习外语要经常练习、使用，正像孔子说的"_____""温故而知新"。

5. 第二次世界大战期间，_____，老百姓生活在_____之中。

6. 父母_____的同时也要关心孩子的心理健康。

7. 旅行的时候我喜欢跟陌生人聊天儿，这样会有很多收获，因为"_____"。

8. 2020年是我们公司的_____，老板去世了，公司的产品不能出口，别的公司偷了我们的设计。

9. 他的第一份工作是卖保险（bǎoxiǎn, insurance），每天_____。

六 根据本单元的课文内容选择合适的时间表达填空（有的可以用多次）

> 从此　　当时　　后来　　之后　　同一年
> 1911年　　然后　　……的时候

1. 年轻的时候，孙中山先是学习医学，_____在澳门、广州当医生。

2. 28岁_____，孙中山给当时的清朝政府写信，要求他们进行改革。_____，他和一些朋友成立了一个革命组织。_____孙中山开始了他的革命活动。

3. _____，孙中山先生的努力和人民的斗争取得了胜利，清朝政府的统治结束了。1912年中华民国成立。

4. 孙中山先生当临时大总统_____制定了三十多种法律、规定。

5. 在云南一所教育学院就读_____，张桂梅认识了她后来的丈夫。_____他们是同学。

6. 丈夫去世_____，张桂梅调到了云南的另一个中学当老师。

七 把下面的文章按照正确的顺序排列，并选择合适的时间表达填在横线上（有的可以用多次）

| 从此 | 当时 | 后来 | 同一年 | 夏天 | 有一天 | 之后 |
| ……的时候 | 1901年12月5日 | 1966年12月15日 | | | | |

一切都从一只老鼠开始

【A】_____，迪斯尼在美国的芝加哥出生。不过有人说他是西班牙人，是一个私生子。_____他曾经调查过自己的身世，但没有结果。

【B】1925年的_____，他和他哥哥一起成立了拍卡通片的迪斯尼公司。1928年他们开始拍有声音的卡通短片。他的"米老鼠"和"唐老鸭"等卡通形象受到了全世界人们的喜爱，他也因此获得1932年的奥斯卡特别奖。1938年他拍了第一部大型卡通片《白雪公主和七个小矮人》，获得了8项奥斯卡奖。_____他拍了许多大红大紫的卡通片，比如《三只小猪》《灰姑娘》《小鹿斑比》等。1955年，他在洛杉矶建立了一个吃喝玩乐的乐园——迪斯尼乐园。

【C】迪斯尼小_____生活在农村，他对农村的各种小动物非常感兴趣，常常和它们在一起玩儿，画小动物的画儿，想象一些和动物有关系的故事，这些都对他_____拍卡通片非常有帮助。

迪斯尼 Dísīní: Disney
私生子 sīshēngzǐ: 父母不是夫妻关系的孩子
身世 shēnshì: 一个人的历史 one's life experience

卡通 kǎtōng: cartoon
米老鼠 Mǐlǎoshǔ: Mickey Mouse
唐老鸭 Tánglǎoyā: Donald Duck

奥斯卡 Àosīkǎ: Oscar
白雪公主 Báixuě Gōngzhǔ: Snow White

灰姑娘 Huīgūniang: Cinderella
小鹿斑比 Xiǎolù Bānbǐ: Bambi
迪斯尼乐园 Dísīní Lèyuán: Disney Land

【D】 _____，"米老鼠之父"迪斯尼去世。_____，许多人都不相信他真的已经离开了大家，还觉得迪斯尼_____会突然出现在大家面前。

【E】 迪斯尼年轻_____曾经在电影学院学习过，_____在一家电影广告公司找到了工作。1923年，迪斯尼离开了广告公司，用1500美元成立了自己的公司，开始拍卡通短片，不过_____的电影都是没有声音的。_____，他公司里的两个人拿了公司的钱逃跑了，他的公司破产了。

破产 pò chǎn: to go bankrupt

正确的顺序：_____、_____、_____、_____、_____

八 写作：介绍你们国家一个有名的人。注意使用课文中出现的时间表达（例如：从此、当时、后来、之后、同一年、然后、……的时候）

九 文化点滴

中国历史上有名的人很多。比如，中国的第一位皇帝秦始皇、唐朝著名的大诗人李白等。

◎ 你知道下面的描述分别指的是哪位历史名人吗？

| A. 成吉思汗 | B. 关羽 | C. 孔子 | D. 老子 | E. 毛泽东 |
| F. 秦始皇 | G. 孙子 | H. 唐太宗 | I. 武则天 | |

1. 中国历史上第一位皇帝　　　　　　　　　　　　　　　（　　）
2. 中国古代唯一的女皇帝　　　　　　　　　　　　　　　（　　）
3. 中国古代有名的思想家、教育家　　　　　　　　　　　（　　）
4. 中国古代有名的军事家　　　　　　　　　　　　　　　（　　）
5. 道家思想的创立者　　　　　　　　　　　　　　　　　（　　）
6. 三国时期著名的将军　　　　　　　　　　　　　　　　（　　）
7. 唐朝有名的皇帝　　　　　　　　　　　　　　　　　　（　　）
8. 元朝最有影响的皇帝　　　　　　　　　　　　　　　　（　　）
9. 新中国的第一代领导核心　　　　　　　　　　　　　　（　　）

HSK专项练习

第1—4题：选词填空

> A. 因　　B. 根据　　C. 纪念　　D. 禁止　　E. 作为　　F. 好景不长

1. 刚上高中时这孩子学习很努力，可是_____，他喜欢上了电子游戏，学习越来越差。

2. _____影迷，去电影院看电影就是对电影、对明星最大的支持（zhīchí, to support）。

3. _____公司的规定，上班期间_____在公司的电脑上做跟工作无关的事。

4. 1925年3月12日，孙中山先生在北京_____病去世。为_____孙中山先生，1928年以后，将植树节（Zhíshù Jié, Tree-Planting Day）改在每年的3月12日。

第5—10题：排列顺序

例如：A. 可是今天起晚了

　　　B. 平时我骑自行车上下班

　　　C. 所以就打车来公司　　　　　　　　　　　　　　　B A C

5. A. 就一直躺在床上

　　B. 从此再也没站起来过

　　C. 爷爷前年摔了一跤以后　　　　　　　　　　　　　_____

6. A. 孩子考上了大学

　　B. 可是家里钱不够交学费

　　C. 父母东奔西走找亲戚借钱　　　　　　　　　　　　_____

7. A. 有专家建议

　　B. 因为年龄太小用电脑对大脑不好

　　C. 国家应禁止9岁以下儿童用电脑　　　　　　　　　_____

8. A. 父母望子成龙

　　B. 可是孩子一上钢琴（gāngqín, piano）课就哭

　　C. 想方设法给孩子找了最好的钢琴老师　　　　　　　_____

9. A. 小王工作能力方面没什么问题
   B. 但是在人际关系方面有许多问题
   C. 作为一名大学刚毕业、刚进公司的新人

10. A. 高三是水深火热的一年
    B. 我每天的愿望是多睡10分钟
    C. 上大学之后才发现更难的考试在等着我
    D. 当时我以为考上大学之后就轻松了

第11—15题：完成句子

例如：那座桥　800年的　历史　有　了
　　　<u>那座桥有800年的历史了。</u>

11. 从　让中国　贫穷　富强　走向　改革开放

_____

12. 的　国家　人口比较多　两个　和　中国　印度　是

_____

13. 18岁以下　禁止　进入　青少年　KTV

_____

14. 的　出路　唯一　读书　不是，　是　一条路　但是　最好走的

_____，_____

15. 丽丽　"睡美人"　当年　的　被称为，现在是　医学　一名　专家

_____，_____

第16题：请结合下列词语，写一个80字左右的段落

　　　统治　革命　从此　天下大乱　多事之秋

_____
_____
_____
_____
_____

第17题：请结合下列词语，写一个80字左右的段落

想法　期间　困难　出路　改革　创造　作为

_____

_____

_____

_____

_____

第 6 单元　单元练习

一 说说下面的字有什么相同的部分，再写出几个这样的字

例如：应、席：都有 广 ，这样的字还有：商店、麻烦、豆腐、座位

费、贵：都有_____，这样的字还有：_____

烤、烦：都有_____，这样的字还有：_____

酒、醋：都有_____，这样的字还有：_____

劝、历：都有_____，这样的字还有：_____

耐、过：都有_____，这样的字还有：_____

二 组词

家 → ☐ ☐ ☐ ☐

人 → ☐ ☐ ☐ ☐

用 → ☐ ☐ ☐ ☐

老 → ☐ ☐ ☐ ☐

料 → ☐ ☐ ☐ ☐

客 → ☐ ☐ ☐ ☐

外 → ☐ ☐ ☐ ☐

三 填写合适的名词

例如：　炖 土豆/白菜/豆腐　　　　重要 客人/节日

烤 _____　　　陪 _____

蘸 _____　　　剩 _____

调查 _____　　符合 _____

新鲜 _____　　普通 _____

四 什么东西有下面的味道？最少写出两种

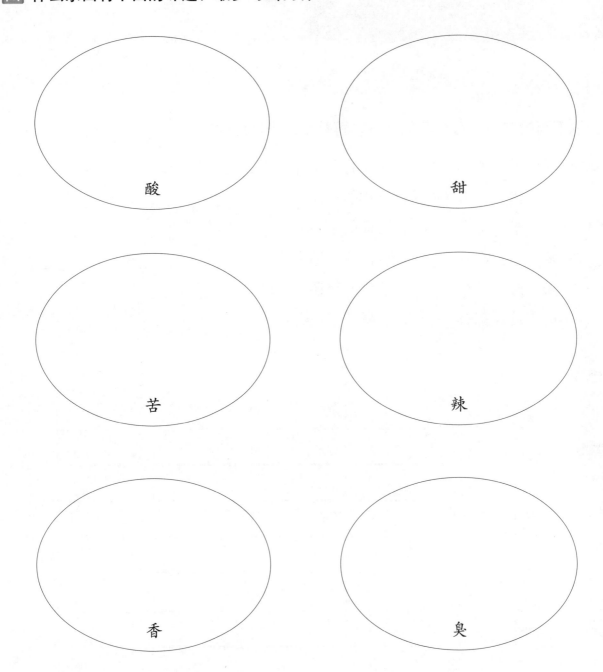

五 根据下边的意思写出四字短语

1. 各个方向。（　　　　　）

2. 出生、变老、生病、去世。（　　　　　）

3. 穿衣、吃饭、居住、交通。（　　　　　）

4. 吃饭、喝酒、玩儿，各种好玩儿的事。（　　　　　）

5. 男的、女的，年龄大的、年龄小的。（　　　　　）

6. 各种好的、不好的、高兴的、不高兴的经历（　　　　　）

六 选择合适的短语填空

酸甜苦辣	吃喝玩乐	生老病死	衣食住行	东南西北
男女老少	新瓶装旧酒	酒足饭饱	酒肉朋友	发酒疯

1. 有的人喝了酒之后，喜欢_____，大吵大闹。
2. 很多爱情电影、电视剧都是_____，跟以前的作品差不多。
3. 不管_____，每个人都会经历_____，每个人生活中都有_____。
4. 六个朋友在饭馆儿小聚，_____之后没有人付钱，真是一群_____。
5. 手机现在能帮我们解决很多问题。买衣服，买好吃的，学做饭，找公寓，订火车票、飞机票，总而言之，_____、_____，手机都能给你解决。

七 阅读短文，并完成后面的练习

最近我母亲来苏州看我，她对中国的文化还比较了解，但我的朋友小美还是给她上了一堂"用筷子吃饭"的课。小美说："伯母拿筷子太低，样子很不自然，夹菜的力量太小，也不知道用公筷。"总之，母亲拿筷子拿得不好。还好这些话都要经过我的翻译，听起来没那么不舒服。在旁边吃饭的儿子和女儿也一起哈哈大笑着说："奶奶不会用筷子！"

曾经听人说，中国人一般不用刀叉：筷子就是叉子，牙齿就是刀子。中国菜一般也切得比较小，送到饭桌上就可以吃。我以前不太了解的是，如果刚好夹到一大块肉或一块鸡腿，该如何处理？法国人习惯用刀子切成大小刚好的食物，再用叉子送到嘴里，比用筷子要复杂多了；但用筷子成功地夹花生米或鸡蛋，是一件我们觉得很不简单的事情。

筷子 kuàizi: chopsticks

公筷 gōngkuài: 大家公用的筷子 serving chopsticks

总之 zǒngzhī: in short

刀叉 dāo chā: knife and fork
牙齿 yáchǐ: tooth
切 qiē: to cut (with a knife)

花生米 huāshēngmǐ: peanut

缺点 quēdiǎn: shortcoming
虾 xiā: shrimp
骨头 gǔtou: bone
壳 ké: shell
礼貌 lǐmào: courtesy

入乡随俗 rùxiāng-suísú: When in Rome, do as the Romans do.

用筷子吃饭在我们眼中也有缺点：要把肉或整个虾放进嘴里，吃完了肉再把骨头或虾壳吐出来，实在不礼貌。再说，用筷子吃饭时，必须把碗举起来，让嘴和饭碗靠得近一点儿，而按照我们吃饭的习惯，碗或盘子是绝对不该离开桌面的！

看样子，我要真的入乡随俗的话，只好在苏州各个大小餐厅继续努力练习用筷子的技术了！

（据〔法〕孟德威《环球时报》文章改写）

1. 这篇文章中，作者主要谈的是（ ）

   A. 对用筷子吃饭的看法　　B. 应该如何用筷子
   C. 母亲使用筷子的故事　　D. 筷子比刀叉方便

2. 关于作者，下面哪句话不对？（ ）（多选）

   A. 住在苏州　　　　　　　B. 已经有孩子
   C. 是个翻译　　　　　　　D. 用不好筷子

3. 文章认为，用筷子吃饭有什么缺点？（至少说两点）

   缺点一：

   缺点二：

4. 你自己觉得用筷子还有哪些好处和缺点？

   好处：

   缺点：

八 写作：写一篇短文，介绍你们国家请客吃饭的习惯，或者谈谈你在中国吃饭的感觉和印象

九 文化点滴

（一）读下边的诗句，谈谈你对这些诗句的看法

1. 酒逢知己千杯少。
2. 今朝有酒今朝醉。
3. 酒不醉人人自醉。
4. 对酒当歌，人生几何？
5. 劝君更尽一杯酒，西出阳关无故人。

（二）将你们国家跟酒有关的诗句翻译成汉语

_____
_____
_____

十 HSK专项练习

第1—5题：选词填空

| A.的话 | B.多少 | C.费用 | D.符合 | E.据说 |
| F.年长 | G.其中 | H.请客 | I.入座 |

1. 饭馆儿请不起_____，咱们也可以在家里_____。
2. _____，新机场因环境不_____标准，今年还用不了。
3. 我从中学起就形成的习惯是每天不管多忙，_____写一点儿日记。
4. 大学生一年_____大概是四五万块钱，_____学费五六千块钱。
5. 请客的时候，一般是_____的客人或最重要的客人_____之后，其他客人才坐下。

第6—10题：排列顺序

例如：A. 可是今天起晚了
　　　B. 平时我骑自行车上下班
　　　C. 所以就打车来公司　　　　　　　　　　　　B A C

6. A. 学起来并不难
   B. 只要有耐心就能学会
   C. 包饺子看起来很麻烦   _____

7. A. 炒素菜只要菜新鲜
   B. 即使什么调料也不放
   C. 只放一点儿盐（yán, salt）就很好吃   _____

8. A. 等着12点吃饺子
   B. 男女老少都开始看电视、玩儿手机
   C. 除夕（chúxī, Lunar New Year's Eve）晚上酒足饭饱之后   _____

9. A. 吃涮羊肉有许多讲究
   B. 什么食物蘸什么调料也有讲究
   C. 蔬菜或不同的肉涮的时间长短都不一样   _____

10. A. 每个人都有生老病死
    B. 因为过程往往比结果重要
    C. 每个人都需要品尝生活的酸甜苦辣
    D. 享受生活的过程才是最重要的   _____

第11—15题：完成句子

例如：那座桥　　800年的　　历史　　有　　了
　　　那座桥有800年的历史了。

11. 我　都　或　不吃饭　每天　中午　吃一点儿　随便

_____

12. 会　的　不了解　可能　一个地方　风俗　闹笑话

_____

13. 陪　我父母　爸爸　妈妈　没时间　吵架　往往　是因为

_____

14. 菜　是　冬天　最喜欢的　老百姓　白菜豆腐

_____

15. 我　别人　给我　不习惯　夹菜，用　筷子　特别是　给我　他的　夹菜

　　_____，_____

第16题：请结合下列词语，写一个80字左右的段落

　　醉　往往　并不　……的话　发酒疯　闹笑话

_____
_____
_____
_____
_____

第 7 单元　单元练习

一　说说下面的字有什么相同的部分，再写出几个这样的字

例如：伞、个：都有 __人__ ，这样的字还有：<u>今</u>天、<u>全</u>部、一<u>会</u>儿、<u>合</u>适

　　抓、采：都有_____，这样的字还有：_____

　　屋、屎：都有_____，这样的字还有：_____

　　闹、问：都有_____，这样的字还有：_____

　　霉、雷：都有_____，这样的字还有：_____

　　符、笑：都有_____，这样的字还有：_____

二　组词

子	→	____	____	____	____
室	→	____	____	____	____
主	→	____	____	____	____
手	→	____	____	____	____
利	→	____	____	____	____
平	→	____	____	____	____

三　填写合适的名词

例如：　扫 <u>雪/地</u>

失去 _____　　　　　遵守 _____

缺乏 _____　　　　　重视 _____

保留 _____　　　　　抓 _____

四 下面的图表示什么动作？选择合适的动词写在图下的横线上

| 握手 | 拥抱 | 微笑 | 合十 | 鞠躬 | 点头 | 摇头 |
| 抓 | 指 | 抱 | 剪 | 闻 | 品尝 | 夹 |

例如：____剪____   1. _____   2. _____

3. _____   4. _____   5. _____

6. _____   7. _____   8. _____

9. _____   10. _____   11. _____

五 下面这些标志是什么意思？把答案写在图下的横线上

例如：__禁止停车__　　1._____　　2._____　　3._____

　　4._____　　5._____　　6._____　　7._____

六 填写合适的汉字

头____脚____　　点头____ ____　　没____没____　　镜____水____

破____重____　　____头____尾　　____头____交

七 选择练习六中合适的词语填空

1. 那两家公司的合作开始的时候挺好，可是_____，后来没有什么联系了。

2. 现在的邻居多数是_____，有的可能都不认识。

3. 小王跟丽丽吵架分手了35次，_____了34次。

4. 这本小说老张写了5年也没写完，现在成了_____的小说。

5. 这个大楼上边的颜色很深，下边的颜色很浅，给人_____的感觉。

6. 小王说话常常_____，有时听的人生气了他都不知道为什么。

八 下面是中国的一些情况，和你们国家一样吗

● 在中国，女性20周岁及以上才能结婚，男性22周岁及以上才能结婚。

● 结婚必须去婚姻（hūnyīn, marriage）登记（dēngjì, to register）处登记。

● 结婚以后，女性不用改姓。

● 孩子满一个月以前大人一般不带他（她）出门。

● 孩子满月的时候应该请客。

◎ 谈谈你们国家别的方面的情况

1. 在你们国家，你必须……
   - 服兵役（fú bīngyì，to serve in the army）吗？
   - 去驾校（jiàxiào，driving school）学习开车吗？
   - 在找工作的时候提供自己的学位（xuéwèi，academic degree）证书（zhèngshū，certificate）或资格（zīgé，qualification）证书吗？
   - 常常把身份证（shēnfènzhèng，ID card）带在身上吗？

2. 在你们国家，你可以……
   - 在公共交通工具上吸烟吗？
   - 不买保险就开车吗？
   - 不到16周岁就买烟吗？
   - 不戴头盔（tóukuī，helmet）骑摩托车（mótuōchē，motorcycle）吗？
   - 没有执照（zhízhào，license）就养狗吗？

九 如果你是一个岛的主人，请你给到岛上来的人作一些规定

欢迎你来我们的岛！

- 在我们的岛上，您应该/必须：
  1. _____
  2. _____
  3. _____
  4. _____

- 在我们的岛上，您不可以：
  1. _____
  2. _____
  3. _____
  4. _____

● 在我们的岛上，您不必：
1. _____
2. _____
3. _____
4. _____

✚ 写作：根据下面的材料，写一篇文章：中国20世纪30年代到90年代结婚情况调查。要求用上下面的词语

| 而　　往往　　并不　　根据　　当时　　相当　　比较　　……的话　　以……为主 |
| 大同小异　　不相上下　　相比之下　　大手大脚　　东南西北　　男女老少 |
| 想方设法 |

调查时间：1996年12月

调查对象：北京、上海、广州、武汉四个城市的787名已婚市民和233名未婚市民

表一：不同年代的结婚费用

单位：元（人民币）

结婚年代	平均结婚费用	费用最高水平	没花钱的人的比例(%)
30—40年代	161.43	900	36.4
50—60年代	361.59	2000	14.9
70年代	1282.71	10000	4.5
80年代	5486.51	50000	1.7
90年代	21082.28	100000	0.7

表二：四城市未婚者打算用于结婚的费用
单位：元（人民币）

方　面	总　体	北　京	上　海	武　汉	广　州
平均费用	30339.12	32195.24	74112.95	21490.21	33027.08
最高费用水平	300000	300000	300000	80000	200000
不打算花钱的人的比例(%)	4.4	6.2	2.8	5.9	2.7

表三：不同年代的人结婚费用来源比例（%）

结婚时间	个人收入	父母支持	其　他
30—40年代	52	27	21
50—80年代	72	23	5
90年代	82	13	5

表四：不同教育水平的人结婚费用来源比例（%）

教育背景	个人收入	父母支持	其　他
小　学	70	18	12
中学—大专	75	20	5
大学以上	86	11	3

表五：不同婚礼方式的比例（%）

结婚方式	旅　行	请　客	传统婚礼	拍结婚照	没有婚礼	其　他
百分比	45.3	30.6	5.2	1.9	10.6	6.4

十一 文化点滴

◎ 问问你认识的中国人，下边的吉祥话一般什么时候或者对谁说

例如： 白头偕老　　　　1._____　　2._____
（祝福新郎新娘）　　　（　　　）　　　　　（　　　）

3._____　　4._____　　5._____
（　　　）　　　　　（　　　）　　　　　（　　　）

6._____　　　　　7._____
（　　　）　　　　　　　　（　　　）

第7单元 单元练习

十二 HSK专项练习

第1—5题：选词填空

| A. 按 | B. 圈 | C. 错误 | D. 礼貌 |
| E. 平安 | F. 顺利 | G. 消失 |

1. 主动跟老师打招呼是一种_____。
2. 爸爸妈妈，我已_____、_____地回到宿舍，请放心。
3. 老人_____着自己的胸口，痛苦地说："请送我去医院。"
4. 第一次上课的时候，老师让大家坐成一_____介绍自己。
5. 有人说，电脑90%的_____重启（chóngqǐ, to restart）之后就会_____。

第6—10题：排列顺序

例如：A. 可是今天起晚了
　　　B. 平时我骑自行车上下班
　　　C. 所以就打车来公司　　　　　　　　　　　　　B A C

6. A. 他伤心得流下了眼泪
　 B. 老王觉得死亡已经不远
　 C. 看到镜子中年老的自己　　　　　　　　　　　　_____

7. A. 餐厅里也有当地的食物
　 B. 商场里不仅有用方言写的广告
　 C. 宜家（Yíjiā, Ikea）来到中国以后入乡随俗　　　_____

8. A. 否则她会发疯
　 B. 任何人都不能发出任何声音
　 C. 我妹妹学习的时候需要特别安静的环境　　　　　_____

9. A. 在中国，"4"是不吉利的数字
　 B. 因为"4"和"死"的发音差不多
　 C. 人们不喜欢手机号码、房间号码里有"4"　　　　_____

10. A. 因为不吉利

    B. 也不能吃药

    C. 小时候过年的时候

    D. 我奶奶常常对我们说

    E. 新年第一天千万不能去医院

第11—15题：完成句子

例如：那座桥　800年的　历史　有　了

　　　那座桥有800年的历史了。

11. 人　太差　不会　的　运气　努力

___

12. 菜　夹　可不行　的　女朋友　不吃　给你

___

13. 因　又　了　两人　劝说　破镜重圆　孩子

___

14. 他　了　孩子　不生气　主动　证明　给你打电话

___

15. 到一个地方　风俗　当地的　做事　按照　要

___

第16题：请结合下列词语，写一个80字左右的段落

迷信　运气　倒霉　顺利　否则

___
___
___
___

第17题：请结合下列词语，写一个80字左右的段落

形象　　重视　　证明　　任何　　否则

第 8 单元　单元练习

一 说说下面的字有什么相同的部分，再写出几个这样的字

例如：肯、步：都有 <u>止</u> ，这样的字还有：<u>正在、一些、从此、牙齿</u>

仰、即：都有_____，这样的字还有：_____

恋、京：都有_____，这样的字还有：_____

夸、太：都有_____，这样的字还有：_____

献、然：都有_____，这样的字还有：_____

撕、所：都有_____，这样的字还有：_____

二 组词

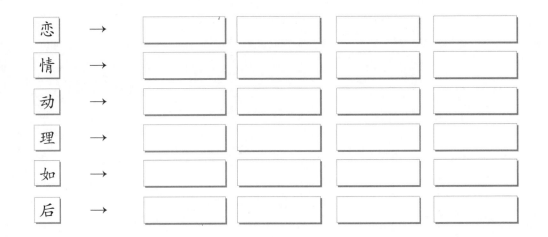

三 词语练习

（一）把A、B两行词用线连起来

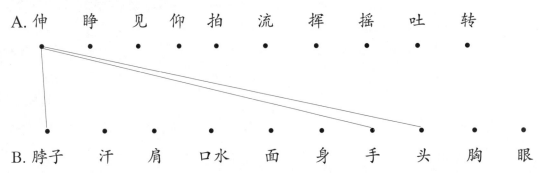

(二) 填写合适的汉字

惊天＿＿＿＿　　　　　天长＿＿＿＿　　　　　冰天＿＿＿＿

谈＿＿说＿　　　　　　谈＿＿说＿　　　　　　青梅＿＿＿＿

一见＿＿＿＿　　　　　相亲＿＿＿＿　　　　　白头＿＿＿＿

百年＿＿＿＿　　　　　同床＿＿＿＿　　　　　破镜＿＿＿＿

一日不见，如隔＿＿＿＿（一日＿＿＿＿）　　　谢＿＿谢＿＿

(三) 选择合适的动词填空

| 乘 | 扶 | 临 | 铺 | 嚷 | 撕 |
| 围 | 歇 | 帮 | 献 | 夸 | 按 |

1. 爸爸喜欢在＿＿＿＿睡觉前看会儿书。

2. 她现在常常骑自行车上班，很少＿＿＿＿公共汽车。

3. 孩子们＿＿＿＿着孙老师，听她讲故事。

4. 别＿＿＿＿了，孩子刚睡着。

5. 老人过马路的时候，最好有人＿＿＿＿着。

6. 看了三个小时书了，你该＿＿＿＿一会儿了。

7. 我的书被弟弟＿＿＿＿破了。

8. 我的电脑坏了，你能不能＿＿＿＿我修一下？

9. 奇奇的丈夫对奇奇非常好，大家都＿＿＿＿他是个好丈夫。

10. 以前西藏（Xīzàng, Xizang）的交通很不方便，现在那儿已经＿＿＿＿了铁路了。

(四) 选择合适的形容词填空

| 糊涂　灵活　意外　美好　拥挤　细心　平安　疲劳 |

　　我爷爷今年90岁了，可是他的身体还非常好，手脚很＿＿＿＿，脑子也不＿＿＿＿。只要天气好，他就要出去逛逛。一般情况下，他就在附近走走，有时也乘车去远一点儿的地方。我们有时候担心他走多了太＿＿＿＿，

而且现在路上的车很多，怕他发生_____，就劝他少出门。可是，他总是笑着说："你们放心，我每天不是都_____到家了吗？我活到90岁了，做事情一直很_____的。你们不要担心。"

（五）从（二）中选择合适的词语填空

1. 没有爱情的婚姻最终会_____。

2. 丈夫：_____，你终于回来了，孩子已经哭了一个小时了。

   妻子：开会的时候，没有什么重要的事，可是老板一直在_____，我不好提前离开。

3. 1935年的寒冬，150只狗在_____里走了一千多公里给孩子送药。

4. 冬天的时候，外边_____，室内温暖如春。我们几个人吃着火锅_____。

5. 妻子：我要跟你离婚！

   老王：咱们结婚的时候不是说好要_____吗？

   妻子：你跟你的工作白头偕老吧。你和我早就_____了。现在孩子上大学了，_____！我终于可以离开这个家了。

   老王：古人说，_____还能_____，咱俩还没到一定得离婚的地步吧！

   妻子：我没法儿再跟你一起过了！

6. 丽丽，我爱的是你。玫玫只是我_____的好朋友，她就像我妹妹一样。

7. 我妻子叫李冬梅，她是东北人，又是冬天出生的，所以她父母希望她像_____里的梅花一样。我们结婚的时候，妻子的父亲对我们说"祝你们_____、_____"，我连忙点头说"一定，一定"。今年孩子们给我们过了银婚纪念日，虽然我们的爱情没有_____，但是我们一直_____。

四 阅读短文，并完成后面的练习

爱情就是这样开始的

借 书

在以前的小说或者电影里，浪漫爱情经常是从借书开始的。没想到我自己的爱情故事也是这样开始的。他每次都来找我借书，还给我的书总是保护得很好。后来在他还来的书里夹着一张纸条，上面写着"我喜欢你"，还画着一颗红心。

照片的作用

我在大二（大学二年级）的时候就喜欢上了她，很想追她，但不知道她对我有没有感觉。于是，我找了一张她的照片，放大以后摆在自己的桌子上。她来玩儿的时候，我请她坐在桌前，然后说要去洗苹果，故意走开了。她在翻看我桌上的书时，自然看到了自己的照片。她好像很吃惊，但我看得出来，她心里很高兴。这时我走过去道歉说："不好意思。我喜欢就这么做了，如果你不高兴的话，我马上就拿掉。"她连忙说："别，别，挺好的，我家里还有更好的，明天我拿给你！"她对我的感觉就这样得到了证明。

先和狗交朋友

那时她经常在晚上带着她的小狗来公园散步，我先和它成了好朋友，后来和她也成了好朋友。有一天，我们俩坐在长椅上休息时，我拍了拍小狗，对它说："告诉你的主人，你还需要一位男主人照顾。"

保护 bǎohù: to protect

颗 kē: measure word

大二 dà'èr: sophomore

追 zhuī: to chase

自然 zìrán: naturally

道歉 dào qiàn: to apologize

摔出来的爱情

一天晚上，我们俩在公园里散步，天特别黑，我不小心踢到了一块石头，重重地摔了下去。他急忙伸手抱住了我，接着他很自然地吻了我。这是他第一次吻我，从此我们俩的感情又进了一步。

要抓住男人的心，先抓住他的胃

她根本不会做饭，却常常跟我大谈怎么做各种好吃的，并且坚持要给我做，结果做了一盘黑乎乎的牛排，一碗咸得要命的鸡蛋汤。虽然她没能满足我的胃，却感动了我的心。

"和你一样的"

有一天她问我："你将来想找一个什么样的女朋友？"我知道她想了解我对她的感情，便回答说："和你一样高的，和你一样重的，嘴和你一样小的，脸和你一样圆的，皮肤和你一样白的……""这样的有几个呀？"她不让我再说了。"有一个就够了，我只爱你，相信我！"她虽然嘴上骂我坏，但那天她却笑得最开心。

（据天渐光《记忆中10个经典的爱》改写，《青年文摘》2000年第12期）

摔 shuāi: to fall; to tumble

石头 shítou: stone
吻 wěn: to kiss

盘 pán: *measure word*
黑乎乎 hēihūhū: 很黑的样子 black
牛排 niúpái: beefsteak
咸 xián: salty

骂 mà: to scold
开心 kāixīn: 高兴 happy

（一）从上面的故事中，分别找出女孩儿说的段落和男孩儿说的段落

女孩儿说的段落	男孩儿说的段落

（二）从上面的故事中，分别找出男孩儿追女孩儿的段落和女孩儿追男孩儿的段落

男孩儿追女孩儿的段落	女孩儿追男孩儿的段落

（三）采访你的搭档，请他（她）谈谈自己或他（她）熟悉的人追女（男）朋友用过的不同方式，并分别写出他（她）和你最喜欢的方式

方式1：_____

方式2：_____

方式3：_____

他（她）最喜欢的方式：_____

你最喜欢的方式：_____

五 写作：请你写一个自己或者别人的爱情故事，可以有想象的内容（尽量用上以下词语）

初恋	暗恋	失恋	早恋	单恋
婚外恋	恋人	相亲相爱	白头偕老	天长地久
喜新厌旧	同床异梦	破镜重圆		

六 文化点滴

中国古代有不少浪漫的爱情故事，有的一直流传到了今天。比如"牛郎织女"的传说，"梁山伯与祝英台"的故事。

◎ 请你试一试，从下面的问题中选择一个回答：

1. 七夕是一个什么样的节日？它是怎么来的？
2. 中国有各种不同乐器演奏的《梁山伯与祝英台》，你喜欢哪种？这首乐曲为什么在中国很流行？
3. 《红楼梦》是一本什么样的书？书中贾宝玉和林黛玉为什么没能结婚？

七 HSK专项练习

第1—5题：选词填空

A. 不停	B. 称赞	C. 对待	D. 如何	E. 维持
F. 先后	G. 显然	H. 依靠	I. 于是	J. 再

1. 你_____对待别人，别人也如何_____你。

2. 我室友失恋了，从早到晚在宿舍里_____地哭，_____我们都安慰她。

3. 孩子尝试新东西的时候，他做得_____不好，父母也得_____他、鼓励他。

4. 我买的新手机开不了机，_____换了3次都有问题，_____这种手机不太好。

5. 结婚3年之后，丽丽和丈夫互相都很失望，俩人只是_____以前的感情_____着关系。

第6—10题：排列顺序

例如：A. 可是今天起晚了
　　　B. 平时我骑自行车上下班
　　　C. 所以就打车来公司　　　　　　　　　　　　　　　B A C

6. A. 他终于觉得自己自由了
　 B. 等他告别父母上大学以后
　 C. 我朋友的父母从小限制他干这个干那个　　　　　　　_____

7. A. 那里的孩子从来没用过电脑
　 B. 他们看到书里关于电脑的介绍
　 C. 只能依靠想象来理解电脑是什么　　　　　　　　　　_____

8. A. 我爷爷有点儿糊涂了
　 B. 这时候我奶奶就沉默着一言不发
　 C. 他常常因为一点儿小事不停地大嚷　　　　　　　　　_____

9. A. 谢天谢地
   B. 自从放暑假以来
   C. 现在我终于可以回家了
   D. 我先后去了5个国家12个城市

10. A. 父母应该给他们买吗
    B. 请听听专家怎么说
    C. 如何满足孩子的要求
    D. 孩子伤心的时候如何安慰他
    E. 孩子在商场里大哭大嚷要买玩具

第11—15题：完成句子

例如：那座桥　　800年的　　历史　　有　　了
<u>那座桥有800年的历史了。</u>

11. 药　病人　起作用　以后　都希望　立即　吃下去

12. 到家　书　看　都要　再晚再累　小王　每天　一会儿

13. 再忙　也　的　要求　我们饭馆儿　满足　尽量　每个客人

14. 考试期间　都得　才能　学生　咖啡　学习　依靠　不停地

15. 让　丽丽　美好　情景（qíngjǐng, scene）　眼前的　感动得　要命

第16题： 请结合下列词语，写一个80字左右的段落

爱情　恋爱　理解　美好　满足　尽量

第17题： 请结合下列词语，写一个80字左右的段落

却　心情　称赞　失望　因此　……得要命

期中考试试题

护照名 Passport Name_____   中文名 Chinese Name_____

本套样题重点考查第1—7课内容。卷面分数60分,另外40分来自平时作业、作文和课堂表现等。

一 根据拼音写汉字,并将每个词组成至少两个短语 Write Chinese characters according to *pinyin*, then give at least two phrases with each of the words(10分)

1. fàngqì   _____   (   )
2. jiāohuàn   _____   (   )
3. quèdìng   _____   (   )
4. míngliàng   _____   (   )
5. shúxi   _____   (   )
6. yánsù   _____   (   )
7. biāozhǔn   _____   (   )
8. wěidà   _____   (   )
9. huīfù   _____   (   )
10. shèjì   _____   (   )

二 填空 Fill in the blanks(14分)

(一)量词填空(除了"个") Fill in each blank with a measure word other than 个

一_____课   一_____脚
一_____话   一_____日记
一_____照片   一_____时间
一_____医院   一_____夫妻

(二)二选一填空 Choose one from the pair for each blank

1. 她妈妈一共_____(生 / 出生)了三个孩子。
2. 我买了两本词典,一本自己用,_____(另 / 别的)一本送给了我的朋友。

3. 她＿＿＿＿＿（因为／为了）生病，今天没来上课。

4. 现在他的汉语说＿＿＿＿＿（的／得）很流利。

5. 我的电脑不工作了，谁能＿＿＿＿＿（帮助／帮忙）我？

（三）选词填空　Choose an appropriate word to fill in the blank

内向　　积极　　轻松　　足够　　各自

1. 下个星期我有很多考试，所以最近很不＿＿＿＿＿。

2. 他很少和别人聊天儿，性格比较＿＿＿＿＿。

3. 春节的时候，小王和他妻子回了＿＿＿＿＿的老家。

4. 很多高三的学生没有＿＿＿＿＿的时间睡觉。

从来　　比如　　尤其　　如果　　几乎

5. 他说的汉语非常流利，＿＿＿＿＿和中国人一样。

6. 小王最近非常忙，＿＿＿＿＿（是）期末的这两个星期。

7. ＿＿＿＿＿大家都不注意保护环境，环境肯定越来越差。

8. 孩子：妈妈，我不在家的时候你是不是看我的日记本了？

　　妈妈：我＿＿＿＿＿没见过你的日记本，你写日记吗？

（四）自由填空（每空一个汉字）Fill in each blank with an appropriate monosyllabic word

1. 他们＿＿＿＿＿从小一起长大，互相非常了解。

2. 她特别爱买东西，到了周末，她就想出去＿＿＿＿＿商场。

3. 这学期我们＿＿＿＿＿第1课学到了第6课。

4. 我在这儿挺好的，别＿＿＿＿＿我担心。

5. 大卫是个中国＿＿＿＿＿，他非常了解中国各方面的情况。

6. 我到北京的＿＿＿＿＿两个星期每天都吃方便面，现在我每天吃食堂。

7. 她觉得双眼皮好看，所以去医院做了个手术让自己的＿＿＿＿＿眼皮变成了双眼皮。

三 判断对错，并改正错误的句子 Judge whether the sentences are right or wrong, then correct the wrong ones（6分）

1. 我每个星期学习40个汉字左右。（　　）
2. 在一起8年以后，小王结婚了丽丽。（　　）
3. 我的中国朋友比较不喜欢吃生鱼片。（　　）
4. 北京大学的食堂既菜好吃，又价钱便宜。（　　）
5. 我们等了半个小时爸爸。（　　）
6. 昨天晚上我看了不一会儿电视。（　　）

四 用所给词语完成句子或对话 Complete the following sentences or dialogues with the given words or expressions（15分）

1. _____，我们搬了好几次家。（为了）
2. 孩子们一看到玩具就_____。（动词+起来）
3. 小时候聪明的孩子_____。（不一定）
4. A：你和父母能来中国吗？
   B：_____。（动词+不了）
5. 老师：明年你有什么打算？
   学生：_____。（好好儿）
6. A：小时候的事情你还记得吗？
   B：_____。（曾经）
7. A：你为什么申请燕京学堂的项目？
   B：_____。（既……又……）
8. 朋友：在自己家里上中文课非常方便吧？
   我：_____。（尽管……可是……）
9. 老师：你和你的朋友，谁的汉语水平高？
   我：_____。（不如）
10. A：你最喜欢北京大学的哪个咖啡馆？
    B：_____。（一……也不/没……）

五 组词成段（至少使用5个词语） Write a passage by using at least 5 of the given words and expressions（5分）

| 成熟 | 乐观 | 理想 | 长相 | 左右 | 既……又…… | 从来 | 由于 |

六 阅读理解 Reading comprehension（10分）

（一）

很多语言学家和心理学家都对儿童语言的发展感兴趣。通过研究，他们吃惊地发现：说不同母语的儿童在学习他们的母语时，有很多相同的地方。比如，在所有的国家，孩子学会语言以前都会发出一些声音，这些声音很像词语，但不是词语；各国的孩子们都是先学会听，然后才学会说；在所有的文化中，孩子们都在12个月左右开始说话，刚开始时他们说的句子只有一个词语，通常是"妈妈"或者"爸爸"之类的词语。大概到18个月左右才会出现两个词语的句子。

不过，后来在研究了中国、日本、德国和意大利等国家的儿童以后，专家们又发现：儿童学习语言不同的地方比相同的地方更多。比如，他们学习词语的顺序就不一定相同，先学会的句子也可能不一样。

1. 不同国家的儿童在学习自己的母语时相同的地方多还是不同的地方多？请分别举两个例子。（2分）

2. 下面哪句话最不像一个两岁的中国孩子说的话？（　　）（1分）
　　A. 妈妈走　　　B. 我找她　　　C. 坐汽车　　　D. 宝宝吃

(二)

听说欧洲有个大作家，他有个古怪的习惯，就是写文章的时候从来不坐着写。别人问他为什么，他回答说："坐着写太舒服了，所以文章就容易长得太长。如果站着写就容易腿疼，一定得快点儿写完。为了把文章写得短一些，我就站着写。"我们现在的文章一写就长，报纸上也一直提倡（tíchàng, to advocate）不能写"繁文"。"繁文"为什么这么多？难道是由于作者坐着写的缘故？

文章的长短和坐着写还是站着写当然关系不大，肯定是另有原因的。最近我读了《费尔巴哈哲学（zhéxué, philosophy）著作选集》，其中有一段谈怎么写文章的话讲得非常好。他说："人们不是为自己，而是为别人写作，至少我自己肯定不会给自己写东西。所以我尽可能写得明白写得简洁（jiǎnjié, concise），我不愿意给别人添麻烦。"

写作是为了别人，这本来不是什么高深难懂的道理，可是我们常常会忘掉。一旦忘掉这个道理以后，"明白简洁"就离我们越来越远，"繁词冗语"就会从我们的笔下流出，这就给别人添了无穷的麻烦。

1. 欧洲的那个大作家：（   ）（1分）

    A. 长得很奇怪

    B. 腿有点儿问题

    C. 喜欢写长文章

    D. 总是站着写作

2. 根据本文，下面哪句话是对的？（   ）（1分）

    A. 报纸上喜欢发一些长文章

    B. 坐着写出来的文章肯定长

    C. 费尔巴哈是一个人的名字

    D. 给自己写的东西可以长些

3. 下面哪一个做本文的题目最合适？（   ）（1分）

    A. 大作家的写作习惯

    B. 写作是为了别人

    C. 坐着写作还是站着写作

    D. 哲学著作读后感

4. 下面左边是一组词语，右边是对这些词语的解释，请将词语和它的解释连接起来：（2分）

一旦　　　　　　　　　跟一般情况不同，让人觉得奇怪

缘故　　　　　　　　　如果有一天

古怪　　　　　　　　　没有尽头

高深难懂　　　　　　　原因

无穷　　　　　　　　　复杂、不容易理解

5. 你同意作者的看法吗？你觉得自己写文章有什么问题？（2分）

期末考试试题

护照名 Passport Name_____   中文名 Chinese Name_____

本套样题重点考查第8—13课内容。卷面分数60分，另外40分来自平时作业、作文和课堂表现等。

一 根据拼音写汉字，并将每个词组成至少两个短语 Write Chinese characters according to *pinyin*, then give at least two phrases with each of the words（10分）

1. jìnzhǐ　　_____　（　　　　　）
2. línshí　　_____　（　　　　　）
3. chuàngzào　_____　（　　　　　）
4. jiànlì　　_____　（　　　　　）
5. fúhé　　_____　（　　　　　）
6. pǔtōng　　_____　（　　　　　）
7. guòchéng　_____　（　　　　　）
8. fāngshì　　_____　（　　　　　）
9. shénshèng　_____　（　　　　　）
10. xīnxiān　_____　（　　　　　）

二 填空 Fill in the blanks（15分）

（一）二选一填空 Choose one from the pair for each blank

1. 她跳舞的动作看起来很_____。（优美 / 美丽）。
2. 同学们都_____很快提高自己的中文水平。（希望 / 愿望）
3. 微信可以帮助你知道你和朋友的_____位置。（互相 / 相互）
4. 这个菜太辣了，我_____。（吃不起 / 吃不了）
5. 妻子生了很长时间气，小王才说_____"对不起"三个字。

　　　　　　　　　　　　　　　　　　　　　　　　　（起来 / 出来）

6. 因为又饿又渴，他吃了一_____西瓜。（整个 / 全）

（二）选词填空　Choose an appropriate word to fill in the blank

因为……所以……	一边……一边……	除了……都……
……的话，就……	尽管……但是……	不仅……而且……
只要……就……	即使……也……	

1. 喝茶_____用什么杯子有讲究，_____用什么水也有讲究。
2. 我喜欢_____做作业，_____听音乐。
3. 中国人跟你干杯，你不喝光_____，主人_____会不高兴。
4. 我不能喝酒，_____喝了酒，我_____不知道我的家在哪儿了。
5. _____他们刚来中国两个星期，_____还不太适应这里的生活。
6. _____这些庙里的佛像很漂亮，_____不能随便拍照。

| 入乡随俗 | 好景不长 | 东奔西走 |
| 一心一意 | 一模一样 | 不好意思 |

7. 每个国家和地区都有不同的风俗习惯，作为游客，我们虽然不需要做得和当地人_____，但是应该努力遵守当地的习惯，做到_____。
8. 刚开始的时候，小王对工作、对老板都_____，认真做好自己的事情，但是_____，很快他就觉得工作很没意思，常常迟到，最后丢了工作。
9. 我的同学老李现在当快递员，但他_____告诉我，因为觉得自己的工作不如别人。确实，他每天在外面_____，很辛苦，但他的工作其实很重要。

（三）自由填空（每空一个汉字）　Fill in each blank with an appropriate monosyllabic word

1. 广州人不仅_____吃，而且肯吃、会吃。
2. 我的中国朋友从小就希望上北京大学，经过9年的努力，他最后考_____了北京大学。
3. 小王常常喝酒，而且他一喝就_____，丽丽因_____常常跟他吵架。

4. 中国人在家请客的时候，往往最后_____汤和主食。

5. _____春节的时候北方人往往吃饺子。

6. 不了解一个地方的风俗，很容易_____笑话。

7. 老板跟大家干杯的时候说："_____公司的成功干杯！"

8. 上课的时候，同学们坐成了一_____。

9. 在我们销售的手机中，华为（Huáwéi, Huawei）大约_____了30%。

10. 她_____了一下头，大声地说："我愿意。"

三 判断对错，并改正错误的句子 Judge whether the sentences are right or wrong, then correct the wrong ones（5分）

1. 我去过中国很多城市，其中这些城市我最喜欢上海。（　　）
2. 昨天下班非常晚，外面在下大雨，他不得不没回家，在办公室睡了一夜。（　　）
3. 老年人往往不喜欢听最新的歌儿。（　　）
4. 根据黄老师，中国人不一定都爱吃饺子。（　　）
5. 只要多练习，就你能学好汉字。（　　）

四 用所给词语完成句子或对话 Complete the following sentences or dialogues with the given words or expressions（15分）

1. 作为学生，_____。（好好儿）
2. 在中国留学，你_____。（千万）
3. 中国人吃饭_____。（少不了）
4. A：为什么很多中国人不喜欢"4"？
   B：_____。（动词+起来）
5. 父母：在北京，你一个人晚上不能随便出去！
   我：_____。（即使……也……）
6. A：你们国家最重要的做菜方法是什么？
   B：_____。（以……为主）
7. A：我想买一件礼物，可是不知道买什么。
   B：_____。（讲究）

8. A：中国学生的数学都学得比较好。

　　B：我不同意（tóngyì, to agree），_____。（并不/没）

9. A：你和你最好的朋友有什么不同？

　　B：_____。（而）

10. 学生：老师，今天的考试我可以看书吗？

　　老师：_____。（任何）

五 组词成段（至少使用5个词语）　Write a passage by using at least 5 of the given words or expressions（5分）

而　千万　往往　根据　作为　否则　并不/没　方面　V起来　以……为主

_____
_____
_____
_____

六 阅读理解　Reading comprehension（10分）

（一）

　　以前中国人请客吃饭的讲究很多。从座位的安排到上菜的先后顺序，从谁第一个开始吃到什么时候可以离开，都很有讲究。

　　主人邀请客人们入座时，客人们往往先坐不重要的座位，而把重要的座位留给最重要的人或最年长的人。有时候，最重要的或者最年长的客人没有坐下的话，别的客人往往不肯坐下。

　　上菜的时候，一般先上凉菜，然后上热菜。每道菜上来以后，主人都会招呼大家吃。这时，一般要等最重要或最年长的客人开始吃，其他人才会跟着吃。吃饭的时候，主人常常会说"多吃点儿""慢慢吃"，有时候还会替客人夹菜。桌上的菜，有时候并不都可以随便吃，比如，过春节或者主人家因为结婚请客，餐桌上的鱼客人们往往不吃，因为这道菜有特殊的意义。去别人家做客，中国人一般不会把主人准备的菜都吃光，多少会剩一点儿，不然的话，主人会很不好意思，觉得自己准备的菜不够丰盛。

1. 中国人吃饭有很多讲究，但下面哪个不是中国人的讲究？（　　）(1分)
   A. 座位怎么安排　　　　　　B. 上菜的顺序
   C. 谁第一个吃　　　　　　　D. 吃饭时不说话

2. 下面这些人一起吃饭时，谁应该坐最重要的座位？（　　）(1分)
   A. 爷爷　　　B. 爸爸　　　C. 妈妈　　　D. 儿子

3. 过春节时，餐桌上的鱼客人们往往不吃。这是为什么？（　　）(1分)
   A. 中国人不太爱吃鱼　　　　B. 这道菜有特殊意义
   C. 鱼的价钱有点儿贵　　　　D. 吃鱼主人会不好意思

4. 有关中国人吃饭的说法，哪些是对的，哪些是错的？（对的画√，错的画×）

   (2分)
   A. 中国人喜欢帮客人夹菜，是因为客人离菜太远。　　　　（　　）
   B. 中国人请客吃饭的时候，先上热菜，后上凉菜。　　　　（　　）
   C. 在中国人家里做客，不要把桌上的菜吃光，否则主人会不好意思。（　　）
   D. 上菜以后，中国人一般让孩子先吃，然后大人们再吃。　（　　）

（二）

广告业是世界上增长（zēngzhǎng, to increase）最快的行业之一，在中国也是如此。中国的广告业收入从30年前的134亿元上升到现在的10000亿元，大大高于同时期的经济增长。现在各国的青少年平均每人每年大约看20000条广告。前几年的一项调查表明，93%的美国少女认为购物是她们最喜欢的活动。发展中国家的年轻人也越来越喜欢花钱，在谈到跟父母有什么不同时，一位大学生说："衣服不流行了或旧了，我就把它扔了，而我的父母却不同意。"广告不仅想告诉人们商品的情况，而且想让人们对已经有的东西不满意，去买更好的东西。现在的互联网更是扩大了这样的影响。

1. 写出下面数字的意思（2分）

    （1）93%：_____。

    （2）20000：_____。

    （3）134亿：_____。

    （4）10000亿：_____。

2. 根据文章内容填空（3分）

    （1）文章说的是有关_____的事情。

    （2）广告费的增长比_____高。

    （3）每年看很多广告的人是_____。

    （4）_____把买东西当成一件最喜欢的事情。

    （5）对于不流行的衣服，年轻人的做法是_____。

    （6）广告的目的（mùdì, purpose）是让人们对_____不满意。

参考答案

第1单元　单元练习

一、说说下面的字有什么相同的部分，再写出几个这样的字

忙、惯：忄，愉快、慢、恢复、心情、懂、害怕

没、汽：氵，汉语、方法、游泳、油、注意、生活、漂亮、交流、眼泪

近、过：辶，道路、旁边、一连、还、远、这个、适应、交通、逛

茄、获：艹，素菜、春节、吃药、鲜花、苹果、痛苦、英语、小草、喝茶

二、组词

电 → 电灯、电话、电影、电视

气 → 空气、天气、客气、生气

要 → 需要、重要、必要、要是

学 → 学校、学院、小学、同学

习 → 实习、复习、习惯、练习

三、写短语

明白 词语的意思／道理　　　　　　新／语言／家庭／改变 环境

适应 新环境／这儿的生活　　　　　　　有／没（有）／抽 空儿

交流 思想／感情／看法　　　　　　结婚／留学／出国／办 手续

准确的 时间／意思　　　　　　　　一家／汽车／开／办 公司

四、填写合适的汉字

七上八下　　　七嘴八舌　　　乱七八糟　　　滴水成冰

春夏秋冬　　　冬暖夏凉　　　四季如春　　　风和日丽

五、根据意思写出四字短语

1. 乱七八糟　　2. 冬暖夏凉　　3. 七嘴八舌　　4. 四季如春

5. 七上八下　　6. 风和日丽　　7. 滴水成冰　　8. 春夏秋冬

六、选择合适的动词填空（有的词可以用多次）

1. 毕业　　2. 结婚　　3. 结婚　　4. 吵　　5. 熟悉　　6. 生气　　7. 吵

8. 逛　　9. 帮忙　　10. 恢复　　11. 猜　　12. 担心　　13. 记得　　14. 想象

七、阅读短文，并完成后面的练习

（一）根据文章回答下面的问题

1. 早期的很多汉字就是从画儿变来的。现在汉字的样子跟以前相比，已经有了很大的变化。

2. 对，现在人们很难根据汉字的形状想到它的意思了。

3. 如：响＝口（表意思）+向（表读音）；案＝安（表读音）+木（表意思）。

4. 七八万。

   3000多。

5. 掌握正确的方法。

6. 帮助你了解中国的历史和文化。

   更好地学习汉语、学习中国书法等。

7. 日本、韩国、新加坡等。

（二）猜一猜下面的汉字是什么意思

川：河流。字形像流水的样子。

炎：形容很热。

焚：烧。字形表示火烧树林。

掰：用手把东西分开或断开。

闯：猛冲。字形表示马冲入门里。

囚：拘禁；被拘禁的人。字形表示一个人被关在封闭的地方。

鲥：一种鱼。形声字，"鱼"表示这个字的意思跟"鱼"有关，"时"表示这个字的发音跟"时"接近。

淼：江、河、湖中的水大的样子。

（三）分别写出下列汉字中代表字的读音和意义的部分

汉字	读音	意义	汉字	读音	意义
油	由	氵	吵	少	口
婚	昏	女	瘦	叟	疒
境	竟	土	想	相	心

八、写作（略）

九、文化点滴

称　呼	可能用这种称呼的人
钟丽文	A、B、C、E、G、H
丽文	A、B、C、D、G、H

(续表)

称　呼	可能用这种称呼的人
文文	A、　D、　G、　I
小文	A、　D
小钟	C、　E
老钟	D、　F
丽文姐	F
蚊子	D、　G、　H
文	I

十、HSK专项练习

第1—7题：选词填空

1. I　　2. H、F　　3. E　　4. G　　5. A　　6. C、B　　7. D

第8—12题：排列顺序

8. BAC　　9. CBA　　10. CAB　　11. CAB　　12. CAB

第13—17题：完成句子

13. 在网上买东西也可以砍价。

14. 冬天早上起床锻炼太痛苦了。

15. 他老给我发E-mail。

16. 高中毕业头两年我们还常见面。

17. 大多数老人不愿意离开熟悉的环境。

第18题（略）

第2单元　单元练习

一、说说下面的字有什么相同的部分，再写出几个这样的字

晚、明：日，昨天、时间、晴天、星星、早上、风景

经、结：丝，继续、红色、大约、年级、纸、练习、小组、给

如、好：女，奶奶、妇女、她、妈妈、结婚、姑娘、妻子、娶、外婆

机、杯：木，根本、机会、森林、相信、学校、样子、吵架

二、组词

解 → 解决、解释、了解、理解

感 → 感冒、感动、感谢、好感

流 → 流行、流利、流感、交流

词 → 词语、词典、生词、动词

课 → 上课、逃课、课表、课本

通 → 通过、通知、交通、中国通

三、填写合适的量词

一 <u>家</u> 公司　　　　一 <u>台</u> 电脑　　　　一 <u>张</u> 照片

一 <u>家</u> 饭馆儿　　　一 <u>套</u> 动作　　　　一 <u>位/名</u> 专家

一 <u>种</u> 方法　　　　一 <u>节/门</u> 课　　　　一 <u>句/段</u> 话

四、填写合适的名词

有用的 <u>课/方法/工具</u>　　　　严肃的 <u>表情/问题/老师</u>

流利的 <u>汉语/英语/口语</u>　　　标准的 <u>普通话/发音</u>

足够的 <u>时间/人/钱</u>　　　　　相同的 <u>地方/时间/条件</u>

五、从下列词语中分别选出后边可以加"学"和"家"的词，并写在相应的位置上

（一）可以加"学"的词

　　教育学　　历史学　　社会学　　物理学

　　新闻学　　经济学　　药学　　　政治学

（二）可以加"家"的词

　　心理学家　　教育家　　语言学家　　历史学家　　小说家

　　社会学家　　物理学家　　经济学家　　药学家　　政治（学）家

六、选择合适的动词填空

1. 确定　　2. 对话　　3. 解释　　4. 重复　　5. 摸

6. 好、好　7. 感激　　8. 吃惊　　9. 告诉

七、填写合适的汉字

自言自语　　一言不<u>发</u>　　大同小<u>异</u>　　与<u>众</u>不同

三言两语　　不相<u>上</u><u>下</u>　　相比而<u>言</u>　　总而言之

八、选择练习七中合适的词语替换下边句子中画线的部分

1. 大同小异　2. 自言自语　3. 与众不同　4. 不相上下

5. 相比而言　6. 三言两语　7. 一言不发　8. 总而言之

九、判断下列句子是否正确，如果不对，请改正

1.（对）

2.（错）

　　改为：帮我拿一下行李好吗？

3.（对）

4.（对）

5.（错）

改为：他既是我的老板，又是我的朋友。

6.（错）

改为：我不曾去过中国东北。/我没有去过中国东北。

7.（对）

8.（错）

改为：老师的字写得很漂亮。

十、阅读短文，并完成后面的练习

（一）将下面的词语填入适当的空格处

【B】普通话　　标准　　方言

【C】方言　　普通话　　普通话

【D】母语　　词语　　动词　　名词　　听　　说

【E】流利　　口音

（二）找出文章中放错地方的一句话，并指出应该放在什么地方

D段最后一句："我认为，要学好汉语，除了上课认真听以外，交中国朋友、看电视、买东西等也是学汉语的好机会。"

应该放到B段的开头。

（三）根据文章内容回答下面的问题

1. 社会学。

2. 有的听得懂，有的听不懂。如果他们讲普通话，虽然不太标准，不过大概的内容都可以理解；如果他们讲方言，"我"就听不懂了。

3. 售货员讲的是方言，说得又快又不清楚，"我"一点儿也听不懂。

4. 因为他们的母语——日语也使用汉字。

5. 语法方面，日语名词在动词前面，而汉语是动词在名词前面；日语的发音比汉语简单。

6. 上课认真听讲、交中国朋友、看电视、买东西。

7. 对。

每个星期最少两次。

8. 有，"我"的口语越来越好。

有点儿问题："我"的普通话有点儿武汉口音。

十一、写作（略）

十二、文化点滴

"太太""夫人""爱人""内人"一般比较文雅，而"老婆""那口子""孩儿他（她）妈"口语色彩比较浓；"内人""女人"等有一点儿中国古代普遍存在的大男子主义色彩；"孩儿他（她）妈"只用于有了孩子的人；"老伴儿"用于年纪较大的人。

十三、HSK专项练习

第1—4题：选词填空

1. C   2. E、B   3. A   4. F、D

第5—10题：排列顺序

5. BAC   6. CAB   7. BAC   8. ABC   9. ACB   10. BCDA

第11—15题：完成句子

11. 孩子饿得直哭。

12. 狗狗喜欢主人摸它的肚子。

13. 有的父母几乎替孩子做所有的事。

14. 很多人去南方最不适应的地方是天气。

15. 你能给我解释一下这几个词语的意思吗？

第16题（略）

第17题（略）

第3单元　单元练习

一、说说下面的字有什么相同的部分，再写出几个这样的字

担、找：<u>扌</u>，把、交换、<u>打扫</u>、抽空儿、坚持、批评、控制、掌握、按时

次、冷：<u>冫</u>，决定、情况、干净、准确、凉快、减少、冬天

对、双：<u>又</u>，支持、朋友、相<u>反</u>、发现、劝说、观看、游戏、欢乐、难过

热、点：<u>灬</u>，杰出、然后、照片、香蕉、熊、熟悉

二、组词

况 → 情况、状况、财况、近况

心 → 担心、伤心、小心、放心

想 → 想象、想法、理想、梦想

定 → 一定、肯定、确定、否定

成 → 成绩、成功、成为、成熟

三、学习和练习表示"样子""性格"的词语

（一）找出第5课中描写人的样子的词语或句子（至少4个词语和4个句子）

词　语	句　子
双眼皮	皮肤很白。
黑头发	头发都是金色的卷发。
黑色的直发	长着一头黑色的直发。
金色的卷发	一双小小的黑眼睛非常明亮。
一头金发	两只眼睛全是单眼皮。
黑眼睛	皮肤颜色很深。
皮肤雪白	皮肤颜色很浅。
咖啡色的皮肤	黑色的小眼睛、单眼皮。
	蓝色的大眼睛、双眼皮。
	长着一头金发。

（二）找出第6课中描写人的性格的词语或句子（至少4个词语和4个句子）

词　语	句　子
热情	很可能喜欢竞争、好跟人比赛。
快乐	喜欢享受生活。
轻松	对生活的要求可能不太高。
有理想	不太喜欢尝试自己从来没做过的事情。
内向	喜欢过快乐的生活。
紧张	怕被别人批评。
坚强	喜欢买东西。
不喜欢变化	不喜欢和别人一起活动。
独立	为了得到自己想要的，你可以放弃一切。
冷静	希望给人留下好印象、得到别人的承认。

（三）（略）

四、学习和练习表示颜色的词语

（一）根据例子，解释下面词语的意思

茶色：<u>像茶一样的颜色</u>　　米色：<u>像米一样的颜色</u>

肉色：<u>像皮肤一样的颜色</u>　　草色：<u>像草一样的颜色</u>

（二）根据例子，选择合适的词语填空

金/米 黄　　　　草/苹果 绿　　　　血 红

海/天 蓝　　　　雪/银/月/米 白　　　　银 灰

五、从第5课和第6课中找出跟下面词语意思相反的词

双：单　　　　　　直：弯

深：浅　　　　　　懒：勤快

伤心：高兴　　　　轻松：紧张

冷静：激动　　　　肯定：否定

六、填写合适的量词

一 双/只 眼睛　　一 对 夫妻　　一 头 黑发　　一 家 医院

七、填写合适的名词

控制 方向/情绪/思想　　交换 礼物/看法　　承认 错误/缺点

享受 生活/美食/音乐　　放弃 比赛/机会/工作　　掌握 知识/命运/外语

唯一的 学校/身份/朋友　　可爱的 孩子/狗/表情　　明亮的 眼睛/房间/客厅

八、填写合适的汉字

花红柳绿　　灯红酒绿　　红男绿女　　万紫千红

大红大紫　　红得发紫　　目不转睛

九、选择练习八中合适的词语替换下边句子中画线的部分

1. 万紫千红　　2. 红得发紫　　3. 大红大紫　　4. 花红柳绿

5. 红男绿女　　6. 灯红酒绿　　7. 目不转睛

十、阅读短文，并完成后面的练习

（一）将下面的词语填入适当的空格处（有的词语可以用多次）

【1】为了　先……然后……

【2】从来　尽管……可是……

【3】不仅……而且……

【4】比较　为了

(二) 根据文章内容说说中国人和美国人有什么不同，并填写下表

场　合	中国人	美国人
旅行时	跟工作时一样，吸烟的人还吸烟，穿高跟鞋的人还穿高跟鞋。	给自己买很多装备，如旅行用的鞋、衣服、杯子等，像旅行家一样。
球场上	穿着各式各样的衣服，有的穿着牛仔裤，有的穿着凉鞋。没把自己当球员，只是玩儿玩儿球。	完全变成另一个人，会穿上自己喜欢的球队的衣服，穿上名牌球鞋，把自己当成一个篮球运动员。

(三) 略

十一、写作（略）

十二、文化点滴

1. 猴子　　2. 小绵羊　　3. 牛　　4. 公鸡

5. 狗　　6. 小鸟　　7. 老虎　　8. 猪

十三、HSK专项练习

第1—5题：选词填空

1. C　　2. A　　3. B、D　　4. F　　5. E

第6—10题：排列顺序

6. BCA　　7. CBA　　8. BCA　　9. CAB　　10. BADC

第11—15题：完成句子

11. 我父亲从来不是一个冷静的人。

12. 皮肤好坏代表着一个人的健康状况。

13. 教室里学生们明亮的眼睛看着老师。

14. 有些父母对孩子唯一的要求是学习好。

15. 夫妻两人各自回自己父母家过年。

第16题（略）

第4单元　单元练习

一、说说下面的字有什么相同的部分，再写出几个这样的字

唱、听：口，叫、吸烟、吹、味道、知道、喊、号码、句子

家、完：宀，安静、决定、官、事实、顾客、害怕、宿舍、寄信、寒冷

想、怎：心，忘记、态度、思念、着急、总是、休息、熟悉、意义、愿望

破、碎：石，研究、砍价、基础、碰、碗、准确、碧绿

别、到：刂，并列、流利、判断、制定、刮风、例如、立刻、刷牙

二、组词

相 → 相同、相当、相信、互相

迷 → 球迷、影迷、迷人、迷路

好 → 好吃、好玩儿、好学、好奇

机 → 飞机、手机、洗衣机、司机

之 → 之前、之后、之间、总之

音 → 音乐、声音、录音、噪音

交 → 交通、交流、交往、外交

三、填写合适的量词

1. 位 头 双　　2. 张 遍　　3. 间　　4. 件

5. 句　　　　　6. 家 台　　7. 种　　8. 段

四、填写合适的名词

修 自行车 / 电脑 / 收音机　　　煮 咖啡 / 鸡蛋 / 饺子

租 房子 / 自行车 / 汽车　　　　热爱 生活 / 音乐 / 祖国

业余 爱好 / 生活 / 时间　　　　伟大的 作家 / 建筑 / 民族

美丽的 女孩儿 / 风景 / 传说　　优美的 环境 / 动作 / 歌曲

五、下面词语或句子中的"乐"读"lè"还是"yuè"

带"乐"的词语或句子	读音
乐队 乐器 民乐 哀乐 交响乐 古典乐 爵士乐 摇滚乐	☑ yuè　☐ lè
快乐 乐观 吃喝玩乐 可口可乐	☐ yuè　☑ lè
乐山乐水 闷闷不乐 喜闻乐见	☐ yuè　☑ lè
有朋自远方来，不亦乐乎？	☐ yuè　☑ lè

六、选择合适的词语填空

1. 手忙脚乱　　2. 大手大脚　　3. 情同手足　　4. 轻手轻脚

5. 吃喝玩乐　　6. 心不在焉 闷闷不乐　　7. 乐在其中

七、阅读短文，并完成后面的练习

(一) 将下面的词语填入适当的空格处（有的词语可以用多次）

【1】轻松　快乐　根本

【2】连忙

【3】之后　　吃惊　　尽管　　不好意思

【4】难道　　不一会儿　　七上八下　　根本　　难道

【5】根本　　伤心

(二) 根据文章内容回答下面的问题

1. "我"是全班最好的学生。

   野狼上课迟到，作业不做，考试不及格。

2. "我"应该像野狼一样做一天坏学生。

3. 因为赌输了，必须迟到。

   老师开始觉得"我"不舒服，后来认为"我"是复习得太晚了。

4. 老师没提这件事，后来让"我"不用做作业了。

5. "我"不高兴。

   "我"怕，"我"怕失去自我，失去朋友，更怕野狼生气的眼睛。

(三) 根据文章中"我"和野狼有了错误以后的不同经历，填写下表

犯的错误	"我"	野　狼
上课迟到	老师关心"我"，怕"我"不舒服。在"我"说只是起晚了以后，老师觉得是"我"复习得太晚了，让"我"以后早点儿睡。	老师让他在门外站一节课，还要写检查。
不做作业	一点儿没提。在"我"主动找老师后，老师让"我"干脆不用做作业了。	老师批评了他一顿，让他重做10遍。

八、写作（略）

九、文化点滴

<u>考试时回答全部正确，得到100分</u>，不亦乐乎？

<u>足球比赛全校第一名</u>，不亦乐乎？

<u>离开家很久以后重新和家人相聚</u>，不亦乐乎？

十、HSK专项练习

第1—4题：选词填空

1. E、A　　2. G、H　　3. F　　4. C、B、D

第5—9题：排列顺序

5. CBA　　6. BCA　　7. ACB　　8. ACB　　9. BAC

第10—14题：完成句子

10. 我父母鼓励我大胆尝试各种事。

11. 世界上没有两个一模一样的人。

12. 孩子目不转睛地盯着形状美丽的巧克力。

13. 王师傅不一会儿就把我的自行车修好了。

14. 有些人在火车上手机声音放得很大，旁边的人根本不能休息或阅读。

第15题（略）

第16题（略）

第5单元 单元练习

一、说说下面的字有什么相同的部分，再写出几个这样的字

图、园：口，因为、国家、团圆、包围、困难、牢固、圈

政、教：攵，收获、改正、失败、放心、故事、敌人、效果、勇敢、尊敬

神、礼：礻，电视、祖先、祝福、祈祷、标准、邮票、禁止、宗教

弄、理：王，环境、珍惜、玻璃、足球、现在、班级、玫瑰、全部

二、组词

强 → 坚强、富强、强大、强调

时 → 时间、同时、当时、平时

立 → 成立、建立、独立、立刻

力 → 努力、能力、权力、力气

意 → 意思、注意、同意、满意

改 → 改变、改革、改正、修改

年 → 年龄、年代、今年、新年

为 → 认为、以为、作为、成为

三、填写合适的名词

剪 头发 / 报纸　　　　　　制定 法律 / 计划 / 政策

成立 国家 / 公司　　　　　成为 总统 / 领导 / 老师 / 医生

整个 国家 / 学校 / 周末　　临时 总统 / 政府 / 计划 / 安排

四、填写合适的汉字

国富民强　　水深火热　　东奔西走　　想方设法

天下大乱　　多事之秋　　望子成龙　　桃李满天下

三人行必有我师　　　学而时习之

五、选择练习四中合适的词语填空

1. 国富民强　　　　　　2. 想方设法　　　　　　3. 桃李满天下

4. 学而时习之　　　　　5. 天下大乱　水深火热　6. 望子成龙

7. 三人行必有我师　　　8. 多事之秋　　　　　　9. 东奔西走

六、根据本单元的课文内容选择合适的时间表达填空（有的可以用多次）

1. 然后/后来　　　　2. ……的时候　同一年　从此　　3. 1911年

4. 之后/……的时候　5. ……的时候　当时　　　　　　6. 之后

七、把下面的文章按照正确的顺序排列，并选择合适的时间表达填在横线上（有的可以用多次）

【A】1901年12月5日　　后来

【B】夏天　　后来

【C】……的时候　　后来

【D】1966年12月15日　　之后　　有一天

【E】……的时候　　后来　　当时　　同一年

正确的顺序：A、C、E、B、D

八、写作（略）

九、文化点滴

1. F　　2. I　　3. C　　4. G　　5. D　　6. B　　7. H　　8. A　　9. E

十、HSK专项练习

第1—4题：选词填空

1. F　　2. E　　3. B、D　　4. A、C

第5—10题：排列顺序

5. CAB　　6. ABC　　7. ACB　　8. ACB　　9. CAB　　10. ABDC

第11—15题：完成句子

11. 改革开放让中国从贫穷走向富强。

12. 中国和印度是人口比较多的两个国家。

13. 禁止18岁以下青少年进入KTV。

14. 读书不是唯一的出路，但是是最好走的一条路。

15. 当年被称为"睡美人"的丽丽，现在是一名医学专家。

第16题（略）

第17题（略）

第6单元　单元练习

一、说说下面的字有什么相同的部分，再写出几个这样的字

费、贵：贝，原则、财富、购买、贡献、质量、售货员、祝贺、资金、欣赏

烤、烦：火，熄灯、灿烂、炒、锻炼、秋天、烧水、吸烟、灭火、炎热

酒、醋：酉，分配、喝醉、醒、酝酿、残酷、果酱

劝、历：力，成功、前边、劳动、鼓励、帮助、另外、努力、形势、勇敢

耐、过：寸，对、时间、封、将来、发射、尊敬、寺庙、指导、寻找

二、组词

家 → 家庭、家人、国家、专家

人 → 人口、人们、客人、爱人

用 → 用法、有用、利用、费用

老 → 老师、老板、老百姓、古老

料 → 料理、料事如神、材料、意料

客 → 客气、客人、请客、做客

外 → 外地、外国、外语、例外

三、填写合适的名词

烤 面包 / 肉 / 鸭　　　　　　陪 客人 / 朋友 / 病人

蘸 酱 / 糖 / 调料　　　　　　剩 菜 / 饭 / 下

调查 情况 / 原因 / 人员　　　符合 条件 / 要求 / 标准

新鲜 水果 / 空气 / 蔬菜 / 面包　　普通 人 / 老百姓 / 工作

四、什么东西有下面的味道？最少写出两种

酸：橘子、醋、柠檬、葡萄、西红柿、酸菜

甜：西瓜、糖、蜂蜜、芒果

苦：药片、苦瓜、黑巧克力、咖啡

辣：辣椒、芥末、四川菜

香：（很多）花、香水、（刚烤出来的）面包

臭：臭豆腐、榴梿、（穿过的）袜子、（一部分）奶酪

五、根据下边的意思写出四字短语

1.东南西北　2.生老病死　3.衣食住行　4.吃喝玩乐　5.男女老少　6.酸甜苦辣

六、选择合适的短语填空

1.发酒疯　2.新瓶装旧酒　3.男女老少　生老病死　酸甜苦辣

4.酒足饭饱　酒肉朋友　5.衣食住行　吃喝玩乐

七、阅读短文，并完成后面的练习

1. A

2. C、D

3. 缺点一：要把肉或整个虾放进嘴里，吃完了肉再把骨头或虾壳吐出来，实在不礼貌。

   缺点二：用筷子吃饭时，必须把碗举起来，让嘴和饭碗靠得近一点儿，而按照西方吃饭的习惯，碗或盘子是绝对不该离开桌面的。

4.（略）

八、写作（略）

九、文化点滴（略）

十、HSK专项练习

第1—5题：选词填空

1. A、H   2. E、D   3. B   4. C、G   5. F、I

第6—10题：排列顺序

6. CAB   7. ABC   8. CBA   9. ACB   10. ACDB

第11—15题：完成句子

11. 我每天中午都不吃饭或随便吃一点儿。

12. 不了解一个地方的风俗可能会闹笑话。

13. 我父母吵架往往是因为爸爸没时间陪妈妈。

14. 白菜豆腐是老百姓冬天最喜欢的菜。

15. 我不习惯别人给我夹菜，特别是用他的筷子给我夹菜。

第16题（略）

第7单元　单元练习

一、说说下面的字有什么相同的部分，再写出几个这样的字

抓、采：爪，爬山、接受、热爱、彩色、觅食、妥

屋、屎：尸，层次、尾巴、局部、居住、届、屈原、展览、属于

闹、问：门，闪电、关闭、空闲、时间、闷、闻、阅读

霉、雷：雨，下雪、零、需要、雾、霜、露水、倒霉

符、笑：竹，笔、等、回答、简单、不管、冰箱、篮球、第一、算了

二、组词

子 → 筷子、个子、梯子、孩子

室 → 室内、室温、教室、卧室

主 → 主要、主动、做主、反客为主

手 → 手指、手机、左手、帮手

利 → 利用、利率、顺利、权利

平 → 平均、平常、公平、水平

三、填写合适的名词

失去 机会 / 朋友 / 权力　　　　遵守 法律 / 规定 / 时间

缺乏 特点 / 想象力 / 安全感　　重视 服务 / 经济 / 成绩

保留 信件 / 证据 / 发票　　　　抓 重点 / 药 / 小偷儿

四、下面的图表示什么动作？选择合适的动词写在图下的横线上

1. 握手　　2. 闻　　3. 微笑　　4. 夹　　5. 拥抱　　6. 品尝

7. 合十　　8. 鞠躬　　9. 指　　10. 抱　　11. 抓

五、下面这些标志是什么意思？把答案写在图下的横线上

1. 禁止吸烟　　2. 禁止停放自行车　　3. 禁止饮食　　4. 禁止长时间停车

5. 禁止使用手机　　6. 禁止掉头　　7. 禁止烘干

六、填写合适的汉字

头重脚轻　　点头哈腰　　没头没脑　　镜花水月

破镜重圆　　有头无尾　　点头之交

七、选择练习六中合适的词语填空

1. 有头无尾　　2. 点头之交　　3. 破镜重圆

4. 有头无尾　　5. 头重脚轻　　6. 没头没脑

八、下面是中国的一些情况，和你们国家一样吗（略）

九、如果你是一个岛的主人，请你给到岛上来的人作一些规定（略）

十、写作（略）

十一、文化点滴

1. 百年好合（祝福新郎新娘）

2. 福如东海，寿比南山（祝福过生日的老人）

3. 生日快乐（生日祝福语）

4. 恭喜发财，新年快乐（过年时的祝福语）

5. 年年有余，新年快乐（过年时的祝福语）

6. 生意兴隆（祝福做生意的人）

7. 新年快乐，万事如意，心想事成，好事成双（过年时的祝福语）

十二、HSK专项练习

第1—5题：选词填空

1. D   2. E、F   3. A   4. B   5. C、G

第6—10题：排列顺序

6. CBA   7. CBA   8. CBA   9. ACB   10. CDEBA

第11—15题：完成句子

11. 努力的人运气不会太差。

12. 女朋友给你夹的菜不吃可不行。

13. 两人因孩子劝说又破镜重圆了。

14. 孩子主动给你打电话证明他不生气了。

15. 到一个地方要按照当地的风俗做事。

第16题（略）

第17题（略）

第8单元　单元练习

一、说说下面的字有什么相同的部分，再写出几个这样的字

仰、即：卩（jié），打印、却、拆卸、节约、爷爷

恋、京：亠（tóu），六、交通、超市、充足、生产、亩

夸、太：大，争夺、奋斗、奇怪、套、奔跑、尖、美丽、人类、奖学金

献、然：犬，形状、哭、臭、机器

撕、所：斤，打折、听写、不断、新鲜、排斥、欣赏、工匠、斧子

二、组词

恋 → 恋爱、失恋、初恋、黄昏恋

情 → 情况、情绪、感情、表情

动 → 动作、运动、感动、自动

理 → 理解、理想、理由、道理

如 → 如果、如何、如此、比如

后 → 后来、后人、最后、先后

三、词语练习

(一) 把A、B两行词用线连起来

伸：脖子、手、头

睁：眼

见：面

仰：脖子、头

拍：肩、手、头、胸

流：汗、口水

挥：手

摇：头、手

吐：口水

转：身、头、眼

(二) 填写合适的汉字

惊天动地　　天长地久　　冰天雪地　　谈情说爱

谈天说地　　青梅竹马　　一见钟情　　相亲相爱

白头偕老　　百年好合　　同床异梦　　破镜重圆

一日不见，如隔三秋（一日三秋）　　谢天谢地

(三) 选择合适的动词填空

1.临　2.乘　3.围　4.嚷　5.扶　6.歇　7.撕　8.帮　9.夸　10.铺

(四) 选择合适的形容词填空

灵活　糊涂　疲劳　意外　平安　细心

(五) 从（二）中选择合适的词语填空

1. 同床异梦　　　　　　2. 谢天谢地　　谈天说地

2. 冰天雪地　　　　　　4. 冰天雪地　　谈天说地

5. 白头偕老　　同床异梦　　谢天谢地　　破镜重圆

6. 青梅竹马

7. 冰天雪地　　百年好合　　白头偕老　　惊天动地　　相亲相爱

四、阅读短文，并完成后面的练习

（一）从上面的故事中，分别找出女孩儿说的段落和男孩儿说的段落

女孩儿说的段落	男孩儿说的段落
借书 摔出来的爱情	照片的作用 先和狗交朋友 要抓住男人的心，先抓住他的胃 "和你一样的"

（二）从上面的故事中，分别找出男孩儿追女孩儿的段落和女孩儿追男孩儿的段落

男孩儿追女孩儿段落	女孩儿追男孩儿段落
借书 照片的作用 先和狗交朋友 摔出来的爱情 "和你一样的"	要抓住男人的心，先抓住他的胃

（三）（略）

五、写作（略）

六、文化点滴

1. 七夕是一个什么样的节日？它是怎么来的？

【第1问】

　　七夕节又称"乞巧节"，时间是每年农历七月初七。它的产生和"牛郎织女"的传说有关。根据民间相传，一个放牛的小伙儿牛郎和天上的仙女织女相爱并结婚，结果被天上的王母娘娘拆散了。在每年七月初七的夜晚喜鹊会为他们搭起一座鹊桥，他们每年只能在鹊桥上相会一次。

【第2问】

　　因为织女美丽聪明、心灵手巧，所以女孩儿们在这天晚上会供上瓜果，朝天祭拜，乞求天上的女神能帮助她们拥有灵巧的双手，同时也乞求自己的爱情、婚姻美满。七夕节现在也常被称为"中国的情人节"。

2. 中国有各种不同乐器演奏的《梁山伯与祝英台》，你喜欢哪种？这首乐曲为什么在中国很流行？

【第1问】略

【第2问】

因为梁山伯与祝英台的传说在中国家喻户晓，他们凄美的爱情故事打动了无数的人，而这首乐曲的旋律也很好地演绎了故事本身，好像是在向听众生动地叙说着这感人的故事，所以很多人百听不厌。

3.《红楼梦》是一本什么样的书？书中贾宝玉和林黛玉为什么没能结婚？

【第1问】

《红楼梦》是中国最著名的古典小说之一，它以十七、十八世纪复杂的清代上层社会为背景，以贾宝玉和林黛玉的爱情故事为主线，通过贾、史、王、薛等大家族的变迁，向读者展示了中国社会的方方面面，是一部百科全书式的长篇小说。

【第2问】

贾宝玉和林黛玉的爱情悲剧跟当时的社会大背景有关——青年男女不能自己决定自己的婚姻；上层社会的家长为孩子选择配偶时会考虑政治、经济等多方面的因素，而较少考虑孩子的感情。他们的爱情悲剧当然也和他们自己的性格等方面有关系。

七、HSK专项练习

第1—5题：选词填空

1. D、C   2. A、I   3. J、B   4. F、G   5. H、E

第6—10题：排列顺序

6. CBA   7. ABC   8. ACB   9. BDAC   10. EACDB

第11—15题：完成句子

11. 病人都希望药吃下去以后立即起作用。

12. 小王每天到家再晚再累都要看一会儿书。

13. 我们饭馆儿再忙也尽量满足每个客人的要求。

14. 考试期间，学生都得依靠咖啡才能不停地学习。

15. 眼前的美好情景让丽丽感动得要命。

第16题（略）

第17题（略）

期中考试试题

一、根据拼音写汉字，并将每个词组成至少两个短语（10分）

1. 放弃　　（放弃梦想／放弃计划）

2. 交换　　（交换礼物／交换玩具）

3. 确定　　（确定上课时间/确定开会的地方）

4. 明亮　　（明亮的眼睛/明亮的教室）

5. 熟悉　　（熟悉这儿的环境/熟悉情况）

6. 严肃　　（严肃的人/严肃的问题）

7. 标准　　（标准很高/标准的普通话）

8. 伟大　　（伟大的国家/伟大的文学家）

9. 恢复　　（身体恢复健康/恢复关系）

10. 设计　　（设计房间/设计广告/设计汽车）

二、填空（14分）

（一）量词填空（除了"个"）

一 <u>门</u>/<u>节</u> 课　　一 <u>只</u>/<u>双</u> 脚　　一 <u>句</u>/<u>段</u> 话　　一 <u>篇</u> 日记

一 <u>张</u> 照片　　一 <u>段</u> 时间　　一 <u>家</u> 医院　　一 <u>对</u> 夫妻

（二）二选一填空

1. 生　　2. 另　　3. 因为　　4. 得　　5. 帮助

（三）选词填空

1. 轻松　　2. 内向　　3. 各自　　4. 足够

5. 几乎　　6. 尤其　　7. 如果　　8. 从来

（四）自由填空（每空一个汉字）

1. 俩　　2. 逛　　3. 从　　4. 为　　5. 通　　6. 头　　7. 单

三、判断对错，并改正错误的句子（6分）

1. √

2. ×　　改为：在一起8年以后，小王和丽丽结婚了。

3. ×　　改为：我的中国朋友不太喜欢吃生鱼片。

4. ×　　改为：北京大学的食堂菜既好吃，价钱又便宜。

5. ×　　改为：我们等了爸爸半个小时。

6. ×　　改为：昨天晚上我看了一会儿电视。

四、用所给词语完成句子或对话（15分）

1. 为了找到好的工作/为了上学方便

2. 兴奋起来

3. 长大以后不一定聪明

4. 最近太忙，我们去不了。

5. 明年我打算继续好好儿学习汉语。

6. 我记得小时候我曾经去过爷爷的老家。

7. 因为在燕京学堂既能学到很多知识,又能认识很多国家的朋友。

8. 尽管在自己家里上中文课非常方便,可是我希望认识更多同学。

9. 我的汉语水平不如我的朋友高。

10. 北京大学的咖啡馆我一个也没去过。

五、组词成段(至少使用5个词语)(5分)

(略)

六、阅读理解(10分)

(一)

1. 不同国家的儿童在学习自己的母语时,不同的地方比相同的地方多。

   相同的地方如:(1)所有的国家,孩子学会语言以前会发出一些声音;

   　　　　　　 (2)各国的孩子都是先学会听,然后才学会说。

   不同的地方如:(1)他们学习词语的顺序就不一定相同;

   　　　　　　 (2)先学会的句子也可能不一样。

2. B

(二)

1. D　　2. C　　3. B

4.

5. (略)

期末考试试题

一、根据拼音写汉字,并将每个词组成至少两个短语(10分)

　　1. 禁止　　(禁止停车 / 禁止用手机)

　　2. 临时　　(临时安排 / 临时住处)

　　3. 创造　　(创造奇迹 / 创造新工具)

　　4. 建立　　(建立新公司 / 建立新国家)

5. 符合　　（符合标准 / 符合要求）

6. 普通　　（普通人 / 普通房间）

7. 过程　　（学习过程 / 过程很复杂）

8. 方式　　（学习方式 / 考试方式）

9. 神圣　　（神圣的建筑 / 神圣的婚姻）

10. 新鲜　　（新鲜水果 / 新鲜蔬菜）

二、填空（15分）

（一）二选一填空

1. 优美　2. 希望　3. 相互　4. 吃不了　5. 出来　6. 整个

（二）选词填空

1. 不仅……而且……　　2. 一边……一边……　　3. ……的话，就……

4. 只要……就……　　5. 因为……所以……　　6. 尽管……但是……

7. 一模一样　入乡随俗　　　　8. 一心一意　好景不长

9. 不好意思　东奔西走

（三）自由填空（每空一个汉字）

1. 好　2. 上　3. 醉　此　4. 上　5. 过

6. 闹　7. 为　8. 圈　9. 占　10. 点

三、判断对错，并改正错误的句子（5分）

1. ×　改为：我去过中国很多城市，其中我最喜欢上海。

2. ×　改为：昨天下班非常晚，外面在下大雨，他只好没回家，在办公室睡了一夜。

3. √

4. ×　改为：根据黄老师的说法，中国人不一定都爱吃饺子。

5. ×　改为：只要多练习，你就能学好汉字。

四、用所给词语完成句子或对话（15分）

1. 我们应该好好儿做作业

2. 千万要了解中国人的习惯

3. 少不了劝酒

4. 因为"4"读起来和"死"发音差不多

5. 北京很安全，即使夜里一个人出去也不会有问题

6. 我们国家做肉的菜以烤为主，做蔬菜以做色拉为主

7. 给什么人买，为什么买，都有讲究

8. 中国学生的数学并不都很好

9. 我会说中文，而我的朋友不会
10. 今天的考试任何人都不能看书

五、**组词成段（至少使用5个词语）（5分）**

（略）

六、**阅读理解（10分）**

（一）

1. D   2. A   3. B   4. × × √ ×

（二）

1. （1）认为购物是最喜欢的活动的美国少女比例

   （2）各国青少年平均每人每年看到的广告条数

   （3）中国广告业30年前的年收入

   （4）中国广告业现在的年收入

2. （1）广告   （2）同时期的经济增长   （3）青少年

   （4）年轻人   （5）扔掉   （6）已经有的东西